LA LÉGENDE DES SIÈCLES

II

Du même auteur
dans la même collection

L'ART D'ÊTRE GRAND-PÈRE.
LES BURGRAVES.
LES CHANSONS DES RUES ET DES BOIS.
CHÂTIMENTS (édition de Jacques Seebacher).
LES CHATÎMENTS (édition avec dossier de Jean-Marc Hovasse).
LES CONTEMPLATIONS.
CROMWELL.
LES FEUILLES D'AUTOMNE. LES CHANTS DU CRÉPUSCULE.
HERNANI (édition avec dossier).
L'HOMME QUI RIT (deux volumes).
LA LÉGENDE DES SIÈCLES (deux volumes).
LES MISÉRABLES (trois volumes).
NOTRE-DAME DE PARIS.
ODES ET BALLADES. LES ORIENTALES.
QUATRE-VINGT-TREIZE.
RUY BLAS (édition avec dossier).
THÉÂTRE : Amy Rosbart. Marion de Lorme. Hernani. Le Roi s'amuse.
THÉÂTRE : Lucrèce Borgia. Ruy Blas. Marie Tudor. Angelo, tyran de Padoue.
LES TRAVAILLEURS DE LA MER.

Dans la collection Grand Format

POÈMES.

VICTOR HUGO

LA LÉGENDE DES SIÈCLES

II

Chronologie et introduction
par
Léon Cellier

GF Flammarion

ISBN 2-08-070158-4

XXII

SEIZIÈME SIÈCLE

RENAISSANCE — PAGANISME

LE SATYRE

PROLOGUE

LE SATYRE

Un satyre habitait l'Olympe, retiré
Dans le grand bois sauvage au pied du mont sacré;
Il vivait là, chassant, rêvant, parmi les branches;
Nuit et jour, poursuivant les vagues formes blanches,
Il tenait à l'affût les douze ou quinze sens
Qu'un faune peut braquer sur les plaisirs passants.
Qu'était-ce que ce faune ? On l'ignorait; et Flore
Ne le connaissait point, ni Vesper, ni l'Aurore
Qui sait tout, surprenant le regard du réveil.
On avait beau parler à l'églantier vermeil,
Interroger le nid, questionner le souffle,
Personne ne savait le nom de ce maroufle.
Les sorciers dénombraient presque tous les sylvains;
Les aegipans étant fameux comme les vins,
En voyant la colline on nommait le satyre;
On connaissait Stulcas, faune de Pallantyre,
Gès, qui le soir riait, sur le Ménale assis,
Bos, l'aegipan de Crète; on entendait Chrysis,
Sylvain du Ptyx que l'homme appelle Janicule,
Qui jouait de la flûte au fond du crépuscule;
Anthrops, faune du Pinde, était cité partout;
Celui-ci, nulle part; les uns le disaient loup;
D'autres le disaient dieu, prétendant s'y connaître;
Mais, en tout cas, qu'il fût tout ce qu'il pouvait être,
C'était un garnement de dieu fort mal famé.

Tout craignait ce sylvain à toute heure allumé;
La bacchante elle-même en tremblait; les napées
S'allaient blottir aux trous des roches escarpées;
Echo barricadait son antre trop peu sûr;
Pour ce songeur velu, fait de fange et d'azur,
L'andryade en sa grotte était dans une alcôve;

De la forêt profonde il était l'amant fauve;
Sournois, pour se jeter sur elle, il profitait
Du moment où la nymphe, à l'heure où tout se tait,
Eclatante, apparaît dans le miroir des sources;
Il arrêtait Lycère et Chloé dans leurs courses;
Il guettait, dans les lacs qu'ombrage le bouleau,
La naïade qu'on voit radieuse sous l'eau
Comme une étoile ayant la forme d'une femme;
Son œil lascif errait la nuit comme une flamme;
Il pillait les appâts splendides de l'été;
Il adorait la fleur, cette naïveté;
Il couvait d'une tendre et vaste convoitise
Le muguet, le troëne embaumé, le cytise,
Et ne s'endormait pas même avec le pavot;
Ce libertin était à la rose dévot;
Il était fort infâme au mois de mai; cet être
Traitait, regardant tout comme par la fenêtre,
Flore de mijaurée et Zéphir de marmot;
Si l'eau murmurait : J'aime ! il la prenait au mot,
Et saisissait l'Ondée en fuite sous les herbes;
Ivre de leurs parfums, vautré parmi leurs gerbes,
Il faisait une telle orgie avec les lys,
Les myrtes, les sorbiers de ses baisers pâlis,
Et de telles amours, que, témoin du désordre,
Le chardon, ce jaloux, s'efforçait de le mordre;
Il s'était si crûment dans les excès plongé
Qu'il était dénoncé par la caille et le geai;
Son bras, toujours tendu vers quelque blonde tresse,
Traversait l'ombre; après les mois de sécheresse,
Les rivières, qui n'ont qu'un voile de vapeur,
Allant remplir leur urne à la pluie, avaient peur
De rencontrer sa face effrontée et cornue;
Un jour, se croyant seule et s'étant mise nue
Pour se baigner au flot d'un ruisseau clair, Psyché
L'aperçut tout à coup dans les feuilles caché,
Et s'enfuit, et s'alla plaindre dans l'empyrée;
Il avait l'innocence impudique de Rhée;
Son caprice, à la fois divin et bestial,
Montait jusqu'au rocher sacré de l'idéal,
Car partout où l'oiseau vole, la chèvre y grimpe;
Ce faune débraillait la forêt de l'Olympe;
Et, de plus, il était voleur, l'aventurier.

Hercule l'alla prendre au fond de son terrier,
Et l'amena devant Jupiter par l'oreille.

I

LE BLEU

Quand le satyre fut sur la cime vermeille,
Quand il vit l'escalier céleste commençant,
On eût dit qu'il tremblait, tant c'était ravissant !
Et que, rictus ouvert au vent, tête éblouie
A la fois par les yeux, l'odorat et l'ouïe,
Faune ayant de la terre encore à ses sabots,
Il frissonnait devant les cieux sereins et beaux;
Quoique à peine fût-il au seuil de la caverne
De rayons et d'éclairs que Jupiter gouverne,
Il contemplait l'azur, des pléiades voisin;
Béant, il regardait passer, comme un essaim
De molles nudités sans fin continuées,
Toutes ces déités que nous nommons nuées.
C'était l'heure où sortaient les chevaux du soleil;
Le ciel, tout frémissant du glorieux réveil,
Ouvrait les deux battants de sa porte sonore;
Blancs, ils apparaissaient formidables d'aurore;
Derrière eux, comme un orbe effrayant, couvert d'yeux,
Eclatait la rondeur du grand char radieux;
On distinguait le bras du dieu qui les dirige;
Aquilon achevait d'atteler le quadrige;
Les quatre ardents chevaux dressaient leur poitrail d'or;
Faisant leurs premiers pas, ils se cabraient encor
Entre la zone obscure et la zone enflammée;
De leurs crins, d'où semblait sortir une fumée
De perles, de saphirs, d'onyx, de diamants,
Dispersée et fuyante au fond des éléments,
Les trois premiers, l'œil fier, la narine embrasée,
Secouaient dans le jour des gouttes de rosée;
Le dernier secouait des astres dans la nuit.

Le ciel, le jour qui monte et qui s'épanouit,
La terre qui s'efface et l'ombre qui se dore,
Ces hauteurs, ces splendeurs, ces chevaux de l'aurore
Dont le hennissement provoque l'infini,
Tout cet ensemble auguste, heureux, calme, béni,
Puissant, pur, rayonnait; un coin était farouche;
Là brillaient, près de l'antre où Gorgone se couche,
Les armes de chacun des grands dieux que l'autan
Gardait sévère, assis sur des os de titan;
Là reposait la Force avec la Violence;
On voyait, chauds encor, fumer les fers de lance;
On voyait des lambeaux de chair aux coutelas

De Bellone, de Mars, d'Hécate et de Pallas,
Des cheveux au trident et du sang à la foudre.

Si le grain pouvait voir la meule prête à moudre,
Si la ronce du bouc apercevait la dent,
Ils auraient l'air pensif du sylvain regardant
Les armures des dieux dans le bleu vestiaire;
Il entra dans le ciel; car le grand bestiaire
Tenait sa large oreille et ne le lâchait pas;
Le bon faune crevait l'azur à chaque pas;
Il boitait, tout gêné de sa fange première;
Son pied fourchu faisait des trous dans la lumière,
La monstruosité brutale du sylvain
Etant lourde et hideuse au nuage divin.
Il avançait, ayant devant lui le grand voile
Sous lequel le matin glisse sa fraîche étoile;
Soudain il se courba sous un flot de clarté,
Et, le rideau s'étant tout à coup écarté,
Dans leur immense joie il vit les dieux terribles.

Ces êtres surprenants et forts, ces invisibles,
Ces inconnus profonds de l'abîme, étaient là.
Sur douze trônes d'or que Vulcain cisela,
A la table où jamais on ne se rassasie,
Ils buvaient le nectar et mangeaient l'ambroisie.
Vénus était devant et Jupiter au fond.
Cypris, sur la blancheur d'une écume qui fond,
Reposait mollement, nue et surnaturelle,
Ceinte du flamboiement des yeux fixés sur elle,
Et, par moments, avec l'encens, les cœurs, les vœux,
Toute la mer semblait flotter dans ses cheveux.
Jupiter aux trois yeux songeait, un pied sur l'aigle;
Son sceptre était un arbre ayant pour fleur la règle;
On voyait dans ses yeux le monde commencé;
Et dans l'un le présent, dans l'autre le passé;
Dans le troisième errait l'avenir comme un songe;
Il ressemblait au gouffre où le soleil se plonge;
Des femmes, Danaé, Latone, Sémélé,
Flottaient dans son regard; sous son sourcil voilé,
Sa volonté parlait à sa toute-puissance;
La nécessité morne était sa réticence;
Il assignait les sorts; et ses réflexions
Etaient gloire aux Cadmus et roue aux Ixions;
Sa rêverie, où l'ombre affreuse venait faire
Des taches de noirceur sur un fond de lumière,
Etait comme la peau du léopard tigré;
Selon qu'ils s'écartaient ou s'approchaient, au gré
De ses décisions clémentes ou funèbres,
Son pouce et son index faisaient dans les ténèbres
S'ouvrir ou se fermer les ciseaux d'Atropos;
La radieuse paix naissait de son repos,

Et la guerre sortait du pli de sa narine;
Il méditait, avec Thémis dans sa poitrine,
Calme, et si patient que les sœurs d'Arachné,
Entre le froid conseil de Minerve émané
Et l'ordre redoutable attendu par Mercure,
Filaient leur toile au fond de sa pensée obscure.

Derrière Jupiter rayonnait Cupidon,
L'enfant cruel, sans pleurs, sans remords, sans pardon,
Qui, le jour qu'il naquit, riait, se sentant d'âge
A commencer, du haut des cieux, son brigandage.

L'univers apaisé, content, mélodieux,
Faisait une musique autour des vastes dieux;
Partout où le regard tombait, c'était splendide;
Toute l'immensité n'avait pas une ride;
Le ciel réverbérait autour d'eux leur beauté;
Le monde les louait pour l'avoir bien dompté;
La bête aimait leurs arcs, l'homme adorait leurs piques;
Ils savouraient, ainsi que des fruits magnifiques,
Leurs attentats bénis, heureux, inexpiés;
Les haines devenaient des lyres sous leurs pieds,
Et même la clameur du triste lac Stymphale,
Partie horrible et rauque, arrivait triomphale.

Au-dessus de l'Olympe éclatant, au-delà
Du nouveau ciel qui naît et du vieux qui croula,
Plus loin que les chaos, prodigieux décombres,
Tournait la roue énorme aux douze cages sombres,
Le Zodiaque, ayant autour de ses essieux
Douze spectres tordant leur chaîne dans les cieux;
Ouverture du puits de l'infini sans borne;
Cercle horrible où le chien fuit près du capricorne;
Orbe inouï, mêlant dans l'azur nébuleux
Aux lions constellés les sagittaires bleus.

Jadis, longtemps avant que la lyre thébaine
Ajoutât des clous d'or à sa conque d'ébène,
Ces êtres merveilleux que le Destin conduit,
Etaient tout noirs, ayant pour mère l'âpre Nuit;
Lorsque le Jour parut, il leur livra bataille;
Lutte affreuse ! il vainquit; l'Ombre encore en tressaille;
De sorte que, percés des flèches d'Apollon,
Tous ces monstres, partout, de la tête au talon,
En souvenir du sombre et lumineux désastre,
Ont maintenant la plaie incurable d'un astre.

Hercule, de ce poing qui peut fendre l'Ossa,
Lâchant subitement le captif, le poussa
Sur le grand pavé bleu de la céleste zone :
— Va, dit-il. Et l'on vit apparaître le faune,

Hérissé, noir, hideux, et cependant serein,
Pareil au bouc velu qu'à Smyrne le marin,
En souvenir des prés, peint sur les blanches voiles;
L'éclat de rire fou monta jusqu'aux étoiles,
Si joyeux, qu'un géant enchaîné sur le mont
Leva la tête et dit : — Quel crime font-ils donc ?
Jupiter, le premier, rit; l'orageux Neptune
Se dérida, changeant la mer et la fortune;
Une Heure qui passait avec son sablier
S'arrêta, laissant l'homme et la terre oublier;
La gaîté fut, devant ces narines camuses,
Si forte, qu'elle osa même aller jusqu'aux Muses;
Vénus tourna son front, dont l'aube se voila,
Et dit : Qu'est-ce que c'est que cette bête-là ?
Et Diane chercha sur son dos une flèche;
L'urne du Potamos étonné resta sèche;
La colombe ferma ses doux yeux, et le paon
De sa roue arrogante insulta l'aegipan;
Les déesses riaient toutes comme des femmes.
Le faune, haletant parmi ces grandes dames,
Cornu, boiteux, difforme, alla droit à Vénus;
L'homme-chèvre ébloui regarda ses pieds nus;
Alors on se pâma; Mars embrassa Minerve,
Mercure prit la taille à Bellone avec verve,
La meute de Diane aboya sur l'Œta;
Le tonnerre n'y put tenir, il éclata;
Les immortels penchés parlaient aux immortelles;
Vulcain dansait; Pluton disait des choses telles
Que Momus en était presque déconcerté;
Pour que la reine pût se tordre en liberté,
Hébé cachait Junon derrière son épaule;
Et l'Hiver se tenait les côtes sur le pôle.

Ainsi les dieux riaient du pauvre paysan.

Et lui, disait tout bas à Vénus : — Viens-nous-en.

Nulle voix ne peut rendre et nulle langue écrire
Le bruit divin que fit la tempête du rire.
Hercule dit : — Voilà le drôle en question.
— Faune, dit Jupiter, le grand amphictyon,
Tu mériterais bien qu'on te changeât en marbre,
En flot, ou qu'on te mît au cachot dans un arbre;
Pourtant je te fais grâce, ayant ri. Je te rends
A ton antre, à ton lac, à tes bois murmurants;
Mais, pour continuer le rire qui te sauve,
Gueux, tu vas nous chanter ton chant de bête fauve.
L'Olympe écoute. Allons, chante.

Le chèvre-pieds
Dit : — Mes pauvres pipeaux sont tout estropiés;

Hercule ne prend pas bien garde lorsqu'il entre;
Il a marché dessus en traversant mon antre.
Or, chanter sans pipeaux, c'est fort contrariant.

Mercure lui prêta sa flûte en souriant.

L'humble aegipan, figure à l'ombre habituée,
Alla s'asseoir rêveur derrière une nuée,
Comme si, moins voisin des rois, il était mieux,
Et se mit à chanter un chant mystérieux.

L'aigle, qui, seul, n'avait pas ri, dressa la tête.

Il chanta, calme et triste.

Alors sur le Taygète,
Sur le Mysis, au pied de l'Olympe divin,
Partout on vit, au fond du bois et du ravin,
Les bêtes qui passaient leur tête entre les branches,
La biche à l'œil profond se dressa sur ses hanches,
Et les loups firent signe aux tigres d'écouter;
On vit, selon le rythme étrange, s'agiter
Le haut des arbres, cèdre, ormeau, pins qui murmurent,
Et les sinistres fronts des grands chênes s'émurent.

Le faune énigmatique, aux Grâces odieux,
Ne semblait plus savoir qu'il était chez les dieux.

II

LE NOIR

Le satyre chanta la terre monstrueuse.

L'eau perfide sur mer, dans les champs tortueuse,
Sembla dans son prélude errer comme à travers
Les sables, les graviers, l'herbe et les roseaux verts;
Puis il dit l'Océan, typhon couvert de baves,
Puis la Terre lugubre avec toutes ses caves,
Son dessous effrayant, ses trous, ses entonnoirs,
Où l'ombre se fait onde, où vont des fleuves noirs,
Où le volcan, noyé sous d'affreux lacs, regrette
La montagne, son casque, et le feu, son aigrette,
Où l'on distingue, au fond des gouffres inouïs,
Les vieux enfers éteints des dieux évanouis.
Il dit la sève; il dit la vaste plénitude
De la nuit, du silence et de la solitude,
Le froncement pensif du sourcil des rochers;

Sorte de mer ayant les oiseaux pour nochers,
Pour algue le buisson, la mousse pour éponge,
La végétation aux mille têtes songe;
Les arbres pleins de vent ne sont pas oublieux;
Dans la vallée, au bord des lacs, sur les hauts lieux,
Ils gardent la figure antique de la terre;
Le chêne est entre tous profond, fidèle, austère;
Il protège et défend le coin du bois ami
Où le gland l'engendra s'entr'ouvrant à demi,
Où son ombrage attire et fait rêver le pâtre.
Pour arracher de là ce vieil opiniâtre,
Que d'efforts, que de peine au rude bûcheron!
Le sylvain raconta Dodone et Cithéron,
Et tout ce qu'aux bas-fonds d'Hémus, sur l'Erymanthe,
Sur l'Hymète, l'autan tumultueux tourmente;
Avril avec Tellus pris en flagrant délit,
Les fleuves recevant les sources dans leur lit,
La grenade montrant sa chair sous sa tunique,
Le rut religieux du grand cèdre cynique,
Et, dans l'âcre épaisseur des branchages flottants,
La palpitation sauvage du printemps.

« Tout l'abîme est sous l'arbre énorme comme une urne.
La terre sous la plante ouvre son puits nocturne
Plein de feuilles, de fleurs et de l'amas mouvant
Des rameaux que, plus tard, soulèvera le vent,
Et dit : — Vivez ! Prenez. C'est à vous. Prends, brin d'herbe !
Prends, sapin ! — La forêt surgit; l'arbre superbe
Fouille le globe avec une hydre sous ses pieds;
La racine effrayante aux longs cous repliés,
Aux mille becs béants dans la profondeur noire,
Descend, plonge, atteint l'ombre et tâche de la boire,
Et, bue, au gré de l'air, du lieu, de la saison,
L'offre au ciel en encens ou la crache en poison,
Selon que la racine, embaumée ou malsaine,
Sort, parfum, de l'amour, ou, venin, de la haine.
De là, pour les héros, les grâces et les dieux,
L'œillet, le laurier-rose ou le lys radieux,
Et, pour l'homme qui pense et qui voit, la ciguë.

« Mais qu'importe à la terre ? Au chaos contiguë,
Elle fait son travail d'accouchement sans fin.
Elle a pour nourrisson l'universelle faim.
C'est vers son sein qu'en bas les racines s'allongent.
Les arbres sont autant de mâchoires qui rongent
Les éléments, épars dans l'air souple et vivant;
Ils dévorent la pluie, ils dévorent le vent;
Tout leur est bon, la nuit, la mort; la pourriture
Voit la rose et lui va porter sa nourriture;
L'herbe vorace broute au fond des bois touffus;
A toute heure, on entend le craquement confus

Des choses sous la dent des plantes; on voit paître
Au loin, de toutes parts, l'immensité champêtre;
L'arbre transforme tout dans son puissant progrès;
Il faut du sable, il faut de l'argile et du grès;
Il en faut au lentisque, il en faut à l'yeuse,
Il en faut à la ronce, et la terre joyeuse
Regarde la forêt formidable manger. »

Le satyre semblait dans l'abîme songer;
Il peignit l'arbre vu du côté des racines,
Le combat souterrain des plantes assassines,
L'antre que le feu voit, qu'ignore le rayon,
Le revers ténébreux de la création,
Comme filtre la source et flambe le cratère;
Il avait l'air de suivre un esprit sous la terre;
Il semblait épeler un magique alphabet;
On eût dit que sa chaîne invisible tombait;
Il brillait; on voyait s'échapper de sa bouche
Son rêve avec un bruit d'ailes vague et farouche :

« Les forêts sont le lieu lugubre; la terreur,
Noire, y résiste même au matin, ce doreur;
Les arbres tiennent l'ombre enchaînée à leurs tiges;
Derrière le réseau ténébreux des vertiges,
L'aube est pâle, et l'on voit se tordre les serpents
Des branches sur l'aurore horribles et rampants;
Là, tout tremble; au-dessus de la ronce hagarde,
Le mont, ce grand témoin, se soulève et regarde;
La nuit, les hauts sommets, noyés dans la vapeur,
Les antres froids, ouvrant la bouche avec stupeur,
Les blocs, ces durs profils, les rochers, ces visages
Avec qui l'ombre voit dialoguer les sages,
Guettent le grand secret, muets, le cou tendu;
L'œil des montagnes s'ouvre et contemple, éperdu;
On voit s'aventurer dans les profondeurs fauves
La curiosité de ces noirs géants chauves;
Ils scrutent le vrai ciel, de l'Olympe inconnu;
Ils tâchent de saisir quelque chose de nu;
Ils sondent l'étendue auguste, chaste, austère,
Irritée, et, parfois surprenant le mystère,
Aperçoivent la Cause au pur rayonnement,
Et l'Énigme sacrée, au loin, sans vêtement,
Montrant sa forme blanche au fond de l'insondable.
O nature terrible ! ô lien formidable
Du bois qui pousse avec l'idéal contemplé !
Bain de la déité dans le gouffre étoilé !
Farouche nudité de la Diane sombre
Qui, de loin regardée et vue à travers l'ombre,
Fait croître au front des rocs les arbres monstrueux !
O forêt ! »

Le sylvain avait fermé les yeux;
La flûte que, parmi des mouvements de fièvre,
Il prenait et quittait, importunait sa lèvre;
Le faune la jeta sur le sacré sommet;
Sa paupière était close, on eût dit qu'il dormait,
Mais ses cils roux laissaient passer de la lumière.

Il poursuivit :

« Salut ! Chaos ! gloire à la Terre !
Le chaos est un dieu; son geste est l'élément;
Et lui seul a ce nom sacré : Commencement.
C'est lui qui, bien avant la naissance de l'heure,
Surprit l'aube endormie au fond de sa demeure,
Avant le premier jour et le premier moment;
C'est lui qui, formidable, appuya doucement
La gueule de la nuit aux lèvres de l'aurore,
Et c'est de ce baiser qu'on vit l'étoile éclore.
Le chaos est l'époux lascif de l'infini.
Avant le Verbe, il a rugi, sifflé, henni;
Les animaux, aînés de tout, sont les ébauches
De sa fécondité comme de ses débauches.
Fussiez-vous dieux, songez en voyant l'animal !
Car il n'est pas le jour, mais il n'est pas le mal.
Toute la force obscure et vague de la terre
Est dans la brute, larve auguste et solitaire;
La sibylle au front gris le sait, et les devins
Le savent, ces rôdeurs des sauvages ravins;
Et c'est là ce qui fait que la thessalienne
Prend des touffes de poils aux cuisses de l'hyène,
Et qu'Orphée écoutait, hagard, presque jaloux,
Le chant sombre qui sort du hurlement des loups. »

-- Marsyas ! murmura Vulcain, l'envieux louche.
Apollon attentif mit le doigt sur sa bouche.
Le faune ouvrit les yeux, et peut-être entendit;
Calme, il prit son genou dans ses deux mains, et dit :

« Et maintenant, ô dieux ! écoutez ce mot : L'âme !
Sous l'arbre qui bruit, près du monstre qui brame,
Quelqu'un parle. C'est l'Ame. Elle sort du chaos.
Sans elle, pas de vents, le miasme; pas de flots,
L'étang; l'âme, en sortant du chaos, le dissipe;
Car il n'est que l'ébauche et l'âme est le principe.
L'Etre est d'abord moitié brute et moitié forêt;
Mais l'Air veut devenir l'Esprit, l'homme apparaît.
L'homme ! qu'est-ce que c'est que ce sphinx ? Il
En sagesse, ô mystère ! et finit en démence. [commence
O ciel qu'il a quitté, rends-lui son âge d'or ! »

Le faune, interrompant son orageux essor,

Ouvrit d'abord un doigt, puis deux, puis un troisième,
Comme quelqu'un qui compte en même temps qu'il sème,
Et cria, sur le haut Olympe vénéré :

« O dieux ! l'arbre est sacré, l'animal est sacré,
L'homme est sacré; respect à la terre profonde !
La terre où l'homme crée, invente, bâtit, fonde.
Géant possible, encor caché dans l'embryon,
La terre où l'animal erre autour du rayon,
La terre où l'arbre ému prononce des oracles,
Dans l'obscur infini tout rempli de miracles,
Est le prodige, ô dieux ! le plus proche de vous;
C'est le globe inconnu qui vous emporte tous,
Vous les éblouissants, la grande bande altière,
Qui dans des coupes d'or buvez de la lumière,
Vous qu'une aube précède et qu'une flamme suit,
Vous les dieux, à travers la formidable nuit ! »

La sueur ruisselait sur le front du satyre,
Comme l'eau du filet que des mers on retire;
Ses cheveux s'agitaient comme au vent libyen.

Phœbus lui dit : — Veux-tu la lyre ?

— Je veux bien,
Dit le faune; et, tranquille, il prit la grande lyre.

Alors il se dressa debout dans le délire
Des rêves, des frissons, des aurores, des cieux,
Avec deux profondeurs splendides dans les yeux.

— Il est beau ! murmura Vénus épouvantée.

Et Vulcain, s'approchant d'Hercule, dit : Antée.
Hercule repoussa du coude ce boiteux.

III

LE SOMBRE

Il ne les voyait pas, quoiqu'il fût devant eux.

Il chanta l'Homme. Il dit cette aventure sombre,
L'homme, le chiffre élu, tête auguste du nombre,
Effacé par sa faute, et, désastreux reflux,
Retombé dans la nuit de ce qu'on ne voit plus;
Il dit les premiers temps, le bonheur, l'Atlantide,
Comment le parfum pur devint miasme fétide,

Comment l'hymne expira sous le clair firmament,
Comment la liberté devint joug, et comment
Le silence se fit sur la terre domptée;
Il ne prononça pas le nom de Prométhée,
Mais il avait dans l'œil l'éclair du feu volé;
Il dit l'humanité mise sous le scellé,
Il dit tous les forfaits et toutes les misères,
Depuis les rois peu bons jusqu'aux dieux peu sincères.
Tristes hommes; ils ont vu le ciel se fermer.
En vain, pieux, ils ont commencé par s'aimer;
En vain, frères, ils ont tué la Haine infâme,
Le monstre à l'aile onglée, aux sept gueules de flamme;
Hélas! comme Cadmus, ils ont bravé le sort;
Ils ont semé les dents de la bête; il en sort
Des spectres tournoyant comme la feuille morte,
Qui combattent, l'épée à la main, et qu'emporte
L'évanouissement du vent mystérieux.
Ces spectres sont les rois; ces spectres sont les dieux.
Ils renaissent sans fin, ils reviennent sans cesse;
L'antique égalité devient sous eux bassesse;
Dracon donne la main à Busiris; la Mort
Se fait code, et se met aux ordres du plus fort,
Et le dernier soupir libre et divin s'exhale
Sous la difformité de la loi colossale.
L'homme se tait, ployé sous cet entassement;
Il se venge; il devient pervers; il vole, il ment;
L'âme inconnue et sombre a des vices d'esclave;
Puisqu'on lui met un mont sur elle, elle en sort lave;
Elle brûle et ravage au lieu de féconder.
Et dans le chant du faune on entendait gronder
Tout l'essaim des fléaux furieux qui se lève.
Il dit la guerre; il dit la trompette et le glaive;
La mêlée en feu, l'homme égorgé sans remord,
La gloire, et dans la joie affreuse de la mort
Les plis voluptueux des bannières flottantes;
L'aube naît; les soldats s'éveillent sous les tentes;
La nuit, même en plein jour, les suit, planant sur eux;
L'armée en marche ondule au fond des chemins creux;
La baliste en roulant s'enfonce dans les boues;
L'attelage fumant tire, et l'on pousse aux roues;
Cris des chefs, pas confus; les moyeux des charrois
Balafrent les talus des ravins trop étroits.
On se rencontre, ô choc hideux! les deux armées
Se heurtent, de la même épouvante enflammées,
Car la rage guerrière est un gouffre d'effroi.
O vaste effarement! chaque bande a son roi.
Perce, épée! ô cognée, abats! massue, assomme!
Cheval, foule aux pieds l'homme, et l'homme et l'homme
[et l'homme!
Hommes, tuez, traînez les chars, roulez les tours;
Maintenant, pourrissez, et voici les vautours!

Des guerres sans fin naît le glaive héréditaire;
L'homme fuit dans les trous, au fond des bois, sous terre;
Et, soulevant le bloc qui ferme son rocher,
Ecoute s'il entend les rois là-haut marcher;
Il se hérisse; l'ombre aux animaux le mêle;
Il déchoit; plus de femme, il n'a qu'une femelle;
Plus d'enfants, des petits; l'amour qui le séduit
Est fils de l'Indigence et de l'Air de la nuit;
Tous ses instincts sacrés à la fange aboutissent;
Les rois, après l'avoir fait taire, l'abrutissent;
Si bien que le bâillon est maintenant un mors.
Et sans l'homme pourtant les horizons sont morts;
Qu'est la création sans cette initiale ?
Seul sur la terre il a la lueur faciale;
Seul il parle; et sans lui tout est décapité.
Et l'on vit poindre aux yeux du faune la clarté
De deux larmes coulant comme à travers la flamme.
Il montra tout le gouffre acharné contre l'âme;
Les ténèbres croisant leurs funestes rameaux;
Et la forêt du sort et la meute des maux,
Les hommes se cachant, les dieux suivant leurs pistes.
Et, pendant qu'il chantait toutes ces strophes tristes,
Le grand souffle vivant, ce transfigurateur,
Lui mettait sous les pieds la céleste hauteur;
En cercle autour de lui se taisaient les Borées;
Et, comme par un fil invisible tirées,
Les brutes, loups, renards, ours, lions chevelus,
Panthères, s'approchaient de lui de plus en plus;
Quelques-unes étaient si près des dieux venues,
Pas à pas, qu'on voyait leurs gueules dans les nues.
Les dieux ne riaient plus; tous ces victorieux,
Tous ces rois, commençaient à prendre au sérieux
Cette espèce d'esprit qui sortait d'une bête.

Il reprit :

« Donc, les dieux et les rois sur le faîte,
L'homme en bas; pour valets aux tyrans, les fléaux.
L'homme ébauché ne sort qu'à demi du chaos,
Et jusqu'à la ceinture il plonge dans la brute;
Tout le trahit; parfois, il renonce à la lutte.
Où donc est l'espérance ? Elle a lâchement fui.
Toutes les surdités s'entendent contre lui;
Le sol l'alourdit, l'air l'enfièvre, l'eau l'isole;
Autour de lui la mer sinistre se désole;
Grâce au hideux complot de tous ces guets-apens,
Les flammes, les éclairs, sont contre lui serpents;
Ainsi que le héros l'aquilon le soufflette;
La peste aide le glaive, et l'élément complète
Le despote, et la nuit s'ajoute au conquérant;
Ainsi la Chose vient mordre aussi l'homme, et prend

Assez d'âme pour être une force, complice
De son impénétrable et nocturne supplice;
Et la Matière, hélas ! devient Fatalité.
Pourtant qu'on prenne garde à ce déshérité !
Dans l'ombre, une heure est là qui s'approche, et frissonne
Qui sera la terrible et qui sera la bonne,
Qui viendra te sauver, homme, car tu l'attends,
Et changer la figure implacable du temps !
Qui connaît le destin ? qui sonda le peut-être ?
Oui, l'heure énorme vient, qui fera tout renaître,
Vaincra tout, changera le granit en aimant,
Fera pencher l'épaule au morne escarpement,
Et rendra l'impossible aux hommes praticable.
Avec ce qui l'opprime, avec ce qui l'accable,
Le genre humain se va forger son point d'appui;
Je regarde le gland qu'on appelle aujourd'hui,
J'y vois le chêne; un feu vit sous la cendre éteinte.
Misérable homme, fait pour la révolte sainte,
Ramperas-tu toujours parce que tu rampas ?
Qui sait si quelque jour on ne te verra pas,
Fier, suprême, atteler les forces de l'abîme,
Et, dérobant l'éclair à l'Inconnu sublime,
Lier ce char d'un autre à deux chevaux à toi ?
Oui, peut-être on verra l'homme devenir loi,
Terrasser l'élément sous lui, saisir et tordre
Cette anarchie au point d'en faire jaillir l'ordre,
Le saint ordre de paix, d'amour et d'unité,
Dompter tout ce qui l'a jadis persécuté,
Se construire à lui-même une étrange monture
Avec toute la vie et toute la nature,
Seller la croupe en feu des souffles de l'enfer,
Et mettre un frein de flamme à la gueule du fer !
On le verra, vannant la braise dans son crible,
Maître et palefrenier d'une bête terrible,
Criant à toute chose : Obéis, germe, nais !
Ajustant sur le bronze et l'acier un harnais
Fait de tous les secrets que l'étude procure,
Prenant aux mains du vent la grande bride obscure,
Passer dans la lueur ainsi que les démons,
Et traverser les bois, les fleuves et les monts,
Beau, tenant une torche aux astres allumée,
Sur une hydre d'airain, de foudre et de fumée !
On l'entendra courir dans l'ombre avec le bruit
De l'aurore enfonçant les portes de la nuit !
Qui sait si quelque jour, grandissant d'âge en âge,
Il ne jettera pas son dragon à la nage,
Et ne franchira pas les mers, la flamme au front ?
Qui sait si, quelque jour, brisant l'antique affront,
Il ne lui dira pas : Envole-toi, matière !
S'il ne franchira point la tonnante frontière;
S'il n'arrachera pas de son corps brusquement

La pesanteur, peau vile, immonde vêtement
Que la fange hideuse à la pensée inflige ?
De sorte qu'on verra tout à coup, ô prodige !
Ce ver de terre ouvrir ses ailes dans les cieux.
Oh ! lève-toi, sois grand, homme ! va, factieux !
Homme, un orbite d'astre est un anneau de chaîne,
Mais cette chaîne-là, c'est la chaîne sereine,
C'est la chaîne d'azur, c'est la chaîne du ciel ;
Celle-là, tu t'y dois rattacher, ô mortel,
Afin — car un esprit se meut comme une sphère —
De faire aussi ton cercle autour de la lumière !
Entre dans le grand chœur ! Va, franchis ce degré,
Quitte le joug infâme et prends le joug sacré !
Deviens l'Humanité, triple, homme, enfant et femme !
Transfigure-toi ! va ! sois de plus en plus l'âme !
Esclave, grain d'un roi, démon, larve d'un dieu,
Prends le rayon, saisis l'aube, usurpe le feu ;
Torse ailé, front divin, monte au jour, monte au trône
Et dans la sombre nuit jette les pieds du faune ! »

IV

L'ÉTOILÉ

Le satyre un moment s'arrêta, respirant
Comme un homme levant son front hors d'un torrent ;
Un autre être semblait sous sa face apparaître ;
Les dieux s'étaient tournés inquiets vers le maître,
Et, pensifs, regardaient Jupiter stupéfait.

Il reprit :

« Sous le poids hideux qui l'étouffait,
Le réel renaîtra, dompteur du mal immonde.
Dieux, vous ne savez pas ce que c'est que le monde ;
Dieux, vous avez vaincu, vous n'avez pas compris.
Vous avez au-dessus de vous d'autres esprits,
Qui, dans le feu, la nue, et l'onde et la bruine,
Songent, en attendant votre immense ruine.
Mais qu'est-ce que cela me fait à moi qui suis
La prunelle effarée au fond des vastes nuits ?
Dieux, il est d'autres sphinx que le vieux sphinx de Thèbe.
Sachez ceci, tyrans de l'homme et de l'Erèbe,
Dieu qui versez le sang, dieux dont on voit le fond,
Nous nous sommes tous faits bandits sur ce grand mont
Où la terre et le ciel semblent en équilibre,
Mais vous pour être rois et moi pour être libre.
Pendant que vous semez haine, fraude et trépas,

Et que vous enjambez tout le crime en trois pas,
Moi je songe. Je suis l'œil fixe des cavernes.
Je vais. Olympes bleus et ténébreux Avernes,
Temples, charniers, forêts, cités, aigle, alcyon,
Sont devant mon regard la même vision;
Les dieux, les fléaux, ceux d'à présent, ceux d'ensuite,
Traversent ma lueur et sont la même fuite.
Je suis témoin que tout disparaît. Quelqu'un est.
Mais celui-là, jamais l'homme ne le connaît.
L'humanité suppose, ébauche, essaie, approche;
Elle façonne un marbre, elle taille une roche
Et fait une statue, et dit : Ce sera lui.
L'homme reste devant cette pierre ébloui;
Et tous les à peu près, quels qu'ils soient, ont des prêtres.
Soyez les Immortels, faites ! broyez les êtres,
Achevez ce vain tas de vivants palpitants,
Régnez; quand vous aurez, encore un peu de temps,
Ensanglanté le ciel que la lumière azure,
Quand vous aurez, vainqueurs, comblé votre mesure,
C'est bien, tout sera dit, vous serez remplacés
Par ce noir dieu final que l'homme appelle Assez !
Car Delphe et Pise sont comme des chars qui roulent,
Et les choses qu'on crut éternelles s'écroulent
Avant qu'on ait le temps de compter jusqu'à vingt. »

Tout en parlant ainsi, le satyre devint
Démesuré; plus grand d'abord que Polyphème,
Puis plus grand que Typhon qui hurle et qui blasphème
Et qui heurte ses poings ainsi que des marteaux,
Puis plus grand que Titan, puis plus grand que l'Athos;
L'espace immense entra dans cette forme noire;
Et, comme le marin voit croître un promontoire,
Les dieux dressés voyaient grandir l'être effrayant;
Sur son front blêmissait un étrange orient;
Sa chevelure était une forêt; des ondes,
Fleuves, lacs, ruisselaient de ses hanches profondes;
Ses deux cornes semblaient le Caucase et l'Atlas;
Les foudres l'entouraient avec de sourds éclats;
Sur ses flancs palpitaient des prés et des campagnes,
Et ses difformités s'étaient faites montagnes;
Les animaux qu'avaient attirés ses accords,
Daims et tigres, montaient tout le long de son corps;
Des avrils tout en fleur verdoyaient sur ses membres;
Le pli de son aisselle abritait des décembres;
Et des peuples errants demandaient leur chemin,
Perdus au carrefour des cinq doigts de sa main.
Des aigles tournoyaient dans sa bouche béante;
La lyre, devenue en le touchant géante,
Chantait, pleurait, grondait, tonnait, jetait des cris,
Les ouragans étaient dans les sept cordes pris
Comme des moucherons dans de lugubres toiles;

Sa poitrine terrible était pleine d'étoiles.

Il cria :

« L'avenir, tel que les cieux le font,
C'est l'élargissement dans l'infini sans fond,
C'est l'esprit pénétrant de toutes parts la chose !
On mutile l'effet en limitant la cause;
Monde, tout le mal vient de la forme des dieux.
On fait du ténébreux avec le radieux;
Pourquoi mettre au-dessus de l'Etre, des fantômes ?
Les clartés, les éthers, ne sont pas des royaumes.
Place au fourmillement éternel des cieux noirs,
Des cieux bleus, des midis, des aurores, des soirs !
Place à l'atome saint, qui brûle ou qui ruisselle !
Place au rayonnement de l'âme universelle !
Un roi c'est de la guerre, un dieu c'est de la nuit.
Liberté, vie et foi, sur le dogme détruit !
Partout une lumière et partout un génie !
Amour ! tout s'entendra, tout étant l'harmonie !
L'azur du ciel sera l'apaisement des loups.
Place à Tout ! Je suis Pan; Jupiter ! à genoux. »

XXIII

Je me penchai. J'étais dans le lieu ténébreux;
Là gisent les fléaux avec la nuit sur eux;
Et je criai : — Tibère ! — Eh bien ? me dit cet homme.
— Tiens-toi là. — Soit. — Néron ! — L'autre monstre de [Rome
Dit : — Qui donc m'ose ainsi parler ? — Bien. Tiens-toi là.
Je dis : — Sennachérib ! Tamerlan ! Attila !
— Qu'est-ce donc que tu veux ? répondirent trois gueules.
— Restez là. Plus un mot. Silence. Soyez seules.
Je me tournai : — Nemrod ! — Quoi ? — Tais-toi. — Je [repris :
— Cyrus ! Rhamsès ! Cambyse ! Amilcar ! Phalaris !
— Que veut-on ? — Restez là. — Puis, passant aux modernes,
Je comparai les bruits de toutes les cavernes,
Les antres aux palais et les trônes aux bois,
Le grondement du tigre au cri d'Innocent trois;
Nuit sinistre où pas un des coupables n'échappe,
Ni sous la pourpre Othon, ni Gerbert sous la chape.
Pensif, je m'assurai qu'ils étaient bien là tous,
Et je leur dis : — Quel est le pire d'entre vous ?

Alors, du fond du gouffre, ombre patibulaire
Où le nid menacé par l'immense colère
Autrefois se blottit et se réfugia,
Satan cria : — C'est moi ! — Crois-tu ? dit Borgia.

XXIV

CLARTÉ D'AMES

CLARTÉ D'AMES

Sait-on si ce n'est pas de la clarté qui sort
Du cerveau des songeurs sacrés, creusant le sort,
La vie et l'inconnu, travailleurs de l'abîme ?
Voici ce que j'ai vu dans une nuit sublime :

Cette nuit-là pas une étoile ne brillait;
C'était au mois d'Eglad que nous nommons juillet;
Et sous l'azur noir, face immense du mystère,
Dans tous les lieux déserts qui sont sur cette terre,
Forêts, plages, ravins, caps où rien ne fleurit,
Les solitaires, ceux qui vivent par l'esprit,
Sondant l'éternité, l'âme, le temps, le nombre,
Effarés et sereins, étaient épars dans l'ombre;
L'un en Europe; l'autre en Inde, où, dans les bois
Cachant ses jeunes faons, la gazelle aux abois
Attend pour s'endormir que le lion s'endorme;
Un autre dans l'horreur de l'Afrique difforme.
Tous ces hommes avaient l'idéal pour objet;
Et chacun d'eux était dans son antre et songeait.
Ces prophètes étaient frères sans se connaître;
Pas un d'eux ne savait, isolé dans son être
Et sa pensée ainsi qu'un roi dans son état,
Que quelqu'un de semblable à lui-même existât;
Ils veillaient, et chacun se croyait seul au monde;
Aucun lien entre eux que l'énigme profonde
Et la recherche obscure et terrible de Dieu.
Ils pensaient; l'infini sans borne et sans milieu
Pesait sur eux; pas un qui de la solitude
N'eût la mystérieuse et sinistre attitude;
Pourtant ils étaient doux, ces hommes effrayants.

Sphar était attentif aux nuages fuyants;
Stélus laissait, du fond des mers, du bord des grèves,
Du haut des cieux, venir à lui les vastes rêves;
Pythagore disait : Dieu ! fais ce que tu dois !
Thur regardait l'abîme et comptait sur ses doigts;

Sadoch rêvait l'éden, ayant pour lit des pierres;
Zès, qui n'ouvrait jamais qu'à demi les paupières,
Contemplait cette chose implacable, la nuit;
Sadoch guettait l'autre être insondable, le bruit;
Sostrate étudiait, dans l'eau qu'un souffle mène,
Dans la fumée et l'air, la destinée humaine;
Lycurgue, formidable et pâle, méditait;
Eschyle était semblable au rocher qui se tait,
Et tournait vers l'Etna fumant son grand front chauve;
Isaïe, habitant d'un sépulcre, esprit fauve,
Adressait la parole à ceux qui ne sont plus;
Comme Isaïe, un sage, un fou, Phégorbélus,
Parlait dans la nuée aux faces invisibles,
Et disait, feuilletant on ne sait quelles bibles :
— Je parle, et ne sais pas si je suis écouté;
Les spectres plus nombreux que les mouches d'été
M'entourent, et sur moi se précipite et tombe
La légion de ceux qui rêvent dans la tombe;
On me hait dans le monde étrange de la mort;
Je sens parfois, la nuit, un rêve qui me mord,
Et les êtres de l'ombre, essaim, foule inconnue,
M'attaquent quand je dors; pourtant je continue,
Et je cherche à savoir le grand secret caché
Qu'Eve devina presque et qu'entrevit Psyché. —
Orobanchus, gardien de l'autel des Trois Grâces,
Maudissait vaguement les casques, les cuirasses
Et les glaives, semeurs tragiques du trépas,
Et, sombre, murmurait : — Mortels, n'oubliez pas
Qu'Aglaé dans sa main tient un bouton de rose. —
Chacun recommandait à l'ombre quelque chose
De faible, le haillon, le chaume, le grabat;
Phtès, les damnés sur qui trop de haine s'abat,
Hermanès, l'humble toit du lépreux sans défense,
Gyr le droit, et Lysis la vénérable enfance.
Tous voulaient secourir l'homme, et le protéger
Contre ce monstre obscur, l'innombrable danger;
Tous calculaient le mal à fuir, le bien à faire.
La terre est sous les yeux du destin; cette sphère
Semble être par quelqu'un confiée aux penseurs.

La nuit était immense, et dans ses épaisseurs
Tout sommeillait, les bois, les monts, les mers, les sables;
Eux, ils ne dormaient point, étant les responsables.
Les heures s'écoulaient, la nuit passait; mais rien,
Ni la faim, ni la soif, ni le vent syrien
Qui va des mers d'Adram jusqu'au Tibre de Rome,
Ne troublait ces esprits, souffrant des maux de l'homme;
Ils avaient la révolte en eux, l'altier frisson
Que donne, à qui se sent des ailes, la prison;
Chacun tâchait de rompre un anneau de la chaîne;
Plus d'imposture ! plus de guerre ! plus de haine !

Il sortait de chacun de ces séditieux
Une sommation qui s'en allait aux cieux.
La vérité faisait, claire, auguste, insensée,
De chacun de ces fronts jaillir une pensée,
La justice, la paix, l'enfer amnistié.
Ces cerveaux lumineux dégageaient la pitié,
La bonté, le pardon aux vivants éphémères,
L'espérance, la joie et l'amour, des chimères,
Des rêves comme en font les astres, s'ils en font;
Cela se répandait sous le zénith profond;
Tous ces hommes étaient plongés dans les ténèbres;
Seuls et noirs, combinant les rythmes, les algèbres,
Le chiffre avec le chant, le passé, le présent,
Ajoutant quelque chose à l'homme, agrandissant
La prunelle, l'esprit, la parole, l'ouïe,
Ils songeaient; et l'aurore apparut, éblouie.

XXV

LES CHUTES

FLEUVES ET POÈTES

LES CHUTES

FLEUVES ET POÈTES

Le grand Niagara s'écoule, le Rhin tombe;
L'abîme monstrueux tâche d'être une tombe,
Il hait le géant fleuve, et dit : j'engloutirai.
Et le fleuve, pareil au lion attiré
Dans l'antre inattendu d'une hydre aux mille têtes,
Lutte avec tous ses cris et toutes ses tempêtes.
Quoi ! la nature immense est donc un lieu peu sûr ?
Il se cabre, il résiste au précipice obscur,
Bave et bouillonne, et, blanc et noir comme le marbre,
Se cramponne aux rochers, se retient aux troncs d'arbre,
Penche, et, comme frappé de malédiction,
Roule, ainsi que tournait l'éternel Ixion.
Tordu, brisé, vaincu, Dieu même étant complice,
Le fleuve échevelé subit son dur supplice.
Le gouffre veut sa mort; mais l'effort des fléaux
Pour faire le néant, ne fait que le chaos;
L'affreux puits de l'enfer ouvre ses flancs funèbres,
Et rugit. Quel travail pour créer les ténèbres !
Il est l'envie, il est la rage, il est la nuit;
Et la destruction, voilà ce qu'il construit.
Pareil à la fumée au faîte du Vésuve,
Un nuage sinistre est sur l'énorme cuve,
Et cache le tourment du grand fleuve trahi.
Lui, le fécondateur, d'où vient qu'il est haï ?
Qu'est-ce donc qu'il a fait au bois, au mont sublime,
Aux prés verts, pour que tous le livrent à l'abîme ?
Sa force, sa splendeur, sa beauté, sa bonté,
Croulent. Quel guet-apens et quelle lâcheté !
L'eau s'enfle comme l'outre où grondent les Borées,
Et l'horreur se disperse en voix désespérées;
Tout est chute, naufrage, engloutissement, nuit,
Et l'on dirait qu'un rire infâme est dans ce bruit;
Rien n'est épargné, rien ne vit, rien ne surnage;

Le fleuve se débat dans l'atroce engrenage,
Tombe, agonise, et jette au lointain firmament
Une longue rumeur d'évanouissement.
Tout à coup, au-dessus de ce chaos qui souffre,
Apparaît, composé de tout ce que le gouffre
A de hideux, d'hostile et de torrentiel,
Un éblouissement auguste, l'arc-en-ciel;
Le piège est vil, la roche est traître, l'onde est noire,
Et tu sors de cette ombre épouvantable, ô gloire!

XXVI

LA ROSE DE L'INFANTE

LA ROSE DE L'INFANTE

Elle est toute petite, une duègne la garde.
Elle tient à la main une rose, et regarde.
Quoi ? que regarde-t-elle ? Elle ne sait pas. L'eau,
Un bassin qu'assombrit le pin et le bouleau;
Ce qu'elle a devant elle; un cygne aux ailes blanches,
Le bercement des flots sous la chanson des branches,
Et le profond jardin rayonnant et fleuri.
Tout ce bel ange a l'air dans la neige pétri.
On voit un grand palais comme au fond d'une gloire,
Un parc, de clairs viviers où les biches vont boire,
Et des paons étoilés sous les bois chevelus.
L'innocence est sur elle une blancheur de plus;
Toutes ses grâces font comme un faisceau qui tremble.
Autour de cette enfant l'herbe est splendide et semble
Pleine de vrais rubis et de diamants fins;
Un jet de saphirs sort des bouches des dauphins.
Elle se tient au bord de l'eau; sa fleur l'occupe.
Sa basquine est en point de Gênes; sur sa jupe
Une arabesque, errant dans les plis du satin,
Suit les mille détours d'un fil d'or florentin.
La rose épanouie et toute grande ouverte,
Sortant du frais bouton comme d'une urne ouverte,
Charge la petitesse exquise de sa main;
Quand l'enfant, allongeant ses lèvres de carmin,
Fronce, en la respirant, sa riante narine,
La magnifique fleur, royale et purpurine,
Cache plus qu'à demi ce visage charmant,
Si bien que l'œil hésite, et qu'on ne sait comment
Distinguer de la fleur ce bel enfant qui joue,
Et si l'on voit la rose ou si l'on voit la joue.
Ses yeux bleus sont plus beaux sous son pur sourcil brun.
En elle tout est joie, enchantement, parfum;
Quel doux regard, l'azur ! et quel doux nom, Marie !
Tout est rayon; son œil éclaire et son nom prie.
Pourtant, devant la vie et sous le firmament,
Pauvre être ! elle se sent très grande vaguement;

Elle assiste au printemps, à la lumière, à l'ombre,
Au grand soleil couchant horizontal et sombre,
A la magnificence éclatante du soir,
Aux ruisseaux murmurants qu'on entend sans les voir,
Aux champs, à la nature éternelle et sereine,
Avec la gravité d'une petite reine;
Elle n'a jamais vu l'homme que se courbant;
Un jour, elle sera duchesse de Brabant;
Elle gouvernera la Flandre ou la Sardaigne.
Elle est l'infante, elle a cinq ans, elle dédaigne.
Car les enfants des rois sont ainsi; leurs fronts blancs
Portent un cercle d'ombre, et leurs pas chancelants
Sont des commencements de règne. Elle respire
Sa fleur en attendant qu'on lui cueille un empire.
Et son regard, déjà royal, dit : C'est à moi.
Il sort d'elle un amour mêlé d'un vague effroi.
Si quelqu'un, la voyant si tremblante et si frêle,
Fût-ce pour la sauver mettait la main sur elle,
Avant qu'il eût pu faire un pas ou dire un mot,
Il aurait sur le front l'ombre de l'échafaud.

La douce enfant sourit, ne faisant autre chose
Que de vivre et d'avoir dans la main une rose,
Et d'être là devant le ciel, parmi les fleurs.

Le jour s'éteint; les nids chuchotent, querelleurs;
Les pourpres du couchant sont dans les branches d'arbre;
La rougeur monte au front des déesses de marbre
Qui semblent palpiter sentant venir la nuit;
Et tout ce qui planait redescend; plus de bruit,
Plus de flamme; le soir mystérieux recueille
Le soleil sous la vague et l'oiseau sous la feuille.

Pendant que l'enfant rit, cette fleur à la main,
Dans le vaste palais catholique romain
Dont chaque ogive semble au soleil une mitre,
Quelqu'un de formidable est derrière la vitre;
On voit d'en bas une ombre, au fond d'une vapeur,
De fenêtre en fenêtre errer, et l'on a peur;
Cette ombre au même endroit, comme en un cimetière,
Parfois est immobile une journée entière;
C'est un être effrayant qui semble ne rien voir;
Il rôde d'une chambre à l'autre, pâle et noir;
Il colle aux vitraux blancs son front lugubre, et songe;
Spectre blême ! Son ombre aux feux du soir s'allonge;
Son pas funèbre est lent, comme un glas de beffroi;
Et c'est la Mort, à moins que ce ne soit le Roi.

C'est lui; l'homme en qui vit et tremble le royaume.
Si quelqu'un pouvait voir dans l'œil de ce fantôme
Debout en ce moment l'épaule contre un mur,

Ce qu'on apercevrait dans cet abîme obscur,
Ce n'est pas l'humble enfant, le jardin, l'eau moirée
Reflétant le ciel d'or d'une claire soirée,
Les bosquets, les oiseaux se becquetant entre eux,
Non; au fond de cet œil comme l'onde vitreux,
Sous ce fatal sourcil qui dérobe à la sonde
Cette prunelle autant que l'océan profonde,
Ce qu'on distinguerait, c'est, mirage mouvant,
Tout un vol de vaisseaux en fuite dans le vent,
Et, dans l'écume, au pli des vagues, sous l'étoile,
L'immense tremblement d'une flotte à la voile,
Et, là-bas, sous la brume, une île, un blanc rocher,
Ecoutant sur les flots ces tonnerres marcher.

Telle est la vision qui, dans l'heure où nous sommes,
Emplit le froid cerveau de ce maître des hommes,
Et qui fait qu'il ne peut rien voir autour de lui.
L'armada, formidable et flottant point d'appui
Du levier dont il va soulever tout un monde,
Traverse en ce moment l'obscurité de l'onde;
Le roi, dans son esprit, la suit des yeux, vainqueur,
Et son tragique ennui n'a plus d'autre lueur.

Philippe deux était une chose terrible.
Iblis dans le coran et Caïn dans la bible
Sont à peine aussi noirs qu'en son Escurial
Ce royal spectre, fils du spectre impérial.
Philippe deux était le Mal tenant le glaive.
Il occupait le haut du monde comme un rêve.
Il vivait; nul n'osait le regarder; l'effroi
Faisait une lumière étrange autour du roi;
On tremblait rien qu'à voir passer ses majordomes;
Tant il se confondait, aux yeux troublés des hommes,
Avec l'abîme, avec les astres du ciel bleu!
Tant semblait grande à tous son approche de dieu!
Sa volonté fatale, enfoncée, obstinée,
Etait comme un crampon mis sur la destinée;
Il tenait l'Amérique et l'Inde, il s'appuyait
Sur l'Afrique, il régnait sur l'Europe, inquiet
Seulement du côté de la sombre Angleterre;
Sa bouche était silence et son âme mystère;
Son trône était de piège et de fraude construit;
Il avait pour soutien la force de la nuit;
L'ombre était le cheval de sa statue équestre.
Toujours vêtu de noir, ce tout-puissant terrestre
Avait l'air d'être en deuil de ce qu'il existait;
Il ressemblait au sphinx qui digère et se tait,
Immuable; étant tout, il n'avait rien à dire.
Nul n'avait vu ce roi sourire; le sourire
N'étant pas plus possible à ces lèvres de fer
Que l'aurore à la grille obscure de l'enfer.

S'il secouait parfois sa torpeur de couleuvre,
C'était pour assister le bourreau dans son œuvre,
Et sa prunelle avait pour clarté le reflet
Des bûchers sur lesquels par moments il soufflait.
Il était redoutable à la pensée, à l'homme,
A la vie, au progrès, au droit, dévot à Rome;
C'était Satan régnant au nom de Jésus-Christ;
Les choses qui sortaient de son nocturne esprit
Semblaient un glissement sinistre de vipères.
L'Escurial, Burgos, Aranjuez, ses repaires,
Jamais n'illuminaient leurs livides plafonds;
Pas de festins, jamais de cour, pas de bouffons;
Les trahisons pour jeu, l'auto-da-fé pour fête.
Les rois troublés avaient au-dessus de leur tête
Ses projets dans la nuit obscurément ouverts;
Sa rêverie était un poids sur l'univers;
Il pouvait et voulait tout vaincre et tout dissoudre;
Sa prière faisait le bruit sourd d'une foudre;
De grands éclairs sortaient de ses songes profonds.
Ceux auxquels il pensait disaient : Nous étouffons.
Et les peuples, d'un bout à l'autre de l'empire,
Tremblaient, sentant sur eux ces deux yeux fixes luire.

Charles fut le vautour, Philippe est le hibou.

Morne en son noir pourpoint, la toison d'or au cou,
On dirait du destin la froide sentinelle;
Son immobilité commande; sa prunelle
Luit comme un soupirail de caverne; son doigt
Semble, ébauchant un geste obscur que nul ne voit,
Donner un ordre à l'ombre et vaguement l'écrire.
Chose inouïe ! il vient de grincer un sourire.
Un sourire insondable, impénétrable, amer.
C'est que la vision de son armée en mer
Grandit de plus en plus dans sa sombre pensée;
C'est qu'il la voit voguer par son dessein poussée,
Comme s'il était là, planant sous le zénith;
Tout est bien; l'océan docile s'aplanit,
L'armada lui fait peur comme au déluge l'arche;
La flotte se déploie en bon ordre de marche,
Et, les vaisseaux gardant les espaces fixés,
Echiquier de tillacs, de ponts, de mâts dressés,
Ondule sur les eaux comme une immense claie.
Ces vaisseaux sont sacrés, les flots leur font la haie;
Les courants, pour aider les nefs à débarquer,
Ont leur besogne à faire et n'y sauraient manquer;
Autour d'elles la vague avec amour déferle,
L'écueil se change en port, l'écume tombe en perle.
Voici chaque galère avec son gastadour;
Voilà ceux de l'Escaut, voilà ceux de l'Adour;
Les cent mestres de camp et les deux connétables;

L'Allemagne a donné ses ourques redoutables,
Naples ses brigantins, Cadix ses galions,
Lisbonne ses marins, car il faut des lions.
Et Philippe se penche, et, qu'importe l'espace ?
Non seulement il voit, mais il entend. On passe,
On court, on va. Voici le cri des porte-voix,
Le pas des matelots courant sur les pavois,
Les moços, l'amiral appuyé sur son page,
Les tambours, les sifflets des maîtres d'équipage,
Les signaux pour la mer, l'appel pour les combats,
Le fracas sépulcral et noir du branle-bas.
Sont-ce des cormorans ? sont-ce des citadelles ?
Les voiles font un vaste et sourd battement d'ailes;
L'eau gronde, et tout ce groupe énorme vogue, et fuit,
Et s'enfle et roule avec un prodigieux bruit.
Et le lugubre roi sourit de voir groupées
Sur quatre cents navires quatrevingt mille épées.
O rictus du vampire assouvissant sa faim !
Cette pâle Angleterre, il la tient donc enfin !
Qui pourrait la sauver ? Le feu va prendre aux poudres.
Philippe dans sa droite a la gerbe des foudres;
Qui pourrait délier ce faisceau dans son poing ?
N'est-il pas le seigneur qu'on ne contredit point ?
N'est-il pas l'héritier de César ? le Philippe
Dont l'ombre immense va du Gange au Pausilippe ?
Tout n'est-il pas fini quand il a dit : Je veux !
N'est-ce pas lui qui tient la victoire aux cheveux ?
N'est-ce pas lui qui lance en avant cette flotte,
Ces vaisseaux effrayants dont il est le pilote
Et que la mer charrie ainsi qu'elle le doit ?
Ne fait-il pas mouvoir avec son petit doigt
Tous ces dragons ailés et noirs, essaim sans nombre ?
N'est-il pas, lui, le roi ? n'est-il pas l'homme sombre
A qui ce tourbillon de monstres obéit ?
Quand Béit-Cifresil, fils d'Abdallah-Béit,
Eut creusé le grand puits de la mosquée, au Caire,
Il y grava : « Le ciel est à Dieu; j'ai la terre. »
Et, comme tout se tient, se mêle et se confond,
Tous les tyrans n'étant qu'un seul despote au fond,
Ce que dit ce sultan jadis, ce roi le pense.

Cependant, sur le bord du bassin, en silence,
L'infante tient toujours sa rose gravement,
Et, doux ange aux yeux bleus, la baise par moment.
Soudain un souffle d'air, une de ces haleines
Que le soir frémissant jette à travers les plaines,
Tumultueux zéphyr effleurant l'horizon,
Trouble l'eau, fait frémir les joncs, met un frisson
Dans les lointains massifs de myrte et d'asphodèle,
Vient jusqu'au bel enfant tranquille, et, d'un coup d'aile,
Rapide, et secouant même l'arbre voisin,

Effeuille brusquement la fleur dans le bassin,
Et l'infante n'a plus dans la main qu'une épine.
Elle se penche, et voit sur l'eau cette ruine;
Elle ne comprend pas; qu'est-ce donc ? Elle a peur;
Et la voilà qui cherche au ciel avec stupeur
Cette brise qui n'a pas craint de lui déplaire.
Que faire ? le bassin semble plein de colère;
Lui, si clair tout à l'heure, il est noir maintenant;
Il a des vagues; c'est une mer bouillonnant;
Toute la pauvre rose est éparse sur l'onde;
Ses cent feuilles que noie et roule l'eau profonde,
Tournoyant, naufrageant, s'en vont de tous côtés
Sur mille petits flots par la brise irrités;
On croit voir dans un gouffre une flotte qui sombre.
— Madame, dit la duègne avec sa face d'ombre
A la petite fille étonnée et rêvant,
Tout sur terre appartient aux princes, hors le vent.

XXVII

L'INQUISITION

« Le baptême des volcans est un ancien usage qui remonte aux premiers temps de la conquête. Tous les cratères du Nicaragua furent alors sanctifiés, à l'exception du Momotombo, d'où l'on ne vit jamais revenir les religieux qui s'étaient chargés d'aller y planter la croix. »

SQUIER. *Voyage dans l'Amérique du Sud.*

LES RAISONS DU MOMOTOMBO

Trouvant les tremblements de terre trop fréquents,
Les rois d'Espagne ont fait baptiser les volcans
Du royaume qu'ils ont en dessous de la sphère;
Les volcans n'ont rien dit et se sont laissé faire,
Et le Momotombo lui seul n'a pas voulu.
Plus d'un prêtre en surplis, par le saint-père élu,
Portant le sacrement que l'église administre,
L'œil au ciel, a monté la montagne sinistre;
Beaucoup y sont allés, pas un n'est revenu.

O vieux Momotombo, colosse chauve et nu,
Qui songes près des mers, et fais de ton cratère
Une tiare d'ombre et de flamme à la terre,
Pourquoi, lorsqu'à ton seuil terrible nous frappons,
Ne veux-tu pas du Dieu qu'on t'apporte ? Réponds.

La montagne interrompt son crachement de lave,
Et le Momotombo répond d'une voix grave :

— Je n'aimais pas beaucoup le dieu qu'on a chassé.
Cet avare cachait de l'or dans un fossé;
Il mangeait de la chair humaine; ses mâchoires
Etaient de pourriture et de sang toutes noires;
Son antre était un porche au farouche carreau,
Temple-sépulcre orné d'un pontife-bourreau;
Des squelettes riaient sous ses pieds; les écuelles
Où cet être buvait le meurtre étaient cruelles;
Sourd, difforme, il avait des serpents au poignet;
Toujours entre ses dents un cadavre saignait;
Ce spectre noircissait le firmament sublime.
J'en grondais quelquefois au fond de mon abîme.
Aussi, quand sont venus, fiers sur les flots tremblants,
Et du côté d'où vient le jour, des hommes blancs,
Je les ai bien reçus, trouvant que c'était sage.
L'âme a certainement la couleur du visage,
Disais-je, l'homme blanc, c'est comme le ciel bleu,

Et le dieu de ceux-ci doit être un très bon dieu.
On ne le verra point de meurtres se repaître. —
J'étais content; j'avais horreur de l'ancien prêtre.
Mais quand j'ai vu comment travaille le nouveau,
Quand j'ai vu flamboyer, ciel juste ! à mon niveau,
Cette torche lugubre, âpre, jamais éteinte,
Sombre, que vous nommez l'Inquisition sainte;
Quand j'ai pu voir comment Torquemada s'y prend
Pour dissiper la nuit du sauvage ignorant,
Comment il civilise, et de quelle manière
Le saint office enseigne et fait de la lumière;
Quand j'ai vu dans Lima d'affreux géants d'osier,
Pleins d'enfants, pétiller sur un large brasier,
Et le feu dévorer la vie, et les fumées
Se tordre sur les seins des femmes allumées;
Quand je me suis senti parfois presque étouffé
Par l'âcre odeur qui sort de votre auto-da-fé,
Moi qui ne brûlais rien que l'ombre en ma fournaise,
J'ai pensé que j'avais eu tort d'être bien aise;
J'ai regardé de près le dieu de l'étranger,
Et j'ai dit : — Ce n'est pas la peine de changer.

XXVIII

LA CHANSON DES AVENTURIERS DE LA MER

LA CHANSON
DES AVENTURIERS DE LA MER

En partant du golfe d'Otrante,
Nous étions trente;
Mais, en arrivant à Cadiz,
Nous étions dix.

Tom Robin, matelot de Douvre,
Au Phare nous abandonna
Pour aller voir si l'on découvre
Satan, que l'archange enchaîna,
Quand un bâillement noir entr'ouvre,
La gueule rouge de l'Etna.

En partant du golfe d'Otrante,
Nous étions trente;
Mais, en arrivant à Cadiz,
Nous étions dix.

En Calabre, une tarentaise
Rendit fou Spitafangama;
A Gaëte, Ascagne fut aise
De rencontrer Michellema;
L'amour ouvrit la parenthèse,
Le mariage la ferma.

En partant du golfe d'Otrante,
Nous étions trente;
Mais, en arrivant à Cadiz,
Nous étions dix.

A Naple, Ebid, de Macédoine,
Fut pendu; c'était un faquin.
A Capri, l'on nous prit Antoine;
Aux galères pour un sequin !
A Malte, Ofani se fit moine
Et Gobbo se fit arlequin.

En partant du golfe d'Otrante,
Nous étions trente;
Mais, en arrivant à Cadiz,
Nous étions dix.

Autre perte. André, de Pavie,
Pris par les turcs à Lipari,
Entra, sans en avoir envie,
Au sérail, et, sous cet abri,
Devint vertueux pour la vie,
Ayant été fort amoindri.

En partant du golfe d'Otrante,
Nous étions trente;
Mais, en arrivant à Cadiz,
Nous étions dix.

Puis, trois de nous, que rien ne gêne,
Ni loi, ni dieu, ni souverain,
Allèrent, pour le prince Eugène
Aussi bien que pour Mazarin,
Aider Fuentes à prendre Gêne
Et d'Harcourt à prendre Turin.

En partant du golfe d'Otrante,
Nous étions trente;
Mais, en arrivant à Cadiz,
Nous étions dix.

Vers Livourne nous rencontrâmes
Les vingt voiles de Spinola.
Quel beau combat ! Quatorze prames
Et six galères étaient là;
Mais, bah ! rien qu'au bruit de nos rames
Toute la flotte s'envola.

En partant du golfe d'Otrante,
Nous étions trente;
Mais, en arrivant à Cadiz,
Nous étions dix.

A Notre-Dame de la Garde,
Nous eûmes un charmant tableau;
Lucca Diavolo par mégarde
Prit sa femme à Pier'Angelo;
Sur ce, l'ange se mit en garde,
Et jeta le diable dans l'eau.

En partant du golfe d'Otrante,
Nous étions trente;
Mais, en arrivant à Cadiz,
Nous étions dix.

A Palma, pour suivre Pescaire,
Huit nous quittèrent tour à tour;
Mais cela ne nous troubla guère;
On ne s'arrêta pas un jour.
Devant Alger on fit la guerre,
A Gibraltar on fit l'amour.

En partant du golfe d'Otrante,
Nous étions trente;
Mais, en arrivant à Cadiz,
Nous étions dix.

A nous dix, nous prîmes la ville;
— Et le roi lui-même ! — Après quoi,
Maîtres du port, maître de l'île,
Ne sachant qu'en faire, ma foi,
D'une manière très civile,
Nous rendîmes la ville au roi.

En partant du golfe d'Otrante,
Nous étions trente;
Mais, en arrivant à Cadiz,
Nous étions dix.

On fit ducs et grands de Castille
Mes neuf compagnons de bonheur,
Qui s'en allèrent à Séville
Epouser des dames d'honneur.
Le roi me dit : « — Veux-tu ma fille ? »
Et je lui dis : « — Merci, seigneur ! »

En partant du golfe d'Otrante,
Nous étions trente;
Mais, en arrivant à Cadiz,
Nous étions dix.

« J'ai, là-bas, où des flots sans nombre
Mugissent dans les nuits d'hiver,
Ma belle farouche à l'œil sombre,
Au sourire charmant et fier,
Qui, tous les soirs, chantant dans l'ombre,
Vient m'attendre au bord de la mer.

En partant du golfe d'Otrante,
Nous étions trente;
Mais, en arrivant à Cadiz,
Nous étions dix.

« J'ai ma Faënzette à Fiesone.
C'est là que mon cœur est resté.
Le vent fraîchit, la mer frissonne,

Je m'en retourne en vérité !
O roi ! ta fille a la couronne,
Mais Faënzette a la beauté ! »

En partant du golfe d'Otrante,
Nous étions trente ;
Mais, en arrivant à Cadiz,
Nous étions dix.

XXIX

MANSUÉTUDE DES ANCIENS JUGES

MANSUÉTUDE DES ANCIENS JUGES

Les chambres de torture étaient d'âpres demeures;
On n'y passait jamais plus de quatre ou cinq heures,
Et l'on entrait jeune homme et l'on sortait vieillard.
Le juge pour le code et le bourreau pour l'art
S'épuisaient, et, mêlant fer rouge et loi romaine,
Ayant à travailler sur de la chair humaine,
N'épargnaient rien afin d'arriver à l'aveu.
Sous leurs mains, l'os, le muscle, et l'ongle et le cheveu
Frémissaient, et, hurlant plus fort selon la fibre
Qui tressaille, et selon le nerf profond qui vibre,
Un homme devenait un clavier où Vouglans
Jouait de l'agonie avec ses doigts sanglants.
Ne croyez pas pourtant que lui, ni Farinace,
Ou Levert, n'eussent rien au cœur que la menace;
Ils priaient au besoin le captif garrotté;
Ils sucraient la torture avec de la bonté;
L'accusé qui résiste attriste la grand'chambre;
Bénins, ils l'imploraient en lui brisant un membre;
Ils étaient paternels; ils se penchaient, prêchant,
Suppliant, regrettant d'agir, l'air pas méchant,
Pour faire à cet œil terne et sombre, à cette bouche,
A cette âme aux abois, vomir l'aveu farouche.
Pasquier leurrait d'espoir ces regards presque éteints;
Delancre au patient disait des vers latins;
Bodin, sachant par cœur Virgile et ses idylles,
Les citait; et parfois ils pleuraient, crocodiles.

XXX

L'ÉCHAFAUD

L'ÉCHAFAUD

C'était fini. Splendide, étincelant, superbe,
Luisant sur la cité comme la faulx sur l'herbe,
Large acier dont le jour faisait une clarté,
Ayant je ne sais quoi dans sa tranquillité
De l'éblouissement du triangle mystique,
Pareil à la lueur au fond d'un temple antique,
Le fatal couperet relevé triomphait.
Il n'avait rien gardé de ce qu'il avait fait
Qu'une petite tache imperceptible et rouge.

Le bourreau s'en était retourné dans son bouge,
Et la peine de mort, remmenant ses valets,
Juges, prêtres, était rentrée en son palais,
Avec son tombereau terrible dont la roue,
Silencieuse, laisse un sillon dans la boue,
Qui se remplit de sang sitôt qu'elle a passé.

La foule disait : bien ! car l'homme est insensé,
Et ceux qui suivent tout, et dont c'est la manière,
Suivent même ce char et même cette ornière.

J'étais là. Je pensais. Le couchant empourprait
Le grave hôtel de ville aux luttes toujours prêt,
Entre Hier qu'il médite et Demain dont il rêve.
L'échafaud achevait, resté seul sur la Grève,
La journée en voyant expirer le soleil.

Le crépuscule vint, aux fantômes pareil.
Et j'étais toujours là, je regardais la hache,
La nuit, la ville immense et la petite tache.

A mesure qu'au fond du firmament obscur
L'obscurité croissait comme un effrayant mur,
L'échafaud, bloc hideux de charpentes funèbres,
S'emplissait de noirceur et devenait ténèbres;
Les horloges sonnaient, non l'heure, mais le glas;

Et toujours, sur l'acier, quoique le coutelas
Ne fût plus qu'une forme épouvantable et sombre,
La rougeur de la tache apparaissait dans l'ombre.

Un astre, le premier qu'on aperçoit le soir,
Pendant que je songeais, montait dans le ciel noir.

Sa lumière rendait l'échafaud plus difforme.
L'astre se répétait dans le triangle énorme;
Il y jetait, ainsi qu'en un lac, son reflet,
Lueur mystérieuse et sacrée; il semblait
Que sur la hache horrible, aux meurtres coutumière,
L'astre laissait tomber sa larme de lumière.
Son rayon, comme un dard qui heurte et rebondit,
Frappait le fer d'un choc lumineux; on eût dit
Qu'on voyait rejaillir l'étoile de la hache.
Comme un charbon tombant qui d'un feu se détache,
Il se répercutait dans ce miroir d'effroi,
Sur la justice humaine et sur l'humaine loi,
De l'éternité calme auguste éclaboussure.
— Est-ce au ciel que ce fer a fait une blessure ?
Pensai-je. Sur qui donc frappe l'homme hagard ?
Quel est donc ton mystère, ô glaive ? — Et mon regard
Errait, ne voyant plus rien qu'à travers un voile,
De la goutte de sang à la goutte d'étoile.

XXXI

DIX-SEPTIÈME SIÈCLE

LES MERCENAIRES

LE RÉGIMENT DU BARON MADRUCE

(GARDE IMPÉRIALE SUISSE)

I

Lorsque le régiment des hallebardiers passe,
L'aigle à deux têtes, l'aigle à la griffe rapace,
L'aigle d'Autriche, dit :

— Voilà le régiment
De mes hallebardiers qui va superbement.
Leurs plumets font venir les filles aux fenêtres ;
Ils marchent droits, tendant la pointe de leurs guêtres ;
Leur pas est si correct, sans tarder ni courir,
Qu'on croit voir des ciseaux se fermer et s'ouvrir.
Et la belle musique, ardente et militaire !
Leur clairon fait sortir une rumeur de terre.
Tout cet éclat de rire orgueilleux et vainqueur
Que le soldat muet refoule dans son cœur,
Etouffé dans les rangs, s'échappe et se délivre
Sous le chapeau chinois aux clochettes de cuivre ;
Le tambour roule avec un faste oriental,
Et vibre, tout tremblant de plaques de métal ;
Si bien qu'on croit entendre en sa voix claire et gaie
Sonner allégrement les sequins de la paie ;
La fanfare s'envole en bruyant falbala.
Quels bons autrichiens que ces étrangers-là !
Gloire aux hallebardiers ! Ils n'ont point de scrupule
Contre la populace et contre la crapule,
Corrigeant dans les gueux mal vêtus la fureur
De venir regarder de trop près l'empereur ;
Autour des archiducs leur pertuisane veille,
Et souvent d'une fête elle revient vermeille,
Ayant fait en passant quelques trous dans la chair
Du bas peuple en haillons qui trouve le pain cher ;
Ils ont un air fâché qui tient la foule en bride ;

Le grand soleil leur creuse aux sourcils une ride;
Ce régiment est beau sous les armes, rêvant
A la terreur qui suit son drapeau dans le vent;
Il a, comme un palais, ses tours et sa façade;
Tous sont hardis et forts, du fifre à l'anspessade;
Gloire aux hallebardiers splendides ! ces piquiers
Sont une rude pièce aux royaux échiquiers;
On sent que ces gaillards sortent des avalanches
Qui des cols du Malpas roulent jusqu'à Sallanches;
En guerre, au feu, ce sont des tigres pour l'élan;
A Schœnbrunn, chacun d'eux a l'air d'un chambellan;
Auprès de leur cocarde ils piquent une rose;
Et tous, en même temps, graves, ont quelque chose
De froid, de sépulcral, d'altier, de solennel,
Le grand baron Madruce étant leur colonel !
Leur hallebarde est longue et s'ajoute à leur taille;
Quant ce dur régiment est dans une bataille,
— Lâchât-on contre lui les mamelouks du Nil, —
La meute des plus fiers escadrons, le chenil
Des bataillons les plus hideux, les plus épiques,
Regarde en reculant ce sanglier de piques.
Ils sont silencieux comme un nuage noir;
Ils laissent seulement par instants entrevoir
Une lueur tragique aux multitudes viles;
Parfois leur humeur change, ils entrent dans les villes,
Ivres et gais, frappant leurs marmites de fer,
Et font devant le seuil des maisons un bruit fier,
Heureux, vainqueurs, sanglants, chantant à pleine bouche
La noce de la joie et du sabre farouche;
Ils ont nommé, tuant, mourant pour de l'argent,
Trépas leur capitaine, et Danger leur sergent;
Ils traînent dans leurs rangs, avec gloire et furie,
Comme un trophée utile à mettre en batterie,
Six canons qu'a pleurés monsieur de Brandebourg.
Comme ils vous font japper cela contre un faubourg !
Comme ils en ont craché naguère la volée
Sur Comorn, la Hongrie étant démuselée !
Et comme ils ont troué de boulets le manteau
De Vérone, livrée au feu par Colalto !
Les déclarations de guerre les font rire;
Ils signent ce qu'il plaît à l'empereur d'écrire,
Sous les puissants édits, sous les rescrits altiers,
Au bas des hauts décrets, ils mettent volontiers
Ce grand paraphe obscur qu'on nomme la mêlée;
Leur bannière à longs plis, toute bariolée,
Est une glorieuse et fait claquer son fouet;
Walstein, comme une foudre au poing, les secouait;
Leur mode est d'envoyer la bombe en ambassade;
Ils sont pour l'ennemi de mine si maussade
Que s'ils allaient un jour, sur la terre ou la mer,
Guerroyer quelque prince allié de l'enfer,

Rien qu'en apercevant leurs profils sous le feutre,
Satan se sentirait le goût de rester neutre.
Aussi, lourde est la solde et riche est le loyer.
Quand on veut des héros, il faut les bien payer.
On n'a point vu, depuis Boleslas Lèvre-Torte,
Une bande de gens de bataille plus forte
Et des alignements d'estafiers plus hagards;
Max en fait cas, Tilly pour eux a des égards,
Fritz les aime; en voyant ces moustaches féroces,
Les femmes de la cour ont peur dans leurs carrosses
Et disent : « Qu'ils sont beaux ! » Leurs os sont de granit;
L'électeur de Mayence en passant les bénit,
Et l'abbé de Fulda leur rit dans sa simarre;
Leur habit est d'un drap cramoisi, que chamarrc
Un galon triomphal, auguste, étincelant;
Ils ont deux frocs de guerre, un jaune et l'autre blanc,
Sur le jaune, l'or brille et largement éclate;
Quand ils portent le blanc sur la veste écarlate,
Car la pompe des cours aime ce train changeant,
On leur voit sur le corps ruisseler tant d'argent
Que ces fils des glaciers semblent couverts de givre.
Une troupe d'enfants s'extasie à les suivre.
Ils gardent à Schœnbrunn le secret corridor.
Sur l'épaule, en brocart brodé de pourpre et d'or,
Ils ont, quoique plus d'un soit hérétique en somme,
Le blason de l'empire et le blason de Rome;
Mais leur cœur huguenot sans courroux le subit,
Et, quand l'âge ou la guerre ont usé leur habit
Et qu'il faut au Prater devant des rois paraître,
Chacun d'eux, devenu bon tailleur de bon reître,
S'accroupit, prend l'aiguille et remet en état
L'écusson orthodoxe à son dos apostat.
Ce sont de braves gens. Jamais ils ne vacillent.
En longs buissons mouvants leurs hallebardes brillent.
A Prague, à Parme, à Pesth, devant Mariendal,
Ils soutiennent le vaste empereur féodal;
La révolte autour d'eux se brise, échoue et sombre;
Ils ont le flamboiement, l'ordre et l'épaisseur sombre;
Le vertige me prend moi-même dans les airs
En regardant marcher cette forêt d'éclairs. —

II

Lorsque le régiment des hallebardiers passe,
L'aigle montagnard, l'aigle orageux de l'espace,
Qui parle au précipice et que le gouffre entend,
Et qui plane au-dessus des trônes, emportant
Dans le ciel son pays, la liberté, sa proie;

Le sublime témoin du soleil qui flamboie,
L'aigle des Alpes, roi du pic et du hallier,
Dresse la tête au bruit de ce pas régulier,
Et crie, et jusqu'au ciel sa voix hautaine monte :

— O chute ! ignominie ! inexprimable honte !
Ces marcheurs alignés, ces êtres qui vont là
En pompe impériale, en housse de gala,
Ce sont de libres fils de ma libre montagne !
Ah ! les bassets en laisse et les forçats au bagne
Sont grands, sont purs, sont fiers, sont beaux et glorieux
Près de ceux-ci, qui, nés dans les lieux sérieux
Où comme des roseaux les hauts mélèzes ploient,
Fils des rochers sacrés et terribles, emploient
La fermeté du pied dans les cols périlleux,
Le mystérieux sang des mères aux yeux bleus,
L'audace dont l'autan vous emplit les narines,
Le divin gonflement de l'air dans les poitrines,
La grâce des ravins couronnés de bouquets,
Et la force des monts, à se faire laquais !
La contrée affranchie et joyeuse, matrice
De l'idée indomptable, âpre et libératrice,
La patrie au flanc rude, aux bons pics arrogants,
Qui portait les héros mêlés aux ouragans,
Douce, délivrant l'homme et délivrant la bête,
Sauvage, ayant le bruit des chutes d'eau pour fête
Et la sereine horreur des antres pour palais,
La terre qui nous montre au milieu des chalets
Le fier archer d'Altorf tenant son arbalète,
Et, titan, au-dessus du lac qui le reflète,
Enjambant les grands monts comme des escaliers,
La voilà maintenant nourrice de geôliers,
Et l'on voit pendre ensemble à ses sombres mamelles
La honte avec la gloire, ainsi que deux jumelles !
L'aigle à deux fronts, marqué de son double soufflet,
A cette heure à travers nos pâtres boit son lait!

Quoi ! la trompe d'Uri sonnant de roche en roche,
La couronne de fer, qu'un montagnard décroche,
Les baillis jetés bas, le föhn soufflant dix mois,
Ces pentes de granit où saute le chamois
Et qui firent glisser Charles le Téméraire,
Le mont Blanc qui ne dit qu'à l'Himalaya : Frère !
Ces sommets, éclatants comme d'énormes lys;
Quoi ! le Pilate, quoi ! le Rigi, quoi ! Titlis,
Ce triangle hideux de géants noirs, qui cerne
Et qui garde le lac tragique de Lucerne;
Quoi ! la vaste gaîté des nuages, des fleurs,
Des eaux, des ouragans puissants et querelleurs;
Quoi ! l'honneur, quoi ! l'épieu de Sempach, la cognée
De Morat bondissant hors des bois indignée,

La faulx de Morgarten, la fourche de Granson;
La rudesse du roc, la fierté du buisson;
Ces cris, ces feux de paille allumés sur les faîtes;
Quoi ! sur l'affreux faisceau des lances stupéfaites
L'immense éventrement de Winkelried joyeux;
Quoi ! les filles d'Albis, anges aux chastes yeux,
Les grandes mers de glace et leurs ondes muettes,
Les porches d'ombre où fuit le vol des gypaëtes,
Quoi ! l'homme affranchi, quoi ! ces serments, cette foi,
Le bâton paysan brisant le glaive roi,
Quoi ! dans l'altier sursaut de la vengeance austère,
Comme la vieille France a chassé l'Angleterre,
L'Helvétie en fureur chassant l'autrichien,
Et l'empereur, cet ours, et l'archiduc, ce chien,
T'ayant pour Jeanne d'Arc, ô Jungfrau formidable;
Quoi ! toute cette histoire auguste, inabordable,
Escarpée, au front haut, au chant libre, à l'œil clair,
Blanche comme la neige, âpre comme l'hiver,
Et du farouche vent des cimes enivrée,
Terre et cieux ! aboutit à la Suisse en livrée ?

Est-ce que le mont Blanc ne va pas se lever ?
Ah ! ceci va plus loin qu'on ne pourrait rêver!
Plus loin qu'on ne pourrait calomnier ! Oui, certes,
L'indépendance errant dans nos gorges désertes,
Franche et vraie, et riant sous le ciel pluvieux,
A des ennemis; certe elle a des envieux;
Ces menteurs ont construit bien des choses contre elle;
Chaque jour, leur amère et lugubre querelle
Imagine une boue à lui jeter au front,
Et cherche quelque forme horrible de l'affront;
Ils ont contre sa vieille et vénérable gloire
Tout fait, tout publié, tout dit, tout semblé croire,
Ils ont tout supposé, tout vomi, tout bavé,
Mais cela, cependant, ils ne l'ont pas trouvé;
Non, il n'en est pas un qui, dans sa rage, invente
La Liberté s'offrant aux rois comme servante !

Qu'est-ce que nous allons devenir maintenant ?
Devant ce résultat lugubre et surprenant,
Qu'est-ce qu'on va penser de vous, chênes, mélèzes,
Lacs qui vous insurgez sous les rudes falaises,
Granits qui des géants semblez le dur talon ?
Qu'est-ce qu'on va penser de toi, fauve aquilon ?
Qu'est-ce qu'on va penser de votre miel, abeilles ?
Comme vous aurez honte, ô douces fleurs vermeilles,
Œillets, jasmins, d'avoir connu ces hommes-ci !
Puisque l'opprobre riche est par vos cœurs choisi,
Puisque c'est vous qu'on voit vêtus de l'or des princes,
Superbement hideux et gardeurs de provinces,
Pâtres, soyez maudits. Oh ! vous étiez si beaux,

Honnêtes, en haillons, et libres, en sabots !

Auriez-vous donc besoin de faste ? Est-ce la pompe
Des parades, des cours, des galas qui vous trompe ?
Mais alors, regardez. Est-ce que mes vallons
N'ont pas les torrents blancs d'écume pour galons ?
Mai brode à mes rochers la passementerie
Des perles de rosée et des fleurs de prairie;
Mes vieux monts pour dorure ont le soleil levant;
Et chacun d'eux, brumeux, branle un panache au vent
D'où sort le roulement sinistre des tonnerres,
S'il vous faut, au milieu des forêts centenaires,
Une livrée, à vous les voisins du ciel bleu,
Pourquoi celle des rois, ayant celle de Dieu ?
Ah ! vous raccommodez vos habits ! vos aiguilles,
Sœurs des sabres vendus, indigneraient des filles !
Ah ! vous raccommodez vos habits ! Venez voir,
Quand la saison commence à venter, à pleuvoir,
Comme l'altier Pelvoux, vieillard à tête blanche,
Sait, tout déguenillé de grêle et d'avalanche,
Mettre à ses cieux troués une pièce d'azur,
Et, croisant les genoux dans quelque gouffre obscur,
Tranquille, se servir de l'éclair pour recoudre
Sa robe de nuée et son manteau de foudre !
Sur la terre où tout jette un miasme empoisonneur,
Où même cet instinct qu'on appelle l'honneur
De pente en pente au fond de la bassesse glisse,
Il n'est qu'un peuple libre, un montagnard, la Suisse;
Tous les autres, ramant l'ombre des deux côtés,
Sont les galériens des blêmes royautés;
Or, les rois ont eu l'art de mettre en équilibre
Les pauvres peuples serfs avec le peuple libre,
Et font garder, afin que l'ordre soit complet,
Les esclaves, forçats, par le libre, valet.

Et dire que la Suisse eut jadis l'envergure
D'un peuple qui se lève et qui se transfigure !
O vils marchands d'eux-même! immonde abaissement !
Leur enfance a reçu ce haut enseignement
Qu'un peuple s'affranchit, c'est-à-dire se crée,
Par la révolte sainte et l'émeute sacrée,
Qu'il faut rompre ses fers, vaincre, et que le lion,
Superbe, pour crinière a la rébellion.
C'est leur dogme. A cette heure, ils ont dans leur service
De punir dans autrui leur vertu comme un vice;
Ils le font. Les voici prêtant main-forte aux rois
Contre un Sempach lombard, contre un Morat hongrois !
Si bien que, maintenant, c'est fini. Nous en sommes
A cette indignité qu'en tout pays les hommes
Entendent l'Helvétie, en des coins ténébreux,
Chuchoter, proposant à leurs maîtres contre eux

Ses archers, d'autant plus lâches qu'ils sont plus braves,
Fille publique auprès des nations esclaves;
Et que le despotisme, habile à tout plier,
Met au monde un carcan, à la Suisse un collier !

Donc, César vous admet dans ses royaux repaires;
César daigne oublier que vous avez pour pères
Tous nos vieux héros, purs comme le firmament;
Même un peu de pardon se mêle à son paiement;
L'iniquité, le dol, le mal, la tyrannie,
Vous font grâce, et riant, vous laissent l'ironie
De leur porte à défendre, et d'un tambour honteux
Et d'un clairon abject à sonner devant eux !

Hélas ! n'eût-on pas cru ces monts invulnérables ?

Oh ! comme nous voilà fourvoyés, misérables !
D'où venez-vous ? de Pesth. Et qu'avez-vous fait là ?
L'aigle à deux fronts, sur qui Guillaume Tell souffla,
Suivait vos bataillons de son regard oblique;
Trois ans d'atrocité sur la place publique,
Trois ans de coups de hache et de barres de fer,
Les billots, les bûchers, les fourches, tout l'enfer,
Les supplices hurlant dans la brume hagarde,
C'est là ce que l'Autriche a mis sous votre garde.
Devant vous, on tuait le juste et l'innocent,
Les coudes des bourreaux étaient rouges de sang,
Les glaives s'ébréchaient sur les nuques, la corde
Coupait d'un hoquet noir le cri : Miséricorde !
On prodiguait au bois en feu plus de vivants
Qu'il n'en pouvait brûler, même aidé par les vents;
On mêlait le héros dans la flamme à l'apôtre,
L'un n'était pas fini que l'on commençait l'autre;
Les têtes des plus saints et des plus vénérés
Pourrissaient au soleil au bout des pieux ferrés;
On marquait d'un fer chaud le sein fumant des femmes,
On rouait des vieillards, et vous êtes infâmes.
Voilà ce que je dis, moi, l'aigle pour de bon.

Le fourbe Gaïnas et le louche Bourbon
N'ont trahi que des rois dans leur noirceur profonde,
Mais vous, vous trahissez la liberté du monde;
Votre fanfare sort du charnier, vos tambours
Sont pleins du cri des morts dénonçant les Habsbourgs;
Et, lorsque vous croyez chanter dans la trompette,
Ce chant joyeux, la tombe en sanglot le répète.
Forçant Mantoue, à Pesth aidant le coutelas,
Buquoy, Mozellani, Londorone, Galas,
Sont vos chefs; vous avez, reîtres, fait une espèce
De hauts faits et d'exploits dont la fange est épaisse;
A Bergame, à Paris, à Crême, à Guastalla,

Vous témoins, vous présents, vous mettant le holà,
A la sainte Italie on lisait sa sentence;
On promenait de rue en rue une potence,
Et vous, vous escortiez la charrette; et ceci
Ne vous quittera plus, et sans fin ni merci
Ce souvenir vous suit, étant de la nuit noire;
O malheureux ! vos noms traverseront l'histoire
A jamais balafrés par l'ombre qui tombait
Sur vos drapeaux des bras difformes du gibet.

Deuil sans fond ! c'est l'honneur de leur pays qu'ils tuent;
En se prostituant, c'est moi qu'ils prostituent;
Nos vieux pins ont fourni leurs piques, dont l'acier
Apporte dans l'égout le reflet du glacier;
Ils traînent avec eux la Suisse, quoi qu'on dise,
Et les pâles aïeux sont dans leur bâtardise;
Nos héros sont mêlés à leurs rangs, nos grands noms
Sont de leurs lâchetés parents et compagnons,
De sorte que, dans l'ombre où César supplicie
Le Salzbourg, la Hongrie aux fers, la Dalmatie,
Quand Fritz jette au bûcher le Tyrol prisonnier,
Quand Jean lie au poteau l'Alsace, quand Reynier
Bat de verges Crémone échevelée et nue,
Quand Rodolphe après Jean et Reynier continue,
Quand Mathias livre Ancône au sabre du hulan,
Quand Albrecht Dent-de-fer exécute Milan,
Autour des nations qui râlent sur la claie,
Fürst, et Guillaume Tell, et Melchthal font la haie !

Est-ce qu'ils oseront rentrer sur nos hauteurs,
Ces anciens laboureurs et ces anciens pasteurs
Que l'Autriche aujourd'hui caserne dans ses bouges ?
Est-ce qu'ils reviendront avec leurs habits rouges,
Portant sur leur front morne et dans leur œil fatal
La domesticité monstrueuse du mal ?
S'ils osent revenir, si, pour faveur dernière,
L'Autriche leur permet d'emporter sa bannière,
S'ils rentrent dans nos monts avec cet étendard
Dont l'ombre fait d'un homme et d'un pâtre un soudard,
Oh ! quelle auge de porcs, quelle cuve de fange,
Quelle étable inouïe, épouvantable, étrange,
Femmes, essuierez-vous avec ce drapeau-là ?
Jamais dans plus de nuit un peuple ne croula.
Désespoir ! désespoir de voir les Alpes sombres,
Honteuses, projeter leurs gigantesques ombres
Jusque dans l'antichambre infâme des tyrans !
Cieux profonds, purs azurs sacrés et fulgurants,
Laissez-moi m'en aller dans vos gouffres sublimes !
Que je perde de vue, au fond des clairs abîmes,
La terre, et l'homme, acteur féroce ou vil témoin !
O sombre immensité, laisse-moi fuir si loin

Que je voie, à travers tes prodigieux voiles,
Décroître le soleil et grandir les étoiles ! —

*

Aigle, ne t'en va pas; reste aux Alpes uni,
Et reprends confiance, au seuil de l'infini,
Aigle, dans la candeur des neiges éternelles;
Ne t'en va pas; et laisse en tes glauques prunelles
Les foudres apaisés redevenir rayons;
Penchons-nous, moins amers, sur ce que nous voyons;
La faute est sur le temps et n'est pas sur les hommes.

Un flamboiement sinistre emporte les Sodomes,
Tout est dit. Mais la Suisse au-dessus de l'affront
Gardera l'auréole altière de son front;
Car c'est la roche avec de la bonté pétrie,
C'est la grande montagne et la grande patrie,
C'est la terre sereine assise près du ciel;
C'est elle qui, gardant pour les pâtres le miel,
Fit connaître l'abeille aux rois par les piqûres;
C'est elle qui, parmi les nations obscures,
La première alluma sa lampe dans la nuit;
Le cri de délivrance est fait avec son bruit;
Le mot Liberté semble une voix naturelle
De ses prés sous l'azur, de ses lacs sous la grêle,
Et tout dans ses monts, l'air, la terre, l'eau, le feu,
Le dit avec l'accent dont le prononce Dieu !
Au-dessus des palais de tous les rois ensemble,
La pauvre vieille Suisse, où le rameau seul tremble,
Tranquille, élèvera toujours sur l'horizon
Les pignons effrayants de sa haute maison.
Rien ne ternit ces pics que la tempête lave,
Volcans de neige ayant la lumière pour lave,
Qui versent sur l'Europe un long ruissellement
De courage, de foi, d'honneur, de dévouement,
Et semblent sur la terre une chaîne d'exemples;
Toujours ces monts auront des figures de temples.
Qu'est-ce qu'un peu de fange humaine jaillissant
Vers ces sublimités d'où la clarté descend ?
Ces pics sont la ruine énorme des vieux âges
Où les hommes vivaient bons, aimants, simples, sages;
Débris du chaste éden par la paix habité,
Ils sont beaux; de l'aurore et de la vérité
Ils sont la colossale et splendide masure;
Où tombe le flocon que fait l'éclaboussure ?
Qu'importe un jour de deuil quand, sous l'œil éternel,
Ce que noircit la terre est blanchi par le ciel ?

L'homme s'est vendu. Soit. A-t-on dans le louage
Compris le lac, le bois, la ronce, le nuage ?

La nature revient, germe, fleurit, dissout,
Féconde, croît, décroît, rit, passe, efface tout.
La Suisse est toujours là, libre. Prend-on au piège
Le précipice, l'ombre et la bise et la neige ?
Signe-t-on des marchés dans lesquels il soit dit
Que l'Ortheler s'enrôle et devient un bandit ?
Quel poing cyclopéen, dites, ô roches noires,
Pourra briser la dent de Morcle en vos mâchoires ?
Quel assembleur de bœufs pourra former un joug
Qui du pic de Glaris aille au piton de Zoug ?
C'est naturellement que les monts sont fidèles
Et purs, ayant la forme âpre des citadelles,
Ayant reçu de Dieu des créneaux où le soir,
L'homme peut, d'embrasure en embrasure, voir
Etinceler le fer de lance des étoiles.
Est-il une araignée, aigle, qui dans ses toiles
Puisse prendre la trombe et la rafale et toi ?
Quel chef recrutera le Salèze ? à quel roi
Le Mythen dira-t-il : Sire, je vais descendre ?
Qu'après avoir dompté l'Athos, quelque Alexandre,
Sorte de héros monstre aux cornes de taureau,
Aille donc relever sa robe à la Jungfrau !
Comme la vierge, ayant l'ouragan sur l'épaule,
Crachera l'avalanche à la face du drôle !

Aigle, ne maudis pas, au nom des clairs torrents,
Les tristes hommes, fous, aveugles, ignorants.
Puis, est-ce pour jamais qu'on embauche les hommes ?
Non, non. Les Alpes sont plus fortes que les Romes;
Le pays tire à lui l'humble pâtre pleurant;
Et si César l'a pris, le mont Blanc le reprend.

Non, rien n'est mort ici. Tout grandit, et s'en vante.
L'Helvétie est sacrée, et la Suisse est vivante;
Ces monts sont des héros et des religieux;
Cette nappe de neige aux plis prodigieux
D'où jaillit, lorsqu'en mai la tiède brise ondoie,
Toute une floraison folle d'air et de joie,
Et d'où sortent des lacs et des flots murmurants,
N'est le linceul de rien, excepté des tyrans.

Gloire aux monts ! leur front brille et la nuit se dissipe;
C'est plus que le matin qui luit; c'est un principe !
Ces mystérieux jours blanchissant les hauteurs,
Qu'on prend pour des rayons, sont des libérateurs;
Toujours aux fiers sommets ces aubes sont données :
Aux Alpes Stauffacher, Pélage aux Pyrénées !

La Suisse dans l'histoire aura le dernier mot
Puisqu'elle est deux fois grande, étant pauvre, et là-haut;
Puisqu'elle a sa montagne et qu'elle a sa cabane.
La houlette de Schwitz qu'une vierge enrubanne,

Fière, et, quand il le faut, se hérissant de clous,
Chasse les rois ainsi qu'elle chasse les loups.
Gloire au chaste pays que le Léman arrose !
A l'ombre de Melchthal, à l'ombre du mont Rose,
La Suisse trait sa vache et vit paisiblement.
Sa blanche liberté s'adosse au firmament.
Le soleil, quand il vient dorer une chaumière,
Fait que le toit de paille est un toit de lumière;
Telle est la Suisse, ayant l'honneur dans ses prés verts,
Et de son indigence éclairant l'univers.
Tant que les nations garderont leurs frontières,
La Suisse éclatera parmi les plus altières;
Quand les peuples riront et s'embrasseront tous,
La Suisse sera douce au milieu des plus doux.

Suisse ! à l'heure où l'Europe enfin marchera seule,
Tu verras accourir vers toi, sévère aïeule,
La jeune Humanité sous son chapeau de fleurs;
Tes hommes bons seront chers aux hommes meilleurs;
Les fléaux disparus, faux dieu, faux roi, faux prêtre,
Laisseront le front blanc de la paix apparaître;
Et les peuples viendront en foule te bénir,
Quand la guerre mourra, quand, devant l'avenir,
On verra, dans l'horreur des tourbillons funèbres,
Se hâter pêle-mêle au milieu des ténèbres,
Comme d'affreux oiseaux heurtant leurs ailerons,
Une fuite effrénée et noire de clairons !

En attendant, la Suisse a dit au monde : Espère !
Elle a de la vieille hydre effrayé le repaire;
Ce qu'elle a fait jadis pour les siècles est fait;
La façon dont la Suisse à Sempach triomphait
Reste la grande audace et la grande manière
D'attaquer une bête au fond de sa tanière.
Tous ses nuages, blancs ou noirs, sont des drapeaux.
L'exemple, c'est le fait dans sa gloire, au repos,
Qui charge lentement les cœurs et recommence;
Melchthal, grave et penché sur le monde, ensemence.

Un jour, à Bâle, Albrecht, l'empereur triomphant,
Vit une jeune mère auprès d'un jeune enfant;
La mère était charmante; elle semblait encore,
Comme l'enfant, sortie à peine de l'aurore;
L'empereur écouta de près leurs doux ébats,
Et la mère disait à son enfant tout bas :
« Fils, quand tu seras grand, meurs pour la bonne cause. »
Oh ! rien ne flétrira cette feuille de rose !
Toujours le despotisme en sentira le pli;
Toujours les mains prêtant le serment de Grutli
Apparaîtront en rêve au peuple en léthargie;
Toujours les oppresseurs auront, dans leur orgie,

Sur la lividité de leur face l'effroi
Du tocsin qu'Unterwald cache dans son beffroi,
Tant que les nations au joug seront nouées,
Tant que l'aigle à deux becs sera dans les nuées,
Tant que dans le brouillard des montagnes l'éclair
Ebauchera le spectre insolent de Gessler,
On verra Tell songer dans quelque coin terrible.
Et les iniquités, la violence horrible,
La fraude, le pouvoir du vainqueur meurtrier,
Cibles noires, craindront cet arbalétrier.
Assis à leur souper, car c'est leur crépuscule,
Et le jour qui pour nous monte, pour eux recule,
Les satrapes seront éblouissants à voir,
Raillant la conscience, insultant le devoir,
Mangeant dans les plats d'or et les coupes d'opales,
Joyeux; mais par instant ils deviendront tout pâles,
Feront taire l'orchestre, et, la sueur au front,
Penchés, se parlant bas, tremblants, regarderont
S'il n'est pas quelque part, là, derrière la table,
Calme, et serrant l'écrou de son arc redoutable.
Pourtant il se pourra qu'à de certains moments,
Dans les satiétés et les enivrements,
Ils se disent : « Les yeux n'ont plus rien de sévère;
Guillaume Tell est mort. » Ils rempliront leur verre,
Et le monde comme eux oubliera. Tout à coup,
A travers les fléaux et les crimes debout,
Et l'ombre, et l'esclavage, et les hontes sans nombre,
On entendra siffler la grande flèche sombre.

Oui, c'est là la foi sainte, et, quand nous étouffons,
Dieu nous fait respirer par ces pensers profonds.
Au-dessus des tyrans l'histoire est abondante
En spectres que du doigt Tacite montre à Dante;
Tous ces fantômes sont la liberté planant,
Et toujours prête à dire aux hommes : Maintenant !
Et, depuis Padrona Kalil aux jambes nues
Jusqu'à Franklin ôtant le tonnerre des nues,
Depuis Léonidas jusqu'à Kosciuszko,
Le cri des uns du cri des autres est l'écho.
Oui, sur vos actions, de tant de deuil mêlées,
Multipliez les plis des pourpres étoilées,
Ayez pour vous l'oracle, et Delphe avec Endor,
Maîtres; riez le front coiffé du laurier d'or,
Au pied de la fortune infâme et colossale;
Tout à coup Botzaris entrera dans la salle,
Byron se dressera, le poète héros,
Tzavellas, indigné du succès des bourreaux,
Soufflettera le groupe effaré des victoires;
Et l'on verra surgir au-dessus de vos gloires
L'effrayant avoyer Gundoldingen, cassant
Sur César le sapin des Alpes teint de sang !

XXXII

INFERI

INFERI

On est dans l'invisible, on est dans l'impalpable.
Ici tout, jusqu'à l'air qu'on respire, est coupable,
Et l'eau qui pleure est un remords;
Sous on ne sait quelle ombre, on ne sait quelles formes
Flottent, et l'on voit, tels que des songes énormes,
Passer d'affreux univers morts !

Suivis de loin d'un œil fixe qui les regarde,
Tristement éclairés dans leur fuite hagarde
Par d'horribles astres hiboux,
Charriant prêtre et roi, prince, esclave, ministre,
Traînant dans leurs agrès l'éternité sinistre
Qui porte l'ombre à ses deux bouts;

Agitant des linceuls et secouant des chaînes,
Pleins de vers, fourmillant de monstres, noirs de haines,
Demandant au gouffre un flambeau,
En proie aux vents soufflant d'une bouche insensée,
Mondes spectres qui font hésiter la pensée
Entre le bagne et le tombeau;

Ils vont ! les uns chantant ainsi que des Sodomes;
Les autres, visions, créations, fantômes,
Sans palpitation, sans bruit;
Et derrière eux, chargés des maux que nous subîmes,
Ils ont pour les pousser d'abîmes en abîmes
Toute la fureur de la nuit !

Ils vont ! l'espace est morne et sourd; leurs envergures
Font dans l'affreux brouillard de lugubres figures.
Pas d'ancres et pas d'avirons.
L'hiver les bat, la grêle aux flots pressés les crible,
Et la pluie effarée à la crinière horrible
Tord les nuages sur leurs fronts.

Chiourmes de la mort, égouts, fosses communes !
On les voit vaguement comme de sombres lunes.

Rien n'arrête leur vol hideux.
Au-dessus d'eux la brume et l'horreur se répandent,
La profondeur les hait; les précipices pendent
Dans les gouffres au-dessous d'eux.

Ils traversent, allant où l'ouragan les lance,
Tantôt une tempête, et tantôt un silence;
L'univers vivant et profond
Ne les aperçoit pas dans les brouillards sans bornes;
Ils passent dans la nuit comme des faces mornes
Qui paraissent et qui s'en vont.

Ces globes, qu'en prisons, Seigneur, vous transformâtes,
Ces planètes-pontons, ces mondes-casemates,
Flottes noires du châtiment,
Errent, et sur les flots tortueux et funèbres,
Leurs mâts de nuit, portant des voiles de ténèbres,
Frissonnent éternellement.

Des tourbillons ayant des formes de furies
Les poursuivent; les pleurs, sources jamais taries,
Les angoisses et les effrois,
Le désespoir, l'ennui, la démence, le crime,
Vident sur ces passants monstrueux de l'abîme
Toutes leurs urnes à la fois.

Là sont tous les punis et tous les misérables;
Rongés par leurs passés, ulcères incurables,
La face aux trous de leurs cachots,
Criant : où sommes-nous ? d'une voix éperdue,
Et distinguant parfois, sous eux, dans l'étendue,
Des monts, pustules du chaos.

Là Caïn pleure, Achab frémit, Commode rêve,
Borgia rit; les vers de terre armés du glaive,
Les roseaux qui disaient : je veux !
Sont là; les Pharaons et les Sardanapales
S'y courbent; le vent souffle; au fond, des larves pâles
Penchent leurs sinistres cheveux.

Là sont les trahisseurs mêlés aux parricides,
Tous les despotes fous redevenus lucides,
L'homme-loup et l'homme-renard,
Leur bagne par moment fait le bruit d'une claie;
Le ciel leur apparaît comme une immense plaie
Où chacun d'eux voit son poignard.

L'ombre est un miroir sombre où leurs forfaits se montrent,
Leur remords est debout dans tout ce qu'ils rencontrent;
Partout, dans le morne chemin,
Chacun d'eux voit son crime, et le reste est chimère;

Le même spectre fait dire à Néron : ma mère !
Et crier : mon frère ! à Caïn.

Plus bas encor s'en vont dans l'ombre expiatoire
Des mondes dont la mort même ignore l'histoire,
Où le mal tord ses derniers nœuds,
Cieux où toute lueur expire évanouie,
A qui, dans la noirceur de leur brume inouïe,
Tibère apparaît lumineux.

Quelques-uns ont été des édens et des astres.
Et l'on voit maintenant, tout chargés de désastres,
Rouler, éteints, désespérés,
L'un semant dans l'espace une effroyable graine,
L'autre traînant sa lèpre et l'autre sa gangrène,
Ces noirs soleils pestiférés !

Et squelettes sans tête et crânes sans vertèbres,
Mages étudiant de lugubres algèbres,
Tous les maux par Satan rêvés,
Vices, hydres, dragons, sont là ; l'horreur sanglote ;
Ils passent ; à l'avant le néant, leur pilote,
Regarde avec ses yeux crevés.

Où vont-ils ? La nuit s'ouvre et sur eux se referme.
Le ciel, quoiqu'il soit l'ombre où la clémence germe,
Ignore le gouffre puni ;
Et nul ne sait combien de millions d'années
Doivent errer, traînant les larves forcenées,
Ces lazarets de l'infini.

Et quel effroi sur terre, et même au fond des tombes
Quel frisson, si, parmi les foudres et les trombes,
Aux lueurs des astres fuyants,
Nous voyions, dans la nuit où le sort nous écroue,
Surgir subitement l'épouvantable proue
D'un de ces mondes effrayants !

XXXIII

LE CERCLE DES TYRANS

LIBERTÉ

De quel droit mettez-vous des oiseaux dans des cages ?

De quel droit ôtez-vous ces chanteurs aux bocages,
Aux sources, à l'aurore, à la nuée, aux vents ?
De quel droit volez-vous la vie à ces vivants ?
Homme, crois-tu que Dieu, ce père, fasse naître
L'aile pour l'accrocher au clou de ta fenêtre ?
Ne peux-tu vivre heureux et content sans cela ?
Qu'est-ce qu'ils ont donc fait tous ces innocents-là,
Pour être au bagne avec leur nid et leur femelle ?

Qui sait comment leur sort à notre sort se mêle ?
Qui sait si le verdier qu'on dérobe aux rameaux
Qui sait si le malheur qu'on fait aux animaux
Et si la servitude inutile des bêtes
Ne se résolvent pas en Nérons sur nos têtes ?
Qui sait si le carcan ne sort pas des licous ?
Oh ! de nos actions qui sait les contre-coups,
Et quels noirs croisements ont au fond du mystère
Tant de choses qu'on fait en riant sur la terre ?
Quand vous cadenassez sous un réseau de fer
Tous ces buveurs d'azur faits pour s'enivrer d'air,
Tous ces nageurs charmants de la lumière bleue,
Chardonneret, pinson, moineau franc, hochequeue,
Croyez-vous que le bec sanglant des passereaux
Ne touche pas à l'homme en heurtant ces barreaux ?
Prenez garde à la sombre équité ! Prenez garde !
Partout où pleure et crie un captif, Dieu regarde.
Ne comprenez-vous pas que vous êtes méchants ?
A tous ces enfermés donnez la clef des champs !
Aux champs les rossignols, aux champs les hirondelles !
Les âmes expieront tout ce qu'on fait aux ailes.
La balance invisible a deux plateaux obscurs.
Prenez garde aux cachots dont vous ornez vos murs !
Du treillage aux fils d'or naissent les noires grilles;
La volière sinistre est mère des bastilles.

Respect aux doux passants des airs, des prés, des eaux !
Toute la liberté qu'on prend à des oiseaux
Le destin juste et dur la reprend à des hommes.
Nous avons des tyrans parce que nous en sommes.
Tu veux être libre, homme ? et de quel droit, ayant
Chez toi le détenu, ce témoin effrayant ?
Ce qu'on croit sans défense est défendu par l'cmbre.
Toute l'immensité sur le pauvre oiseau sombre
Se penche, et te dévoue à l'expiation.
Je t'admire oppresseur criant : oppression !
Le sort te tient pendant que ta démence brave
Ce forçat qui sur toi jette une ombre d'esclave ;
Et la cage qui pend au seuil de ta maison
Vit, chante, et fait sortir de terre la prison.

Archiloque l'atteste, Athènes l'entendit,
Un jour un magistrat devint terrible et dit :
— Je m'en vais, je cherche un refuge,
L'Aréopage pèse à faux poids. Temps d'effroi !
Voilez-vous, cieux ! on voit le droit hors de la loi
Et la justice hors du juge !

Cicéron était là quand un centurion
Brisa son glaive et dit à César : — Histrion,
Je connais ta pensée intime;
L'armée après toi marche avec ses généraux;
Pas moi. Je ne suis pas l'espèce de héros
Qu'il te faut pour commettre un crime.

O noir Machiavel, génie et paria,
Tu t'en souviens, un jour un apôtre cria :
— C'est trop ! le pape trompe l'homme.
Horreur ! Satan et lui mettent le même anneau.
Jérusalem, ils font dévorer ton agneau
Par la vieille louve de Rome ! —

La conscience humaine est engloutie au fond
D'un océan de honte où tout rampe et se fond,
Mer sombre et sans route frayée;
Ce gouffre écume et roule, et l'on voit par moment
Reparaître au milieu des flots confusément
Le cadavre de la noyée.

Qu'est-ce que ce cercueil déposé sur deux chaises ?
C'est Charles premier, roi. Les communes anglaises
Ont fait ce monument de justice. Et quel est
Cet homme à l'œil sévère, au rude gantelet,
Qui s'avance pensif vers la bière hagarde,
Soulève le couvercle effrayant, et regarde ?
C'est Cromwell. Il fut grand; tout devant lui trembla.

Soit; nous ne voulons plus de ces spectacles-là.
C'est grand dans le passé; c'est mauvais dans notre âge.
Quoiqu'un reste de nuit nous souille et nous outrage,
Désormais, ô vivants, nous avons fait ce pas,
Il faut aux nations un sauveur qui n'ait pas
De curiosité pour les têtes coupées;
Nous rejetons la hache au tas noir des épées;
Nous l'abhorrons; il faut aux hommes maintenant
Un libérateur pur, apaisé, rayonnant,
Qui ne soit pas vampire en même temps qu'archange,
Et qui n'ait pas au front, en tirant de la fange
Les peuples de misère et d'opprobre couverts,
La sinistre lueur des cercueils entr'ouverts.

Je marchais au hasard, devant moi, n'importe où;
Et je ne sais pourquoi je songeais à Coustou
Dont la blanche bergère, au seuil des Tuileries,
Faite pour tant d'amour, a vu tant de furies.

Que de crimes commis dans ce palais ! hélas !

Les sculpteurs font voler marbre et pierre en éclats
Et font sortir des blocs dieux et déesses nues
Qui peuplent des jardins les longues avenues.
O fantômes sacrés ! ô spectres radieux !
Leur front serein contemple et la terre et les cieux;
Le temps n'altère pas leurs traits indélébiles;
Ils ont cet air profond des choses immobiles;
Ils ont la nudité, le calme et la beauté;
La nature en secret sent leur divinité;
Les pleurs mystérieux de l'aube les arrosent.
Et je ne comprends pas comment les hommes osent,
Eux dont l'esprit n'a rien que d'obscures lueurs,
Montrer leur cœur difforme à ces marbres rêveurs.

UN VOLEUR A UN ROI

Vous êtes, sous le ciel par moments obscurci,
Un ambitieux, sire, et j'en suis un aussi;
Roi, nous avons, car l'homme est diversement ivre,
Le même but tous deux, c'est d'avoir de quoi vivre;
Il nous faut pour cela, suis-je sage ? es-tu fou ?
A toi, prince, un royaume, à moi, penseur, un sou.
Tout l'homme est le même homme et fait la même chose.
Roi, la bonté de l'Etre inconnu se compose
De la dispersion de tout dans l'infini;
Nul n'est déshérité, personne n'est banni;
Et les vents, car telle est l'immensité des souffles,
Jettent aux rois l'empire et l'obole aux maroufles.
Nous voulons tous les deux, à tout prix, n'importe où,
Toi grossir ton royaume et moi gagner mon sou;
Et dans notre sagesse et dans notre démence,
Roi, nous sommes aidés par le hasard immense.
Seulement je vaux plus que toi. Daigne écouter.

Nous sommes tous deux fils, toi qu'il faut redouter,
De l'étrangère, et moi de la bohémienne;
Roi, que ta majesté fasse pendre la mienne,
Cela ne prouve pas qu'en notre désaccord
La tienne ait raison, sire, et que la mienne ait tort.
Je suis né, laisse-moi te raconter ce conte,
Pour avoir faim toujours et n'avoir jamais honte,
Car ce n'est pas honteux de manger. Rien n'est vrai
Que la faim; et l'enfer, dont l'homme fait l'essai,
C'est l'éternel refus du pain fuyant les bouches;
Et c'est pourquoi je rôde au fond des bois farouches.
Je ne suis pas méchant, moi qui parle; je veux,
Sans ôter aux mortels un seul de leurs cheveux,
Leur retirer un peu des choses superflues
Et pesantes qui font leurs bourses trop joufflues.
Je dépense à cela beaucoup de talent. Roi,
Je ne verse jamais le sang. Ecoute-moi;
Médite si tu peux, et, si tu veux, digère,

Mais comprends-moi. Je hais le mal qui s'exagère;
Tuer, c'est de l'orgueil. Casser un bourgeois, fi !
A quoi bon ? L'assassin est un larron bouffi.
Roi, je suis un aimant mystérieux qui passe
Et qui, par sa douceur éparse dans l'espace,
Attire, sans vacarme et sans brutalité,
Et fait venir à lui de bonne volonté
Les farthings endormis dans les poches des hommes.
Je m'annexe les sous sans mépriser les sommes;
Mais les bons sacs bien lourds c'est rare; il me suffit
D'un denier; et souvent je n'ai pour tout profit
De mes subtils travaux, dignes de vos estimes,
Messieurs les empereurs et rois, que cinq centimes;
Je m'en contente, étant aux hommes indulgent.
Je tâche de coûter au peuple peu d'argent,
Mais de manger. Avoir un trou, m'en faire un Louvre;
Guetter l'homme qui passe ou le volet qui s'ouvre;
Attendre qu'un marchand sous les brises du soir
Rêve, et laisse bâiller le tiroir du comptoir,
Vite y fourrer avec une agilité d'ange
Ma patte, et n'être vu dans ce mystère étrange
Que des astres pensifs au fond du ciel profond;
Epier la minute où les belles défont
Leur jarretière afin de leur chiper leur montre;
Des sous avec ma griffe opérer la rencontre;
Ajouter pour rallonge au destin mes dix doigts;
Dire à Dieu : Tu sais bien, au fond, que tu me dois,
Donc ne te fâche pas! telle est ma vie, altesse.
Vous avez la grandeur, moi j'ai la petitesse;
Mais devant le soleil, ce prodige flagrant,
L'infiniment petit vaut l'infiniment grand.
Vaut mieux. Je ne prends pas au sérieux l'étoffe
Qui m'habille, moi ver de terre et philosophe;
Jouer la comédie est le faible de Dieu;
Il ne s'irrite pas, mais il se moque un peu;
C'est un poète; et l'homme est sa marionnette.
La naissance et la mort sont deux coups de sonnette,
L'un à l'entrée, et l'autre au départ du pantin;
Je ris avec le vieux machiniste Destin.
Tout est décor. Au fond la réalité manque.
Tout est fardé, le roi comme le saltimbanque;
Jocrisse, Hamlet. Sachez ceci, mortels tremblants,
Avec du calicot qui fait de grands plis blancs,
Avec de la farine et du blanc de céruse,
On est en scène un spectre, ou bien Pierrot. Ma ruse,
A moi, qui suis un être infinitésimal,
C'est de ne vraiment faire aux hommes aucun mal,
Et de vivre pourtant. Fais ça, je t'en défie.

Roi, ce n'est pas de trop cette philosophie;
Je poursuis.

Je prétends que je vaux mieux que toi,
Que tous; et je le prouve, à toi foule, à vous roi.

J'ai remarqué que l'homme, infirme et pâle ébauche,
N'a rien que la main droite, et tout au plus la gauche,
Ce qui fait que toi, prince, homme, auguste animal,
Tu portes bien la force et la justice mal;
Alors j'ai médité, voulant dépasser l'homme;
Et, sûr de mon bon droit, mais d'emphase économe,
Bienveillant, point hâbleur, discret sous le ciel bleu,
Réparateur obscur des lacunes de Dieu,
A force de songer et de vouloir, à force
De sonder toute chose au delà de l'écorce,
Prince, et d'étudier à fond le cœur humain,
J'ai fini par avoir une troisième main.
Celle qu'on ne voit pas. La bonne. Tel est, sire,
Mon art. Le résultat, voleur. Masque de cire,
Fantôme, ombre, poussière et cendre, majesté,
As-tu compris ? O rois, vous êtes un côté;
Je suis l'autre. Je suis l'homme d'esprit; le maître
Du crépuscule obscur, du risque, du peut-être,
Du néant, du passant, du souffle aérien;
Je possède ce tout que vous appelez rien;
Je combine le vent avec la destinée;
Et j'existe. Mon âme est vers l'azur tournée.
Et songeant qu'après tout, dans ce monde gueusard,
Je suis un becqueteur paisible du hasard,
Que mes dents ne sont pas des dents inexorables,
Que je ne répands point le sang des misérables
Comme un juge, comme un bourreau, comme un soldat,
Songeant que de zéro je suis le candidat,
Que mon ambition, sans haine et sans durée,
Plane sur les humains d'une aile modérée
Et s'arrête à l'endroit où s'achève ma faim,
Et que je ne fais rien que ce que font enfin
Les gais oiseaux du ciel sous l'orme et sous l'érable,
Pour n'être point méchant je me sens vénérable.
Oui, je suis un mortel doué de facultés
Que n'ont pas bien des rois dans le marbre sculptés;
Un baïoque, métal inerte, simple cuivre,
S'il me sent là, devient vivant, cherche à me suivre,
Et la monnaie en moi voit son Pygmalion;
Et les sous des bourgeois qui sans rébellion,
Sans bruit, reconnaissant un chef à mon approche,
Les quittent pour venir tendrement dans ma poche,
Représentent, seigneur, de ma part tant de soins,
Tant d'adresse, un si beau scrupule en mes besoins,
Et tant de glissements d'anguille et de couleuvre,
Qu'ils sont chez eux des sous et chez moi des chefs-d'œuvre.
Ah ! quel art que le mien ! Mon collaborateur,
Dieu, qui met le possible, ô prince, à ma hauteur,

Sait tout ce qu'il me faut de calcul, d'industrie,
D'héroïsme, d'aplomb, de haute rêverie,
De sourires au sort bourru, de doux regards
A la fortune, fille aimable aux yeux hagards,
De patience auguste et d'étude acharnée,
Et de travaux, pour faire, au bout d'une journée
De pas errants, d'essais puissants, d'efforts hardis,
Changer de maître à deux ou trois maravédis !

Mais toi, quelle est ta peine ? aucune; et ton mérite ?
Nul. On croit être grand, quoi ! parce qu'on hérite !
Ton père t'a laissé le monde en s'en allant.
Etre né, quel effort ! avoir faim, quel talent !
Téter sa mère, et puis manger un peuple ! O prince !
Ton appétit est gros, mais ton génie est mince,
Un beau jour, sous ta pourpre et sous ton cordon bleu,
Trouvant qu'avoir un peuple à toi seul, c'est trop peu,
Tu jettes un regard de douce convoitise
Sur un empire ainsi qu'un bouc sur un cytise.
Tu dis : Si j'empochais le peuple d'à côté ?
Alors, de force, aidé dans ta férocité
Par le prêtre qui fouille au fond du ciel, dévisse
La foudre, et met le Dieu de l'ombre à ton service,
De ton flamboiement noir toi-même t'aveuglant,
Tu saisis, glorieux, sacré, béni, sanglant,
N'importe quel pays qui soit à ta portée;
Toute la terre tremble et crie épouvantée;
Toi, tu viens dévorer, tu fais ce qu'on t'apprit;
Tu ne te mets en frais d'aucun effort d'esprit;
Tu fais assassiner tout avec nonchalance,
A coups d'obus, à coups de sabre, à coups de lance.
C'est simple. Eh bien, tu viens prendre une nation,
Voilà tout. N'es-tu pas l'extermination,
Le droit divin, l'élu qu'un fakir, un flamine,
Un bonze, a frotté d'huile et mis dans de l'hermine ?
Va, prends. Les hommes sont ta chose. Alors cités,
Fleuves, monts, bois tremblants d'un vent sombre agités,
Les plaines, les hameaux, tant pis s'ils sont en flammes,
Les berceaux, les foyers sacrés, l'honneur des femmes,
Tu mets sur tout cela tes ongles monstrueux;
Et l'église te brûle un encens tortueux,
Et le doux tedeum éclaire avec des cierges
Le meurtre des enfants et le viol des vierges;
Et tout ce qui n'est pas gisant est à genoux.
Moi, pendant ce temps-là je rôde, calme et doux.

Telle est notre nuance, ô le meilleur des princes,
Je conquiers des liards, tu voles des provinces.

LES MANGEURS

Ils ont des surnoms, Juste, Auguste, Grand, Petit,
Bien-Aimé, Sage, et tous ont beaucoup d'appétit.
Qui sont-ils ? Ils sont ceux qui nous mangent. La vie
Des hommes, notre vie à tous, leur est servie.
Ils nous mangent. Quel est leur droit ? Le droit divin.

Ils vivent. Tout le reste est inutile et vain,
Le vent après le vent, le nombre après le nombre
Passe, et le genre humain n'est qu'une fuite d'ombre.

Est-ce qu'ils ont pour voix la foudre ? Ils ont la voix
Que vous avez. Sont-ils malades ? Quelquefois.
Sont-ils forts ? Comme vous. Beaux ? Comme vous. Leur âme ?
Vous ressemble. Et de qui sont-ils nés ? D'une femme.
Ils ont, pour vous dompter et vous accabler tous,
Des châteaux, des donjons. Bâtis par qui ? Par vous.
Et quelle est leur grandeur ? A peu près votre taille.
Ils ont une servante affreuse, la bataille;
Ils ont un noir valet qu'on nomme l'échafaud.
Ils ont pour fonction de n'avoir nul défaut,
D'être pour les passants chefs, souverains et maîtres
Pour la femme aux seins nus sultans, dieux pour les prêtres.
Par ces êtres, élus du destin hasardeux,
La suprême parole est dite, et chacun d'eux
Pèse plus à lui seul qu'un nombre et qu'une foule;
Il écrit : ma raison, sur le canon qui roule.
Et quels sont leurs cerveaux ? Etroits. Leurs volontés ?
Enormes. Quelles sont leurs œuvres ? Ecoutez.

Celui-ci, que la croix du vieil Ivan protège,
A le bonheur d'avoir un sépulcre de neige
Assez grand pour y mettre un peuple tout entier;
Il y met la Pologne; il faut bien châtier
Ce peuple puisqu'il ose exister. Cette reine
Fut jeune, belle, heureuse, ignorante, sereine,
Et n'a jamais fait grâce, et tout son alphabet,

Hélas, commence au trône et finit au gibet.
Celui-ci parle au nom du martyr qu'on adore;
Sous la sublime croix qu'un reflet du ciel dore,
Cet homme, plein d'un sombre et périlleux pouvoir,
Prie et songe, et n'est pas épouvanté de voir
Son crucifix jeter l'ombre des guillotines.
Cet autre, torche au poing, dans les cités mutines,
Se rue, et brûle et pille, et d'Irun à Cadiz
Règne, et fait fusiller un prisonnier sur dix,
Et dit : Je n'en fais pas fusiller davantage,
Etant civilisé; puis il reprend : Le Tage
Et l'Ebre feront voir que le maître est présent;
Peuples, je veux qu'on dise en voyant tant de sang
Et tant de morts passer que c'est le roi qui passe !
Cet autre est un césar de l'espèce rapace;
Le laurier est chétif, mais le profit est grand,
Cela suffit; il vient; et que fait-il ? il prend.
Il empoche; quoi ? tout; les sacs d'or qu'on lui compte,
Les provinces, les morts, Strasbourg, Metz, et la honte;
Ce que fit Metternich est refait par Bismarck.
Le père de cet autre a bombardé Saint-Marc
Et dans l'affreux Spielberg reconstruit la Bastille.
Cet autre à son vizir a marié sa fille;
Cette fille abusant de son droit à l'enfant,
Met au monde un garçon, ce que la loi défend;
L'aïeul fait étrangler son petit-fils. Cet autre,
Jeune, dans les tripots et les femmes se vautre,
Puis il se dit : Je suis Bonaparte à peu près;
Si je songeais au trône et si je m'empourprais ?
Il s'empourpre; il devient sanglant. C'est un vrai prince.

Chez eux le plus puissant est souvent le plus mince;
Ils ont le cœur des rocs et la dent des lions;
Ils sont ivres d'encens, d'effroi, de millions,
De volupté, d'horreur, et leur splendeur est noire.
S'ils ont soif, il leur faut beaucoup de sang à boire;
La guerre leur en verse; il leur faut, s'ils ont faim,
Beaucoup de nations à dévorer.

Enfin,
Revanche ! les mangeurs sont mangés, ô mystère !

— Comme c'est bon les rois ! disent les vers de terre.

AUX ROIS

I

Est-ce que vous croyez que nous qui sommes là,
Nous que de tout son poids toujours l'ombre accabla,
Nous le noir genre humain farouche, nous la plèbe,
Nous, les forçats du sol, les captifs de la glèbe,
Nous qui, de lassitude expirants, n'avons droit
Qu'à la faim, à la soif, à l'indigence, au froid,
Qui, tués de travail, agonisons pour vivre,
Nous qu'à force d'horreur le destin sombre enivre;
Est-ce que vous croyez que nous vous aimons, vous!
Nous vassaux, vous les rois! nous moutons, vous les loups?
Ah! vraiment, ce serait curieux que des hommes
Hideux, désespérés, hagards comme nous sommes,
Nus sous leurs toits infects et leurs haillons crasseux,
Se prissent de tendresse et d'extase pour ceux
Qui les mangent, pour ceux dont leur chair est la proie,
Qui construisent avec leur douleur de la joie,
Et qui, repus, gorgés, triomphants, gais, charmants,
Bâtissent des palais avec leurs ossements!
Vous fourmillez sur nous! vous pullulez horribles!
Ce serait un miracle à mettre dans les bibles
Que nous vous bénissions pour être dévorants
A nos dépens; qu'un peuple eût le goût des tyrans,
Qu'une nation fût de sa honte complice,
Que la suppliciée admirât le supplice
Comme une femme adore et baise son époux,
Et qu'un lion devînt amoureux de ses poux!
Vos vices, ô tyrans, ont pour lustre vos crimes;
Quand les rois, débauchés, ivrognes, bas, infimes,
Se sentent dégradés et vils à tous les yeux,
Vite en guerre! et voilà des hommes glorieux!
C'est avec notre sang que leur fange se lave.
Par vous l'homme est reptile et le peuple est esclave;
C'est par vous, j'en atteste ici le bleu matin,

J'en atteste l'affreux mystère du destin
Qui pèse sur nous tous et qui nous environne,
Par vous, les porte-sceptre et les porte-couronne,
Par vous, les tout-puissants et les forts, c'est par vous
Que nous avons l'infâme écorchure aux genoux,
Que nous sommes abjects, sinistres, incurables,
Et que notre misère est faite, ô misérables !
Aussi, je vous le dis, rois, nous vous détestons !
Nous rampons dans la cave éternelle à tâtons,
Notre prunelle luit, nous sommes dans nos antres.
Maigres, pensifs, avec nos petits sous nos ventres,
Et nous songeons à vous, les rois et les barons,
Et nous vous exécrons et nous vous abhorrons !

Mais nous sommes pourtant façonnés de la sorte
Que demain, s'il advient, rois, que l'un de vous sorte
Tout à coup de la nuit avec un astre au front,
S'il est pour secourir son pays brave et prompt,
Ou s'il chante, toujours jeune et beau, malgré l'âge,
S'il est le roi David, s'il est le roi Pélage,
Nous sommes éblouis ! les oublis, les pardons,
Nous remplissent le cœur, et nous ne demandons
Rien à celui-là, rien ! Malgré notre souffrance,
S'il est grand par l'idée ou par la délivrance,
Nous l'aimons ! nous aimons sa lyre ! nous aimons
Son glaive flamboyant dans l'ombre sur les monts !
Nous pourrions lui garder rancune de vous autres :
Mais non, nous devenons ses soldats, ses apôtres,
Ses légions, son camp, sa tribu, ses amis.
Nous lui sommes acquis, nous lui sommes soumis,
Il peut faire de nous ce qu'il veut. Dans notre âme
Nous voyons nos cités et nos hameaux en flamme
Sauvés par ce vengeur qui chasse l'étranger;
Ou nous sentons au fond de nos haines plonger
L'hymne de paix sorti d'une bouche divine,
Notre cœur s'ouvre au chant sublime où l'on devine
Tout cet immense amour par qui le monde vit;
Et nous suivons Pélage et nous suivons David !
Oui, pour que l'un de vous, bien qu'en nous tout réclame,
Fasse fondre l'hiver que nous avons dans l'âme,
Pour qu'un de nos tyrans devienne un de nos dieux,
Pour que nous, qui souffrons sous le ciel radieux,
Nous fils du désespoir et fils de la patrie,
Nous servions l'un de vous avec idolâtrie,
Une chose suffit, c'est qu'on lui voie au poing
Le fer que l'étranger insolent n'attend point,
Ou que sa grande voix verse au cœur l'harmonie;
C'est qu'il soit un héros ou qu'il soit un génie !

Rois, nous ne sommes pas plus méchants que cela.

C'est pourtant vrai ! toujours, quand un prince brilla,
Quand il eut un rayon quelconque sur la tête,
L'immense peuple altier, puissant, auguste, et bête,
S'est fait son serviteur, son chien, son courtisan.

Mais celui-ci, qu'est-il ? qu'a-t-il fait ? parlons-en.
Il est né. Bien. Non, mal. C'est mal naître qu'entendre
Tout petit vous parler avec une voix tendre
Ceux que l'homme connaît par leur rugissement;
C'est mal naître, c'est naître épouvantablement
Qu'être dans son berceau léché d'une tigresse;
Par sa croissance, hélas ! donner de l'allégresse
A l'hyène, et donner de la crainte à l'agneau,
C'est mal croître; être fait de bronze, être un anneau
De la chaîne de rois que l'humanité traîne,
C'est triste; et ce n'est point, certe, une aube sereine
Que celle qui voit naître un tyran ! Celui-ci,
Donc, mal né, vécut mal. Les gueux ont pour souci
De voler des liards, il vola des provinces.
Il a fait ce que font à peu près tous les princes;
Il a mangé, dormi, bu, tué devant lui;
Il a régné féroce au hasard de l'ennui;
Il fut l'homme qui frappe, opprime, égorge, exile;
Ce fut un scélérat, ce fut un imbécile.
J'en parle simplement comme on en doit parler.
La mort savait son nom et vient de l'appeler;
Il est là. Le tombeau, c'est l'endroit difficile;
Ce n'est point un cachot, ce n'est point un asile;
C'est le lieu sombre où nul n'est plus en sûreté;
Le rendez-vous du fourbe avec la vérité,
Le rendez-vous de l'homme avec la conscience.
C'est là que l'inconnu perd enfin patience.
Vous autres vous vivez; mais l'âme, sans le corps,
Est nue et tremble; il faut qu'elle écoute. En dehors
Des bonnes actions qu'ils peuvent avoir faites,
S'ils ne sont ni docteurs, ni mages, ni prophètes,
Je n'ai pas de raison pour respecter les morts.
Honte aux vils trépassés que hante le remords,
Mêlé dans leur sépulcre au miasme insalubre !
Le fantôme est là seul sous le plafond lugubre;
Je m'ajoute aux vautours, je m'ajoute aux corbeaux.
Je sais que ce n'est point un de ces grands tombeaux
Où Rachel songe, où Jean médite, où pleure Electre,
Je me dresse, et je crache à la face du spectre.

II

N'opposez à ce qui se passe
Ni vos néants, ni vos grandeurs.
Laissez en paix les profondeurs.
L'ombre travaille dans l'espace.

Que fait-elle ? Vous le saurez.
Derrière l'horizon, la nue
Monte, et l'on entend la venue
D'événements démesurés.

L'humanité marche et s'éclaire;
Le progrès est l'immense aimant;
A ce qui vient tranquillement
N'ajoutez pas de la colère.

N'irritez pas le peuple obscur,
Aveugles rois, tourbe inquiète !
Ne soyez pas l'enfant qui jette
Des pierres par-dessus le mur.

Dieu, sous les faits, qui sont ses voiles,
Continue un dessein béni.
Montrer le poing à l'infini,
Cela ne fait rien aux étoiles.

Dieu ne s'interrompt pas pour vous.
Ce qu'il fait, il faut qu'il le fasse.
Son travail, rude à la surface,
Dur pour vous, pour le peuple est doux.

Rois, respect au progrès sublime;
Rois, craignez ces reflux grondants;
Ne faites pas, rois imprudents,
Perdre patience à l'abîme.

Sait-on ses courroux, ses sanglots,
Ses chocs, son but, ses lois, ses formes ?
Connaît-on les ordres énormes
Que le tonnerre donne aux flots ?

Ne vous mêlez pas de ces choses.
Votre vain souffle aérien
Agite l'eau, mais ne peut rien
Sur l'immobilité des causes.

Hélas ! tâchez de bien finir.
Redoutez l'onde soulevée,
Et ne troublez pas l'arrivée
Formidable de l'avenir.

Ah ! prenez garde ! les marées
Qu'on nomme révolutions
Et qu'il faut que nous apaisions,
Par vous, princes, sont effarées;

Et les gouffres sont plus amers,
Et la vague est plus écumante,
Quand l'orage insensé tourmente
La sombre liberté des mers.

XXXIV

TÉNÈBRES

TÉNÈBRES

L'homme est humilié de son lot; il se croit
Fait pour un ciel plus pur, pour un sort moins étroit;
L'homme ne trouve pas de sa dignité d'être
Malade, las, souffrant, errant sans rien connaître,
Pareil au bœuf qui mange, au bouc qui s'assouvit,
Poudreux d'un pas qu'il fait, souillé d'un jour qu'il vit,
Fatigué du seul poids de l'heure vaine, esclave
Du lit qui le repose et du bain qui le lave;
Il s'irrite, il s'indigne; il se déclare enfin
Avili par la soif, insulté par la faim.
Hélas ! vieillir, trembler comme une feuille d'arbre,
Se refroidir, sentir ses os devenir marbre,
Après des songes noirs avoir de froids réveils,
Quel sort ! et l'homme pleure.

— Eh, disent les soleils,
Qu'est-ce donc que veut l'homme ? et quelle est sa folie ?
Le joug universel le comprime et le lie;
Eh bien, que lui faut-il et de quoi se plaint-il ?
L'être le plus grossier, l'être le plus subtil
Sont courbés comme lui par la force invisible.
Insensé, qui voudrait étreindre l'impossible
Dans les crispations débiles de son poing !
Il ne sait point que l'être est un; il ne sait point
Que le mystère obscur couvre tout de sa brume;
Que les vagues de l'ombre ont une affreuse écume
A qui nul front n'échappe, éblouissant ou noir,
Et que tout ce qui vit est fait pour recevoir
L'éclaboussure énorme et sombre de l'abîme.
Il trouve son destin trop humble et trop infime;
Il se sent abaissé par le ciel écrasant;
Eh ! c'est la loi commune, et rien n'en est exempt.
Il hait la cause; il garde à l'infini rancune;
Il voudrait être clair, limpide, sans aucune
De ces obscurités qui s'expliquent plus tard,
Que nous nommons énigme et qu'il nomme hasard;

Il se rêve complet, sans tache, sans problème,
Portant sur son front l'aube ainsi qu'un diadème,
Pur, lumineux, serein, parfait, calme; il voudrait
Etre seul en dehors de l'effrayant secret.
Quoi ! tout ce qui naît, vit, s'allume, se consomme,
Brille et meurt, ce serait pour aboutir à l'homme !
L'homme serait le but du splendide univers !
Mais que dirait la cendre et que diraient les vers ?
Quoi ! la création aurait pour toute fête
Et pour tout horizon d'avoir l'homme à son faîte !
Dieu serait pour l'atome un piédestal d'orgueil !
Non ! l'homme souffre et rampe ! il est son propre écueil;
Il tremble et tombe; il sent peser sur lui sans cesse
Son âme en ignorance et sa chair en bassesse;
Il est triste le soir et triste le matin;
Il tâte en vain le cercle où tourne son destin;
L'astre qu'il porte en lui suit une obscure ellipse;
La matière le voile et le sommeil l'éclipse;
Son berceau cache un gouffre ainsi que son cercueil;
C'est que tout a son crêpe et que tout a son deuil !
Eh ! ne sommes-nous pas humiliés nous-même,
Nous les soleils, les feux du firmament suprême,
Quand l'ombre ouvre l'abîme où nous nous engouffrons,
Avec les sombres nuits, ces immenses affronts ! —

La nuit ! la nuit ! la nuit ! Et voilà que commence
Le noir de profundis de l'océan immense.
Le marin tremble, aux flots livré;
Miserere, dit l'homme; et, dans le ciel qui gronde,
L'air dit : miserere ! Miserere, dit l'onde;
Miserere ! miserere !

Le dolmen, dont l'ortie ensevelit les tables,
Pousse un soupir; les morts se dressent lamentables;
Gémissent-ils ? écoutent-ils ?
La jusquiame affreuse entr'ouvre ses corolles;
La mandragore laisse échapper des paroles
De ses mystérieux pistils.

Qu'a-t-on fait à la ronce et qu'a-t-on fait à l'arbre ?
Qu'ont-ils donc à pleurer ? Pour qui l'antre de marbre
Verse-t-il ces larmes d'adieux ?
Sont-ce les noirs Caïns d'une faute première ?
Deuil ! ils ont la souffrance et n'ont pas la lumière !
Ils ont des pleurs et n'ont pas d'yeux !

Le navire se plaint comme un homme qui souffre,
Le tuyau grince et fume, et le flot qui s'engouffre
Blanchit les tambours du steamer,
Le crabe, le dragon, l'orphe aux larges ouïes,
Nagent dans l'ombre où rampe en formes inouïes
La vie horrible de la mer.

Le hallier crie; il semble, à travers l'âpre bise,
Qu'on entende hurler Nemrod, Sylla, Cambyse,
Rongés du ver et du corbeau,
Et sortir, dans l'orage et la brume et la haine,
Des froids caveaux où sont les damnés à la chaîne,
Les rugissements du tombeau.

Est-il quelqu'un qui cherche ? est-il quelqu'un qui rêve ?
Est-il quelqu'un qui marche à l'heure où sur la grève
Rôdent le spectre et l'assassin,
Et qui sache, ô vivants ! pourquoi sanglote et râle,
La forêt, monstrueuse et fauve cathédrale,
Où le vent sonne le tocsin ?

On entend vous parler à l'oreille des bouches;
On voit dans les clartés des branchages farouches
Où passent de mornes convois;
Le vent, bouleversant l'arbre aux cimes altières,
Emplit de tourbillons les blêmes cimetières;
Quelle est donc cette étrange voix ?

Quel est ce psaume énorme et que rien ne fait taire ?
Et qui donc chante, avec les souffles de la terre,
Avec le murmure des cieux,
Avec le tremblement de la vague superbe,
Les joncs, les eaux, les bois, le sifflement de l'herbe,
Le requiem mystérieux ?

O sépulcres ! j'entends l'orgue effrayant de l'ombre,
Formé de tous les cris de la nature sombre
Et du bruit de tous les écueils;
La mort est au clavier qui frémit dans les branches,
Et les touches, tantôt noires et tantôt blanches,
Sont vos pierres et vos cercueils.

L'homme se trompe ! Il voit que pour lui tout est sombre;
Il tremble et doute; il croit à la haine de l'ombre;
Son œil ne s'ouvre qu'à demi;
Il dit : — Ne suis-je pas le damné de la terre,
Lugubre atome, ayant l'immensité pour guerre
Et l'univers pour ennemi ? —

S'il regarde la vie, elle est aussi le gouffre.
Toute l'histoire pleure et saigne et crie et souffre;
Tous les purs flambeaux sont éteints;
Morus après Caton dans le cirque se couche;
Le genre humain assiste au pugilat farouche
Des grands cœurs et des noirs destins.

L'énigme universelle est proposée à l'âme,
L'âme cherche; la terre et l'eau, l'air et la flamme
Font le mal, triste vision !
Le vent, la mer, la nuit, sont pris en forfaiture;
Hélas ! que comprend-on ? Peu de la créature,
Et rien de la création.

Les faits, qui sont muets et qui semblent funèbres,
Surgissent au regard comme un bloc de ténèbres,
Et rien n'éclaire et rien ne luit;
L'horizon est de l'ombre où l'ombre se prolonge,
Où se dresse, devant l'humanité qui songe,
Toute une montagne de nuit.

Le sombre sphinx Nature, accroupi sur la cime,
Rêve, pétrifiant de son regard d'abîme
Le mage aux essors inouïs,
Tout le groupe pensif des blêmes Zoroastres,
Les guetteurs de soleils et les espions d'astres,
Les effarés, les éblouis.

Il semble à tout ce tas d'Œdipes qui frissonne
Que l'ouragan, clairon des nuages qui sonne,
La comète, horreur du voyant,
L'hiver, la mort, l'éclair, l'onde affreuse et vivante,
Tout ce que le mystère et l'ombre ont d'épouvante
Sorte de cet œil effrayant.

La nuit autour du sphinx roule tumultueuse. —
Si l'on pouvait lever sa patte monstrueuse,
Que contemplèrent tour à tour
Newton, l'esprit d'hier, et l'antique Mercure,
Sous la paume sinistre et sous la griffe obscure
On trouverait ce mot : Amour.

XXXV

LA-HAUT

LA-HAUT

Un jour l'étoile vit la comète passer,
Rit, et, la regardant au gouffre s'enfoncer,
Cria : — La voyez-vous courir, la vagabonde ?
Jadis, dans l'azur chaste où la sagesse abonde,
Elle était comme nous étoile vierge, ayant
Des paradis autour de son cœur flamboyant,
Et ses rayons, liant les sphères, freins et brides,
Faisaient tourner le vol des planètes splendides;
Rien n'égalait son nimbe auguste, et dans ses nœuds
Sa chevelure avait dix globes lumineux;
Elle était l'astre à qui tout un monde s'appuie.
Un jour, tout à coup, folle, ivre, elle s'est enfuie.
Un vertige l'a prise et l'a jetée au fond
Des chaos où Moloch avec Dieu se confond.
Quand elle en est sortie, elle était insensée;
Elle n'a plus voulu suivre que sa pensée,
Sa furie, un instinct fougueux, torrentiel,
Mauvais, car l'équilibre est la vertu du ciel.
Devant elle, au hasard, elle s'en est allée;
Elle s'est dans l'abîme immense échevelée;
Elle a dit : Je me donne au gouffre, à volonté !
Je suis l'infatigable; il est l'illimité.
Elle a voulu chercher, trouver, sonder, connaître,
Voir les mondes enfants, tâcher d'en faire naître,
Aller jusqu'en leur lit provoquer les soleils,
Examiner comment les enfers sont vermeils,
Voir Satan, visiter cet astre en sa tanière,
L'approcher, lui passer la main dans la crinière,
Et lui dire : « Lion, je t'aime ! Iblis, Mammon,
Prends-moi, je viens m'offrir, déesse, à toi démon ! »
Elle s'est faite, ainsi que l'air, fuyante et souple;
Elle a voulu goûter l'âcre extase du couple,
Et sans cesse épouser des univers nouveaux;
Elle a voulu toucher les croupes des chevaux
De la foudre, et, parmi les bruits visionnaires,

Rôder dans l'écurie énorme des tonnerres;
Elle a mis de l'éclair dans sa fauve clarté;
Elle a tout violé par curiosité;
Et l'on sent, en voyant ses flamboiements funèbres,
Que sa lumière s'est essuyée aux ténèbres.
Les soleils tour à tour l'ont. Elle a préféré
A la majesté fixe au haut du ciel sacré,
On ne sait quelle course audacieuse, oblique,
Etrange; et maintenant elle est fille publique.

Et la comète dit à l'étoile : — Vesta,
Tu te trompes. Je suis Vénus. Quand Dieu resta,
Après que le noir couple humain eut pris la fuite,
Seul dans le paradis, Satan lui dit : Ensuite ?
Et Dieu vit que l'amour est un besoin qu'on a,
Et que sans lui le monde a froid; il m'ordonna
D'aller incendier le gouffre où tout commence,
Et Dieu mit la sagesse où tu vois la démence.
Depuis ce jour-là, j'erre, et je vais en tous lieux
Rappeler à l'hymen les mondes oublieux.
J'illumine Uranus, je réchauffe Saturne,
Et je remets du feu dans les astres; mon urne
Reverse un flot d'aurore aux fontaines du jour;
Je suis la folle auguste ayant au front l'amour;
Je suis par les soleils formidables baisée;
Si je rencontre en route une lune épuisée,
Je la rallume, et l'ombre a ce flambeau de plus;
L'océan étoilé me roule en ses reflux;
Sur tous les globes, nés au fond des étendues,
Il est de sombres mers que je gonfle éperdues;
J'éveille du chaos le rut démesuré;
Voici l'épouse en feu qui vient ! l'astre effaré
Regarde à son zénith, à travers la nuée,
L'impudeur de ma robe immense dénouée;
De mes accouplements l'espace est ébloui;
Dès qu'un gouffre me veut, j'accours et je dis : Oui !
Je passe d'Allioth à Sirius; ma bouche
Se colle au triple front d'Aldebaran farouche;
Et je me prostitue à l'infini, sachant
Que je suis la semence et que l'ombre est le champ;
De là des mondes; Dieu m'approuve quand j'ébauche
Une création que tu nommes débauche.
Celle qui lie entre eux les univers, c'est moi;
Sans moi, l'isolement hideux serait la loi;
Etoiles, on verrait de monstrueux désastres;
L'infini subirait l'égoïsme des astres;
Partout la nuit, la mort et le deuil, augmentés
Par la farouche horreur de vos virginités.
J'empêche l'effrayant célibat de l'abîme.
Je suis du pouls divin le battement sublime;
Mon trajet, à la fois idéal et réel,

Marque l'artère énorme et profonde du ciel;
Vous êtes la lumière et moi je suis la flamme;
Dieu me fit de son cœur et vous fit de son âme;
O mes sœurs, nous versons toutes de la clarté,
Etant, vous l'harmonie, et moi la liberté !

XXXVI

LE GROUPE DES IDYLLES

LE GROUPE DES IDYLLES

I

ORPHÉE

J'atteste Tanaïs, le noir fleuve aux six urnes,
Et Zeus qui fait traîner sur les grands chars nocturnes
Rhéa par des taureaux et Nyx par des chevaux,
Et les anciens géants et les hommes nouveaux,
Pluton qui nous dévore, Uranus qui nous crée,
Que j'adore une femme et qu'elle m'est sacrée.
Le monstre aux cheveux bleus, Poséidon, m'entend;
Qu'il m'exauce. Je suis l'âme humaine chantant,
Et j'aime. L'ombre immense est pleine de nuées,
La large pluie abonde aux feuilles remuées,
Borée émeut les bois, Zéphir émeut les blés.
Ainsi nos cœurs profonds sont par l'amour troublés.
J'aimerai cette femme appelée Eurydice,
Toujours, partout ! Sinon que le ciel me maudisse,
Et maudisse la fleur naissante et l'épi mûr !
Ne tracez pas de mots magiques sur le mur.

II

SALOMON

Je suis le roi qu'emplit la puissance sinistre;
Je fais bâtir le temple et raser les cités;
Hiram mon architecte et Charos mon ministre
Rêvent à mes côtés;

L'un étant ma truelle et l'autre étant mon glaive,
Je les laisse songer et ce qu'ils font est bien;
Mon souffle monte au ciel plus haut que ne s'élève
L'ouragan libyen;

Dieu même en est parfois remué. Fils d'un crime,
J'ai la sagesse énorme et sombre; et le démon
Prendrait, entre le ciel suprême et son abîme,
Pour juge Salomon.

C'est moi qui fais trembler et c'est moi qui fais croire;
Conquérant on m'admire, et, pontife, on me suit;
Roi, j'accable ici-bas les hommes par la gloire,
Et, prêtre, par la nuit;

J'ai vu la vision des festins et des coupes
Et le doigt écrivant Mané Thécel Pharès,
Et la guerre, les chars, les clairons, et les croupes
Des chevaux effarés;

Je suis grand; je ressemble à l'idole morose;
Je suis mystérieux comme un jardin fermé;
Pourtant, quoique je sois plus puissant que la rose
N'est belle au mois de mai,

On peut me retirer mon spectre d'or qui brille,
Et mon trône, et l'archer qui veille sur ma tour,
Mais on n'ôtera pas, ô douce jeune fille,
De mon âme l'amour;

On n'en ôtera pas l'amour, ô vierge blonde
Qui comme une lueur te mires dans les eaux,
Pas plus qu'on n'ôtera de la forêt profonde
La chanson des oiseaux.

III

ARCHILOQUE

Le pilote connaît la figure secrète
Du fond de la mer sombre entre Zante et la Crète,
Le sage médecin connaît le mal qu'on a,
Le luthier, par la muse instruit, sait qu'Athana
A fait la flûte droite et Pan la flûte oblique;
Moi, je ne sais qu'aimer. Tout ce qu'un mage explique
En regardant un astre à travers des cyprès,
Dans les bois d'Eleusis la nuit, n'est rien auprès
De ce que je devine en regardant Stellyre.
Stellyre est belle. Ayez pitié de mon délire,
Dieux immortels! je suis en proie à sa beauté.
Sans elle je serais l'Archiloque irrité,
Mais elle m'attendrit. Muses, Stellyre est douce.
Pour que l'agneau la broute il faut que l'herbe pousse,

Et que l'adolescent croisse pour être aimé.
Par l'immense Vénus le monde est parfumé;
L'amour fait pardonner à l'Olympe la foudre;
L'Océan en créant Cypris voulut s'absoudre,
Et l'homme adore, au bord du gouffre horrible et vain,
La tempête achevée en sourire divin.
Stellyre a la gaîté du nid chantant dans l'arbre.
Moi qui suis de Paros, je me connais en marbre,
Elle est blanche, et pourtant femme comme Aglaura
Et Glycère; et, rêveur, je sais qu'elle mourra.
Tout finit par finir, hélas, même les roses !
Quoique Stellyre, ô dieux, ressemble aux fleurs écloses
A l'aurore, en avril, dans les joncs des étangs,
Faites, dieux immortels, qu'elle vive longtemps,
Car il sort de cette âme une clarté sereine;
Je la veux pour esclave et je la veux pour reine;
Je suis un cœur dompté par elle, et qui consent;
Et ma haine est changée en amour. Ô passant,
Sache que la chanson que voici fut écrite
Quand Hipparque chassa d'Athène Onomacrite
Parce qu'il parlait bas à des dieux infernaux
Pour faire submerger l'archipel de Lemnos.

IV

ARISTOPHANE

Les jeunes filles vont et viennent sous les saules;
Leur chevelure cache et montre leurs épaules;
L'amphore sur leur front ne les empêche pas,
Quand Ménalque apparaît, de ralentir leur pas,
Et de dire : Salut, Ménalque ! et la feuillée,
Par le rire moqueur des oiseaux réveillée,
Assiste à la rencontre ardente des amants;
Tant de baisers sont pris sous les rameaux charmants
Que l'amphore au logis arrive à moitié vide.
L'aïeule, inattentive au fil qu'elle dévide,
Gronde : Qu'as-tu donc fait, qui donc t'a pris la main,
Que l'eau s'est répandue ainsi sur le chemin ?
La jeune fille dit : Je ne sais pas; et songe.
A l'heure où dans les champs l'ombre des monts s'allonge,
Le soir, quand on entend des bruits de chars lointains,
Il est bon de songer aux orageux destins
Et de se préparer aux choses de la vie;
C'est par le peu qu'il sait, par le peu qu'il envie,
Que l'homme est sage. Aimons. Le printemps est divin;
Nous nous sentons troublés par les fleurs du ravin,
Par l'indulgent avril, par les nids peu moroses,

Par l'offre de la mousse et le parfum des roses,
Et par l'obscurité des sentiers dans les bois.
Les femmes au logis rentrent, mêlant leurs voix,
Et plus d'une à causer sous les portes s'attarde.
Femme, qui parles mal de ton mari, prends garde,
Car ton petit enfant te regarde étonné.
Muses, vénérons Pan, de lierre couronné.

V

ASCLÉPIADE

Vous qui marchez, tournant vos têtes inquiètes,
Songez-y, le dieu Pan sait toujours où vous êtes.
Amants, si vous avez des raisons pour ne pas
Laisser voir quelle est l'ombre où se perdent vos pas,
Vous êtes mal cachés dans ce bois, prenez garde;
La tremblante forêt songe, écoute et regarde;
A tout ce hallier noir vous donnez le frisson;
Craignez que vos baisers ne troublent le buisson,
Craignez le tremblement confus des branches d'arbre;
La nature est une âme, elle n'est pas de marbre;
L'obscur souffle inconnu qui dans ce demi-jour
Passe, et que vous prenez pour le vent, c'est l'amour;
Et vous êtes la goutte et le monde est le vase.
Amants, votre soupir fait déborder l'extase;
Au-dessus de vos fronts les rameaux frémissants
Mêlent leurs bruits, leurs voix, leurs parfums, leur encens;
L'émotion au bois profond se communique,
Et la fauve dryade agite sa tunique.

VI

THÉOCRITE

O belle, crains l'Amour, le plus petit des dieux,
Et le plus grand; il est fatal et radieux;
Sa pensée est farouche et sa parole est douce;
On le trouve parfois accroupi dans la mousse,
Terrible et souriant, jouant avec les fleurs;
Il ne croit pas un mot de ce qu'il dit; les pleurs
Et les cris sont mêlés à son bonheur tragique;
Maïa fit la prairie, il fait la géorgique;
L'Amour en tout temps pleure, et triomphe en tout lieu;
La femme est confiante aux baisers de ce dieu,

Car ils ne piquent pas, sa lèvre étant imberbe.
— Tu vas mouiller ta robe à cette heure dans l'herbe,
Lyda, pourquoi vas-tu dans les champs si matin ?
Lyda répond : — Je cède au ténébreux destin,
J'aime, et je vais guetter Damœtas au passage,
Et je l'attends encor le soir, étant peu sage,
Quand il fait presque nuit dans l'orme et le bouleau,
Quand la nymphe aux yeux verts danse au milieu de l'eau.
— Lyda, fuis Damœtas ! — Je l'adore et je tremble.
Je ne puis lui donner toutes les fleurs ensemble,
Car l'une vient l'automne et l'autre vient l'été;
Mais je l'aime. — Lyda, Lyda, crains Astarté.
Cache ton cœur en proie à la sombre chimère.
Il ne faut raconter ses amours qu'à sa mère
A l'heure matinale où le croissant pâlit,
Quand elle se réveille en riant dans son lit.

VII

BION

Allons-nous-en rêveurs dans la forêt lascive.
L'amour est une mer dont la femme est la rive,
Les saintes lois d'en haut font à ses pieds vainqueurs
Mourir le grand baiser des gouffres et des cœurs.
Viens, la forêt s'ajoute à l'âme, et Cythérée
Devient fauve et terrible en cette horreur sacrée;
Viens, nous nous confierons aux bois insidieux,
Et nous nous aimerons à la façon des dieux;
Il faut que l'empyrée aux voluptés se mêle,
Et l'aigle, la colombe étant sa sœur jumelle,
S'envole volontiers du côté des amants.
Les cœurs sont le miroir obscur des firmaments;
Toutes nos passions reflètent les étoiles.
Par le déchirement magnifique des voiles
La nature constate et prouve l'unité;
Le rayon c'est l'amour, l'astre c'est la beauté.
Hyménée ! Hyménée ! allons sous les grands chênes.
O belle, je te tiens, parce que tu m'enchaînes,
Et tu m'as tellement dans tes nœuds enchantés
Lié, saisi, que j'ai toutes les libertés;
Je les prends; tu ne peux t'en plaindre, en étant cause.
Si le zéphyr te fâche, alors ne sois plus rose.

VIII

MOSCHUS

O nymphes, baignez-vous à la source des bois.
Le hallier, bien qu'il soit rempli de sombres voix,
Quoiqu'il ait des rochers où l'aigle fait son aire,
N'est jamais envahi par l'ombre qui s'accroît
Au point d'être sinistre et de n'avoir plus droit
A la nudité de Néère.

Néère est belle, douce et pure, et transparaît
Blanche, à travers l'horreur de la noire forêt;
Un essaim rôde et parle aux fleurs de la vallée,
Un écho dialogue avec l'écho voisin,
Qu'est-ce que dit l'écho ? qu'est-ce que dit l'essaim ?
Qu'étant nue, elle est étoilée !

Car l'éblouissement des astres est sur toi
Quand tu te baignes, chaste, avec ce vague effroi
Que toujours la beauté mêle à sa hardiesse,
Sous l'arbre où l'œil du faune ardent te cherchera.
Tu sais bien que montrer la femme, ô Néèra,
C'est aussi montrer la déesse.

Moi, quoique par les rois l'homme soit assombri,
Je construis au-dessus de ma tête un abri
Avec des branches d'orme et des branches d'yeuse;
J'aime les prés, les bois, le vent jamais captif,
Néère et Phyllodoce, et je suis attentif
A l'idylle mélodieuse.

Parce que, dans cette ombre où parfois nous dormons,
De lointains coups de foudre errent de monts en monts,
Parce que tout est plein d'éclairs visionnaires,
Parce que le ciel gronde, est-il donc en marchant
Défendu de rêver, et d'écouter le chant
D'une flûte entre deux tonnerres ?

IX

VIRGILE

Déesses, ouvrez-moi l'Hélicon maintenant.
O bergers, le hallier sauvage est surprenant;
On y distingue au loin de confuses descentes

D'hommes ailés, mêlés à des nymphes dansantes;
Des clartés en chantant passent, et je les suis.
Les bois me laissent faire et savent qui je suis.
O pasteurs, j'ai Mantoue et j'aurai Parthénope;
Comme le taureau-dieu pressé du pied d'Europe,
Mon vers, tout parfumé de roses et de lys,
A l'empreinte du frais talon d'Amaryllis;
Les filles aux yeux bleus courent dans mes églogues;
Bacchus avec ses lynx, Diane avec ses dogues,
Errent, sans déranger une branche, à travers
Mes poèmes, et Faune est dans mes antres verts.
Quel qu'il soit, et fût-il consul, fût-il édile,
Le passant ne pourra rencontrer mon idylle
Sans trouble, et, tout à coup, voyant devant ses pas
Une pomme rouler et fuir, ne saura pas
Si dans votre épaisseur sacrée elle est jetée,
Forêts, pour Atalante, ou bien pour Galatée.
Mes vers seront si purs qu'après les avoir lus
Lycoris ne pourra que sourire à Gallus.
La forêt où je chante est charmante et superbe;
Je veux qu'un divin songe y soit couché dans l'herbe,
Et que l'homme et la femme, ayant mon âme entre eux,
S'ils entrent dans l'églogue en sortent amoureux.

X

CATULLE

Que faire au mois d'avril à moins de s'adorer ?
Viens, nous allons songer, viens, nous allons errer.
Laissons Plaute à Chloé prouver qu'il la désire
Par un triple collier de corail de Corcyre;
Laissons Psellas charmer Fuscus par ses grands yeux,
Et par l'âpre douceur d'un chant mystérieux;
Laissons César dompter la fortune changeante,
Mettre un mors à l'équestre et sauvage Agrigente,
Au numide, à l'ibère, au scythe hasardeux;
Ayons le doux souci d'être seuls tous les deux.
Nous avons à nous l'air, le ciel, l'ombre, l'espace.
Nous ferons arrêter le muletier qui passe,
Nous boirons dans son outre un peu de vin sabin;
Et le soir, quand la lune, éclairant dans leur bain
Le faune et la naïade indistincte, se lève,
Nous chercherons un lit pour finir notre rêve,
Une mousse cachée au fond du hallier noir.
O belle, rien n'existe ici-bas que l'espoir,
Rien n'est sûr que l'hymen, rien n'est vrai que la joie;
L'amour est le vautour et nos cœurs sont la proie.

Quand, ainsi qu'y monta jadis la nymphe Hellé,
Une femme apparaît sur l'olympe étoilé,
Les dieux donnent de tels baisers à ses épaules,
Qu'une lueur subite éclaire les deux pôles,
Et la terre comprend qu'en ce ciel redouté
L'humanité s'accouple à la divinité.
Aimons. Allons aux bois où chantent les fauvettes.
Il faut vivre et sourire, il faut que tu revêtes
Cette robe d'azur qu'on nomme le bonheur.
L'Amour est un divin et tendre empoisonneur,
Laissons ce charmant traître approcher de nos bouches
Sa coupe où nous boirons les extases farouches
Et le sombre nectar des baisers éperdus.
Les cœurs sont insensés et les cieux leur sont dus;
Car la démence auguste et profonde des âmes
Met dans l'homme une étoile, et quand nous nous aimâmes
Nous nous sentîmes pleins de rayons infinis,
Et tu devins Vénus, et je fus Adonis.
Le tremblement sacré des branches dans l'aurore
Conseille aux cœurs d'aimer, conseille aux nids d'éclore.
Il faut craindre et vouloir, chercher les prés fleuris
Et rêver, et s'enfuir, mais afin d'être pris.
Adorons-nous. Ainsi je médite et je chante.
Je songe à ta pudeur souveraine et touchante,
Je regarde attendri l'antre où tu me cédas;
Pendant que, fatiguée à suivre nos soldats,
La Victoire, au-dessus de nous, dans la nuée,
Rattache sa sandale, un instant dénouée.

XI

LONGUS

Chloé nue éblouit la forêt doucement;
Elle rit, l'innocence étant un vêtement;
Elle est nue, et s'y plaît; elle est belle, et l'ignore.
Elle ressemble à tous les songes qu'on adore;
Le lys blanc la regarde et n'a point l'air fâché;
La nuit croit voir Vénus, l'aube croit voir Psyché.
Le printemps est un tendre et farouche mystère;
On sent flotter dans l'air la faute involontaire
Qui se pose, au doux bruit du vent et du ruisseau,
Dans les âmes ainsi que dans les bois l'oiseau.
Sève ! hymen ! le printemps vient, et prend la nature
Par surprise, et, divin, apporte l'aventure
De l'amour aux forêts, aux fleurs, aux cœurs. Aimez.
Dans la source apparaît la nymphe aux doigts palmés,
Dans l'arbre la dryade et dans l'homme le faune;
Le baiser envolé fait aux bouches l'aumône.

XII

DANTE

Thalès n'était pas loin de croire que le vent
Et l'onde avaient créé les femmes; et, devant
Phellas, fille des champs, bien qu'il fût de la ville,
Ménandre n'était point parfaitement tranquille;
Moschus ne savait pas au juste ce que c'est
Que la femme, et tremblait quand Glycère passait;
Anaxagore, ayant l'inconnu pour étude,
Regardait une vierge avec inquiétude;
Virgile méditait sur Lycoris; Platon
Dénonçait à Paphos l'odeur du Phlégéton;
Plaute évitait Lydé; c'est que ces anciens hommes
Redoutaient vaguement la planète où nous sommes;
Agd et Tellus étaient des femelles pour eux;
Ils craignaient le travail perfide et ténébreux
Des parfums, des rayons, des souffles et des sèves.
Les femmes après tout sont peut-être des rêves;
Quelle âme ont-elles ? Nul ne peut savoir quel dieu
Ou quel démon sourit dans la nuit d'un œil bleu;
Nul ne sait, dans la vie immense enchevêtrée,
Si l'antre où rêve Pan, l'herbe où se couche Astrée,
Si la roche au profil pensif, si le zéphyr,
Si toute une forêt acharnée à trahir,
A force d'horreur, d'ombre, et d'aube, et de jeunesse,
Ne peut transfigurer en femme une faunesse;
Dans tout ils croyaient voir quelque spectre caché
Poindre, et Démogorgon s'ajoutait à Psyché.
Ces sages d'autrefois se tenaient sur leurs gardes.
La possibilité des méduses hagardes
Surgissant tout à coup les rendait attentifs;
De la sombre nature ils se sentaient captifs;
Perse reconnaissait dans Eglé, la bouffonne
Qui se barbouille avec des mûres, Tisiphone;
Et plusieurs s'attendaient à voir subitement
Transparaître Erynnis sous le masque charmant
De la naïve Aglaure ou d'Iphis la rieuse :
Tant la terre pour eux était mystérieuse.

XIII

PÉTRARQUE

Elle n'est plus ici; cependant je la vois
La nuit au fond des cieux, le jour au fond des bois !
Qu'est-ce que l'œil de chair auprès de l'œil de l'âme ?

On est triste; on n'a pas près de soi cette femme,
On est dans l'ombre; eh bien, cette ombre aide à la voir,
Car l'étoile apparaît surtout dans le ciel noir.
Je vois ma mère morte, et je te vois absente,
O Laure! Où donc es-tu? Là-bas, éblouissante.
Je t'aime, je te vois. Sois là, ne sois pas là,
Je te vois. Tout n'est rien si tout n'est pas cela,
Aimer. Aimer suffit; pas d'autre stratagème
Pour être égal aux dieux que ce mot charmant : J'aime.
L'amour nous fait des dons au-dessus de nos sens,
Laure, et le plus divin, c'est de nous voir absents;
C'est de t'avoir, après que tu t'es exilée!
C'est de revoir partout ta lumière envolée!
Je demande : Es-tu là, doux être évanoui?
La prunelle dit : Non, mais l'âme répond : Oui.

XIV

RONSARD

C'est fort juste, tu veux commander en cédant;
Viens, ne crains rien; je suis éperdu, mais prudent;
Suis-moi; c'est le talent d'un amant point rebelle
De conduire au milieu des forêts une belle,
D'être ardent et discret, et d'étouffer sa voix
Dans le chuchotement mystérieux des bois.
Aimons-nous au-dessous du murmure des feuilles;
Viens, je veux qu'en ce lieu voilé tu te recueilles,
Et qu'il reste au gazon par ta langueur choisi
Je ne sais quel parfum de ton passage ici;
Laissons des souvenirs à cette solitude.
Si tu prends quelque molle et sereine attitude,
Si nous nous querellons, si nous faisons la paix,
Et si tu me souris sous les arbres épais,
Ce lieu sera sacré pour les nymphes obscures;
Et le soir, quand luiront les divins Dioscures,
Ces sauvages halliers sentiront ton baiser
Flotter sur eux dans l'ombre et les apprivoiser;
Les arbres entendront des appels plus fidèles,
De petits cœurs battront sous de petites ailes,
Et les oiseaux croiront que c'est toi qui bénis
Leurs amours et la fête adorable des nids.
C'est pourquoi, belle, il faut qu'en ce vallon tu rêves.
Et je rends grâce à Dieu, car il fit plusieurs Eves,
Une aux longs cheveux d'or, une autre au sein bruni,
Une gaie, une tendre, et, quand il eut fini,
Ce Dieu, qui crée au fond toujours les mêmes choses,
Avec ce qui restait des femmes fit les roses.

XV

SHAKESPEARE

O doux être, fidèle et cependant ailé,
Ange et femme, est-il vrai que tu t'en sois allé ?
Pour l'âme, la lueur inexprimable reste;
L'âme ne perd jamais de vue un front céleste;
Et quiconque est aimé devient céleste. Hélas,
L'absence est dure, mais le cœur noir, l'esprit las,
Sont consolés par l'âme, invincible voyante.
L'éclair est passager, la nuée est fuyante,
Mais l'être aimé ne peut s'éclipser. Je te vois,
Je sens presque ta main, j'entends presque ta voix.
Oui, loin de toi je vis comme on vit dans un songe;
Ce que je touche est larve, apparence, mensonge;
J'aperçois ton sourire à travers l'infini;
Et, sans savoir pourquoi, disant : Suis-je puni ?
Je pleure vaguement si loin de moi tu souffres.
La nature ignorée et sainte a de ces gouffres
Où le visionnaire est voisin du réel;
Ainsi la lune est presque un spectre dans le ciel;
Ainsi tout dans les bois en fantôme s'achève;
Ainsi c'est presque au fond d'un abîme et d'un rêve
Qu'un rossignol est triste et qu'un merle est rieur.

Quel mystère insondé que l'œil intérieur !
Quelle insomnie auguste en nous ! Quelle prunelle
Ouverte sur le bien et le mal, éternelle !
A quelle profondeur voit cet œil inconnu !
Comme devant l'esprit toute l'ombre est à nu !
L'œil de chair bien souvent pour l'erreur se décide,
La cécité pensive est quelquefois lucide;
Quoi donc ! est-ce qu'on a besoin des yeux pour voir
L'héroïsme, l'honneur, la vertu, le devoir,
La réalité sainte et même la chimère ?
Qui donc passe en clarté le grand aveugle Homère ?

XVI

RACAN

Si toutes les choses qu'on rêve
Pouvaient se changer en amours,
Ma voix, qui dans l'ombre s'élève,
Osant toujours, tremblant toujours,

Qui, dans l'hymne qu'elle module,
Mêle Astrée, Eros, Gabriel,
Les dieux et les anges, crédule
Aux douces puissances du ciel,

Pareille aux nids qui, sous les voiles
De la nuit et des bois touffus,
Echangent avec les étoiles
Un grand dialogue confus,

Sous la sereine et sombre voûte
Sans murs, sans portes et sans clés,
Mon humble voix prendrait la route
Que prennent les cœurs envolés,

Et vous arriverait, touchante,
A travers les airs et les eaux,
Si toutes les chansons qu'on chante,
Pouvaient se changer en oiseaux.

XVII

SEGRAIS

O fraîche vision des jupes de futaine
Qui se troussent gaîment autour de la fontaine !
O belles aux bras blancs follement amoureux !
J'ai vu passer Aminthe au fond du chemin creux;
Elle a seize ans, et tant d'aurore sur sa tête
Qu'elle semble marcher au milieu d'une fête;
Elle est dans la prairie, elle est dans les forêts
La plus belle, et n'a pas l'air de le faire exprès;
C'est plus qu'une déesse et c'est plus qu'une fée,
C'est la bergère; c'est une fille coiffée
D'iris et de glaïeuls avec de grands yeux bleus;
Elle court dans les champs comme, aux temps fabuleux,
Couraient Léontium, Phyllodoce et Glycère;
Elle a la majesté du sourire sincère;
Quand elle parle, on croit entendre, ô bois profond,
Un rossignol chanter au-dessus de son front;
Elle est pure, sereine, aimable, épanouie,
Et j'en ai la prunelle à jamais éblouie;
Comme Faune la suit d'un regard enflammé !
Comme on sent que les nids, l'amour, le mois de mai,
Guettent dans le hallier ces douces âmes neuves !
Dans des prés où ne coule aucun des divins fleuves
Qu'on appelle Céphise, Eurotas ou Cydnus,
Elle trouve moyen d'avoir de beaux pieds nus;
Cette fille d'Auteuil semble née à Mégare !

Parfois dans des sentiers pleins d'ombre elle s'égare;
Oh ! comme les oiseaux chuchotaient l'autre soir !
Pas plus que le raisin ne résiste au pressoir,
Pas plus que le roseau n'est au zéphyr rebelle,
Nul cœur pouvant aimer n'élude cette belle.
Comme la biche accourt et fuit à notre voix,
Elle est apprivoisée et sauvage à la fois;
Elle est toute innocente et n'a pas de contrainte;
Elle donne un baiser confiant et sans crainte
A quiconque est naïf comme un petit enfant;
Contre les beaux parleurs, fière, elle se défend;
Et c'est pourquoi je fais semblant d'être stupide;
Telle est la profondeur des amoureux. Et Gnide,
Amathonte et Paphos ne sont rien à côté
Du vallon où parfois passe cette beauté.
Muses, je chante, et j'ai près de moi Stésichore,
Plaute, Horace et Ronsard, d'autres bergers encore;
J'aime, et je suis Segrais qu'on nomme aussi Tircis;
Nous sommes sous un hêtre avec Virgile assis,
Et cette chanson s'est de ma flûte envolée,
Pendant que mes troupeaux paissent dans la vallée
Et que du haut des cieux l'astre éclaire et conduit
La descente sacrée et sombre de la nuit.

XVIII

VOLTAIRE

Dans la religion voir une bucolique;
Etre assez huguenot pour être catholique;
Aimer Clorinde assez pour caresser Suzon;
Suivre un peu la sagesse et beaucoup la raison;
Planter là ses amis, mais ne pas les proscrire;
Croire aux dogmes tout juste assez pour en sourire;
Etre homme comme un diable, abbé comme Chaulieu,
Ne rien exagérer, pas même le bon Dieu;
Baiser le saint chausson qu'offre à la gent dévote
Le pape, et préférer le pied nu de Javotte,
Tels sont les vrais instincts d'un sage en bon état.
Force tentations, et jamais d'attentat;
Avoir on ne sait quoi d'aimable dans sa faute;
Ressembler à ce bon petit chevreau qui saute
Joyeux, libre, et qui broute, et boit aux étangs verts,
Si content qu'il en met l'oreille de travers;
Donner son cœur au ciel si Goton vous le laisse;
Commettre des péchés pour aller à confesse,
Car les péchés sont gais, et font avec douceur
Aux frais du confessé vivre le confesseur;

Pas trop de passion, pas trop d'apostasie,
C'est le bon sens. Suivez cette route choisie
Et sûre. C'est ainsi qu'on vieillit sans effroi;
Et c'est ainsi qu'on a de l'esprit, fût-on roi,
Et qu'on est Henri quatre, et qu'on a ses entrées
A la grand'messe, et chez Gabrielle d'Estrées.

XIX

CHAULIEU

Ayez de la faiblesse, ô femmes; c'est charmant
D'être faibles, et l'ombre est dans le firmament
Pour prouver le besoin que parfois ont des voiles
Même la blanche aurore et même les étoiles.
Les fleurs ne savent pas ce que va faire avril,
Elles ont peur; de quoi ? D'un charme, ou d'un péril ?
D'un péril et d'un charme. Eh bien, toi qui te mêles
Aux fleurs, et qui les vois trembler, tremble comme elles,
Mais pas plus. Oui, tremblez, belles; mais, croyez-moi,
Sur la frayeur des fleurs copiez votre émoi.
Voyez comme elles sont promptement rassurées.
Les roses sont autant de molles Cythérées,
Point méchantes; l'épine est la sœur du parfum.
Le ciel n'est point pour l'homme un témoin importun.
Aimons. On y consent au fond des empyrées.
Après avoir aimé les âmes sont sacrées.
L'heure où nous brillons touche à l'heure où nous tombons.
Brillez, tombez. Jadis les sages étaient bons;
Ils conseillaient la gloire aux héros, et la chute
Aux belles. L'herbe douce après la douce lutte
Devient un trône; Horace y fait asseoir Chloé.
Ainsi qu'un vieux trumeau dépeint et décloué
L'idylle aujourd'hui pend au grand plafond céleste,
Restaurons-la, suivons Galatée au pied leste,
Et je serai Virgile, et vous serez Eglé,
O belle au frais fichu vainement épinglé !
Nous sommes des bergers, Gnide est notre village.
Attention ! je vais commencer le pillage
Des appas, et l'on va courir dans les sillons;
Et vous ne ferez pas la chasse aux papillons,
Belle, les papillons étant de bon exemple.
O cieux profonds, l'amour est dieu, le bois est temple,
Et cette jeune fille à l'œil un peu moqueur
Est ma victorieuse et je suis son vainqueur !

XX

DIDEROT

Les philosophes sont d'avis que la nature
Se passe d'eux, ne tient qu'à sa propre droiture,
Ne consulte que l'ordre auguste, et que les lois
Sont les mêmes au fond des cieux, au fond des bois.
Vivre, aimer, tout est là. Le reste est ignorance;
Et la création est une transparence;
L'univers laisse voir toujours le même sceau,
L'amour, dans le soleil ainsi que dans l'oiseau;
Nos sens sont des conseils; des voix sont dans les choses;
Ces voix disent : Beautés, faites comme les roses;
Faites comme les nids, amants. Avril vainqueur
Sourit, laissez le ciel vous entrer dans le cœur.
Théocrite, ô ma belle, était tendre et facile;
Ces bons ménétriers de Grèce et de Sicile
Chantaient juste, et leur vers reste aimable et charmeur
Même quand la saison est de mauvaise humeur;
Ils étaient un peu fous comme tous les vrais sages;
Ils baisaient les pieds nus, guettaient les purs visages,
N'avaient point de sophas et point de canapés,
Et couchaient sur des lits de pampres frais coupés;
Ils se hâtaient d'aimer, car la vie est rapide;
La dernière heure éclôt dans la première ride;
Hélas, la pâle mort pousse d'un pied égal
Votre beauté, madame, et notre madrigal.
Vivons. Moi, j'ai l'amour pour devoir, et personne
N'a droit de s'informer, belles, si je frissonne
Parce que j'entrevois dans l'ombre un sein charmant;
Je prends ma part du vaste épanouissement;
Le plus sage en ce monde immense est le plus ivre.
Femme, écoute ton cœur, ne lis pas d'autre livre;
Ce qu'on fait les aïeux les enfants le refont,
Et l'amour est toujours la même idylle au fond;
L'églogue en souriant se copie; elle calque
Margot sur Phyllodoce et Gros-Jean sur Ménalque.
Comme souffle le vent, comme luit le rayon,
Sois belle, aime! La vie est une fonction,
Et cette fonction par tout être est remplie
Sans qu'aucun instinct mente et qu'aucune loi plie;
Les accomplissements sont au-dessus de nous;
Le lys est pur, le ciel est bleu, l'amour est doux
Sans la permission de l'homme; nul système
N'empêche Eglé de dire à Tityre : je t'aime!
La Sorbonne n'a rien à voir dans tout cela;
Madame de Genlis peut faire *Paméla*
Sans gêner les oiseaux des bois; et les mésanges,

Les pinsons, les moineaux, bêtes qui sont des anges,
Ne s'inquiètent point d'Arnauld ni de Pascal;
Et quand des profondeurs du ciel zodiacal,
Vers l'aurore, à travers d'invisibles pilastres,
Il redescend, avec son attelage d'astres,
Là-haut, dans l'infini, l'énorme chariot
Sait peu ce que Voltaire écrit à Thiriot.

XXI

BEAUMARCHAIS

Allez-vous-en au bois, les belles paysannes !
Par-dessus les moulins, dont nous sommes les ânes,
Jetez tous vos bonnets, et mêlez à nos cœurs
Vos caprices, joyeux, charmants, tendres, moqueurs.
C'est dimanche. On entend jaser la cornemuse;
Le vent à chiffonner les fougères s'amuse;
Fête aux champs. Il s'agit de ne pas s'ennuyer.
Les oiseaux, qui n'ont point à payer de loyer,
Changent d'alcôve autant de fois que bon leur semble;
Tout frémit; ce n'est pas pour rien que le bois tremble;
Les fourches des rameaux sur les faunes cornus
Tressaillent; copions les oiseaux ingénus;
Ah ! les petits pillards et comme ils font leurs orges !
Regardons s'entr'ouvrir les mouchoirs sur les gorges;
Errons, comme Daphnis et Chloé frémissants;
Nous n'aurons pas toujours le temps d'être innocents.
Soyons-le; jouissons du hêtre, du cytise,
Des mousses, du gazon; faisons cette bêtise,
L'amour, et livrons-nous naïvement à Dieu.
Puisque les prés sont verts, puisque le ciel est bleu,
Aimons. Par les grands mots l'idylle est engourdie;
N'ayons pas l'air de gens jouant la tragédie;
Disons tout ce qui peut nous passer par l'esprit;
Allons sous la charmille où l'églantier fleurit,
Dans l'ombre où sont les grands chuchotements des chênes.
Les douces libertés avec les douces chaînes,
Et beaucoup de réel dans un peu d'idéal,
Voilà ce que conseille en riant floréal.
L'enfant amour conduit ce vieux monde aux lisières;
Adorons les rosiers et même les rosières.
Oublions les sermons du pédant inhumain;
Que tout soit gaîté, joie, éclat de rire, hymen !
Et toi, viens avec moi, ma fraîche bien-aimée;
Qu'on entende chanter les nids sous la ramée,
L'alouette dans l'air, les coqs au poulailler,
Et que ton fichu seul ait le droit de bâiller;

XXII

ANDRÉ CHÉNIER

O belle, le charmant scandale des oiseaux
Dans les arbres, les fleurs, les prés et les roseaux,
Les rayons rencontrant les aigles dans les nues,
L'orageuse gaîté des néréides nues
Se jetant de l'écume et dansant dans les flots,
Blancheurs qui font rêver au loin les matelots,
Ces ébats glorieux des déesses mouillées
Prenant pour lit les mers comme toi les feuillées,
Tout ce qui joue, éclate et luit sur l'horizon
N'a pas plus de splendeur que ta fière chanson.
Ton chant ajouterait de la joie aux dieux mêmes.
Tu te dresses superbe. En même temps tu m'aimes;
Et tu viens te rasseoir sur mes genoux. Psyché
Par moments comme toi prenait un air fâché,
Puis se jetait au cou du jeune dieu, son maître.
Est-ce qu'on peut bouder l'amour ? Aimer, c'est naître;
Aimer, c'est savourer, au bras d'un être cher,
La quantité de ciel que Dieu mit dans la chair;
C'est être un ange avec la gloire d'être un homme.
Oh ! ne refuse rien. Ne sois pas économe.
Aimons ! Ces instants-là sont les seuls bons et sûrs.
O volupté mêlée aux éternels azurs !
Extase ! ô volonté de là-haut ! Je soupire,
Tu songes. Ton cœur bat près du mien. Laissons dire
Les oiseaux, et laissons les ruisseaux murmurer.
Ce sont des envieux. Belle, il faut s'adorer.
Il faut aller se perdre au fond des bois farouches.
Le ciel étoilé veut la rencontre des bouches;
Une lionne cherche un lion sur les monts.
Chante ! il faut chanter. Aime ! il faut aimer. Aimons.
Pendant que tu souris, pendant que mon délire
Abuse de ce doux consentement du rire,
Pendant que d'un baiser complice tu m'absous,
La vaste nuit funèbre est au-dessous de nous,
Et les morts, dans l'Hadès plein d'effrayants décombres,
Regardent se lever, sur l'horizon des ombres,
Les astres ténébreux de l'Erèbe qui font
Trembler leurs feux sanglants dans l'eau du Styx profond.

L'IDYLLE DU VIEILLARD

LA VOIX D'UN ENFANT D'UN AN

Que dit-il ? Croyez-vous qu'il parle ? J'en suis sûr.
Mais à qui parle-t-il ? A quelqu'un dans l'azur;
A ce que nous nommons les esprits; à l'espace,
Au doux battement d'aile invisible qui passe,
A l'ombre, au vent, peut-être au petit frère mort.
L'enfant apporte un peu de ce ciel dont il sort;
Il ignore, il arrive; homme, tu le recueilles.
Il a le tremblement des herbes et des feuilles.
La jaserie avant le langage est la fleur
Qui précède le fruit, moins beau qu'elle, et meilleur,
Si c'est être meilleur qu'être plus nécessaire.
L'enfant candide, au seuil de l'humaine misère,
Regarde cet étrange et redoutable lieu,
Ne comprend pas, s'étonne, et, n'y voyant pas Dieu,
Balbutie, humble voix confiante et touchante;
Ce qui pleure finit par être ce qui chante;
Ses premiers mots ont peur comme ses premiers pas.
Puis il espère.

Au ciel où notre œil n'atteint pas
Il est on ne sait quel nuage de figures
Que les enfants, jadis vénérés des augures,
Aperçoivent d'en bas et qui les fait parler.
Ce petit voit peut-être un œil étinceler;
Il l'interroge; il voit dans de claires nuées,
Des faces resplendir sans fin diminuées,
Et, fantômes réels qui pour nous seraient vains,
Le regarder, avec des sourires divins;
L'obscurité sereine étend sur lui ses branches;
Il rit, car de l'enfant les ténèbres sont blanches.
C'est là, dans l'ombre, au fond des éblouissements,
Qu'il dialogue avec des inconnus charmants.
L'enfant fait la demande et l'ange la réponse;

Le babil puéril dans le ciel bleu s'enfonce,
Puis s'en revient, avec les hésitations
Du moineau qui verrait planer les alcyons.
Nous appelons cela bégaiement; c'est l'abîme
Où, comme un être ailé qui va de cime en cime,
La parole, mêlée à l'éden, au matin,
Essayant de saisir là-haut un mot lointain,
Le prend, le lâche, cherche et trouve, et s'inquiète.
Dans ce que dit l'enfant le ciel profond s'émiette.
Quand l'enfant jase avec l'ombre qui le bénit,
La fauvette, attentive, au rebord de son nid
Se dresse, et ses petits passent, pensifs et frêles,
Leurs têtes à travers les plumes de ses ailes;
La mère semble dire à sa couvée : Entends,
Et tâche de parler aussi bien. — Le printemps,
L'aurore, le jour bleu du paradis paisible,
Les rayons, flèches d'or dont la terre est la cible,
Se fondent, en un rythme obscur, dans l'humble chant
De l'âme chancelante et du cœur trébuchant.
Trébucher, chanceler, bégayer, c'est le charme
De cet âge où le rire éclôt dans une larme.
O divin clair-obscur du langage enfantin !
L'enfant semble pouvoir désarmer le destin;
L'enfant sans le savoir enseigne la nature;
Et cette bouche rose est l'auguste ouverture
D'où tombe, ô majesté de l'être faible et nu !
Sur le gouffre ignoré le logos inconnu.
L'innocence au milieu de nous, quelle largesse !
Quel don du ciel ! Qui sait les conseils de sagesse,
Les éclairs de bonté, qui sait la foi, l'amour,
Que versent, à travers leur tremblant demi-jour,
Dans la querelle amère et sinistre où nous sommes,
Les âmes des enfants sur les âmes des hommes ?
Le voit-on jusqu'au fond ce langage où l'on sent
Passer tout ce qui fait tressaillir l'innocent ?
Non. Les hommes émus écoutent ces mêlées
De syllabes dans l'aube adorable envolées,
Idiome où le ciel laisse un reste d'accent,
Mais ne comprennent pas, et s'en vont en disant :
— Ce n'est rien; c'est un souffle, une haleine, un murmure;
Le mot n'est pas complet quand l'âme n'est pas mûre. —
Qu'en savez-vous ? Ce cri, ce chant qui sort d'un nid,
C'est l'homme qui commence et l'ange qui finit.
Vénérez-le. Le bruit mélodieux, la gamme
Dénouée et flottante où l'enfance amalgame
Le parfum de sa lèvre et l'azur de ses yeux,
Ressemble, ô vent du ciel, aux mots mystérieux
Que, pour exprimer l'ombre ou le jour, tu proposes
A la grande âme obscure éparse dans les choses.
L'être qui vient d'éclore en ce monde où tout ment,
Dit comme il peut son triste et doux étonnement.

Pour l'animal perdu dans l'énigme profonde,
Tout vient de l'homme. L'homme ébauche dans ce monde
Une explication du mystère, et par lui
Au fond du noir problème un peu de jour a lui.
Oui, le gazouillement, musique molle et vague,
Brouillard de mots divins confus comme la vague,
Chant dont les nouveau-nés ont le charmant secret,
Et qui de la maison passe dans la forêt,
Est tout un verbe, toute une langue, un échange
De l'aube avec étoile et de l'âme avec l'ange,
Idiome des nids, truchement des berceaux,
Pris aux petits enfants par les petits oiseaux.

XXXVII

LES PAYSANS AU BORD DE LA MER

LES PAYSANS AU BORD DE LA MER

I

Les pauvres gens de la côte,
L'hiver, quand la mer est haute
Et qu'il fait nuit,
Viennent où finit la terre
Voir les flots pleins de mystère
Et pleins de bruit.

Ils sondent la mer sans bornes;
Ils pensent aux écueils mornes
Et triomphants;
L'orpheline pâle et seule
Crie : O mon père ! et l'aïeule
Dit : Mes enfants !

La mère écoute et se penche;
La veuve à la coiffe blanche
Pleure et s'en va.
Ces cœurs qu'épouvante l'onde
Tremblent dans ta main profonde,
O Jéhovah.

Où sont-ils tous ceux qu'on aime ?
Elles ont peur. La nuit blême
Cache Vénus;
L'océan jette sa brume
Dans leur âme, et son écume
Sur leurs pieds nus.

On guette, on doute, on ignore
Ce que l'ombre et l'eau sonore
Aux durs combats
Et les rocs aux trous d'éponges,
Pareils aux formes des songes,
Disent tout bas.

L'une frémit, l'autre espère.
Le vent semble une vipère.
On pense à Dieu
Par qui l'esquif vogue ou sombre
Et qui change en gouffre d'ombre
Le gouffre bleu !

II

La pluie inonde leurs tresses.
Elles mêlent leurs détresses
Et leurs espoirs.
Toutes ces tremblantes femmes
Hélas ! font voler leurs âmes
Sur les flots noirs.

Et, selon ses espérances,
Chacun voit des apparences
A l'horizon.
Le troupeau des vagues saute
Et blanchit toute la côte
De sa toison.

Et le groupe inquiet pleure.
Cet abîme obscur qu'effleure
Le goëland
Est comme une ombre vivante
Où la brebis Epouvante
Passe en bêlant.

Ah ! cette mer est méchante,
Et l'affreux vent d'ouest qui chante
En troublant l'eau,
Tout en sonnant sa fanfare,
Souffle souvent sur le phare
De Saint-Malo.

III

Dans les mers il n'est pas rare
Que la foudre au lieu de phare
Brille dans l'air,
Et que sur l'eau qui se dresse
Le sloop-fantôme apparaisse
Dans un éclair.

Alors tremblez. Car l'eau jappe
Quand le vaisseau mort la frappe
De l'aviron,
Car le bois devient farouche
Quand le chasseur-spectre embouche
Son noir clairon.

Malheur au chasse-marée
Qui voit la nef abhorrée;
O nuit! terreur!
Tout le navire frissonne,
Et la cloche, à l'avant, sonne
Avec horreur.

C'est le hollandais! la barque
Que le doigt flamboyant marque!
L'esquif puni!
C'est la voile scélérate!
C'est le sinistre pirate
De l'infini!

Il était hier au pôle
Et le voici! Tombe et geôle,
Il court sans fin.
Judas songe, sans prière,
Sur l'avant, et sur l'arrière
Rêve Caïn.

Il suffirait, pour qu'une île
Croulât dans l'onde infertile,
Qu'il y passât;
Il fuit dans la nuit damnée,
La tempête est enchaînée
À ce forçat.

Il change l'onde en hyène,
Et que veut-on que devienne
Le matelot,
Quand, brisant la lame en poudre,
L'enfer vomit dans la foudre
Ce noir brûlot?

La lugubre goëlette
Jette à travers son squelette
Un blanc rayon;
La lame devient hagarde,
L'abîme effaré regarde
La vision.

Les rocs qui gardent la terre
Disent: Va-t'en, solitaire!

Démon, va-t'en !
L'homme entend de sa chaumière
Aboyer les chiens de pierre
Après Satan.

Et les femmes sur la grève
Se parlent du vaisseau-rêve
En frémissant;
Il est plein de clameurs vagues;
Il traîne avec lui des vagues
Pleines de sang.

IV

Et l'on se conte à voix basse
Que le noir vaisseau qui passe
Est en granit,
Et qu'à son bord rien ne bouge,
Les agrès sont en fer rouge,
Le mât hennit.

Et l'on se met en prières,
Pendant que joncs et bruyères
Et bois touffus,
Vents sans borne et flots sans nombre,
Jettent dans toute cette ombre
Des cris confus.

V

Et les écueils centenaires
Rendent des bruits de tonnerres
Dans l'ouragan;
Il semble en ces nuits d'automne
Qu'un canon monstrueux tonne
Sur l'océan.

L'ombre est pleine de furie.
O chaos ! onde ahurie,
Caps ruisselants,
Vent que les mères implorent,
Noir gouffre où s'entre-dévorent
Les flots hurlants !

Comme un fou tirant sa chaîne,
L'eau jette des cris de haine
Aux durs récifs;
Les rocs, sourds à ses huées,
Mêlent aux blêmes nuées
Leurs fronts pensifs.

La mer traîne en sa caverne
L'esquif que le flot gouverne,
Le mât détruit,
Et la barre, et la voilure
Que noue à sa chevelure
L'horrible nuit.

Et sur les sombres falaises
Les pêcheuses granvillaises
Tremblent au vent,
Pendant que tu ris sur l'onde,
De l'autre côté du monde,
Soleil levant !

XXXVIII

Un homme aux yeux profonds passait; un patriarche
Lui demanda : — Combien as-tu de jours de marche,
O voyageur qui viens du côté du levant ?
L'homme dit : — Je ne sais. Le vieux reprit : — Le vent,
O voyageur qui viens du côté de l'aurore,
T'a-t-il bien poursuivi ? L'homme dit : — Je l'ignore.
Le vieillard dit : — Tu dois avoir près d'Engaddi
Trouvé la caravane allant vers le midi;
Combien de voyageurs et de bêtes de somme ?
— Je n'ai rien rencontré ni rien compté, dit l'homme.
— Les hérons gris ont-ils passé dans le brouillard ?
Dit le vieux. L'homme dit : — Je n'ai rien vu, vieillard.
Et le vieillard reprit : — Homme au sombre visage,
Aujourd'hui, dans ta route, as-tu, selon l'usage,
Auprès de la citerne entre Edom et Gaza,
Crié trois fois le nom du saint qui la creusa ?
Et l'homme répondit : — Quel saint ? que veux-tu dire ?
Le vieillard repartit : — Homme, est-ce de la myrrhe
Ou du baume qu'on doit en tribut envoyer
Au tétrarque Antipas pour laver son foyer
Et parfumer son lit ? — Je ne sais pas, dit l'homme.
— Quoi ! tu ne connais point le roi que je te nomme ?
Non. — Le vieillard reprit : Tu ne distingues pas
Entre le lit de pourpre où se couche Antipas
Et la paille, qui sert aux bêtes de litière ?
— Non, dit l'homme.

Ils parlaient auprès d'un cimetière.
L'œil du vieillard tomba sur les fosses; il dit :
— Tous ces êtres, hélas ! sur qui l'herbe grandit,
Etaient jadis vivants, bruyants, joyeux, utiles ;
Maintenant les voilà tombés chez les reptiles,
Mangés des vers, mêlés à la terre, mêlés
A la cendre, et gisants. — Non, dit l'homme. Envolés.
Arriver au tombeau, c'est atteindre le faîte. —

Le patriarche alors reconnut un prophète,
Et murmura pensif, à voix basse, pendant
Que ce passant, doré par le rouge occident,
Disparaissait au loin dans le désert sublime :
— O savant seulement des choses de l'abîme !

Un grand esprit en marche a ses rumeurs, ses houles,
Ses chocs, et fait frémir profondément les foules,
Et remue en passant le monde autour de lui.
On est épouvanté si l'on n'est ébloui;
L'homme comme un nuage erre et change de forme;
Nul, si petit qu'il soit, n'échappe au souffle énorme;
Les plus humbles, pendant qu'il parle, ont le frisson.

Ainsi quand, évadé dans le vaste horizon,
L'aquilon qui se hâte et qui cherche aventure
Tord la pluie et l'éclair, comme de sa ceinture
Une fille défait en souriant le nœud,
Quand l'immense vent gronde et passe, tout s'émeut;
Pas un brin d'herbe, au fond des ravins, que ne touche
Cette rapidité formidable et farouche.

Autrefois, j'ai connu Ferdousi dans Mysore.
Il semblait avoir pris une flamme à l'aurore
Pour s'en faire une aigrette et se la mettre au front;
Il ressemblait aux rois, que n'atteint nul affront,
Portait le turban rouge où le rubis éclate
Et traversait la ville habillée d'écarlate.

Je le revis dix ans après vêtu de noir.
Et je lui dis :

— O toi qu'on venait jadis voir
Comme un homme de pourpre errer devant nos portes
Toi, le seigneur vermeil, d'où vient donc que tu portes
Cet habit noir, qui semble avec de l'ombre teint ?

— C'est, me répondit-il, que je me suis éteint.

LE LAPIDÉ

Celui qui parle ici marchait dans une plaine
Sombre au point qu'un sentier s'y distinguait à peine;
On entendait un bruit de foudre à l'horizon.

Il vit on ne sait quoi d'affreux dans le gazon.
Un monceau d'ossements, noir sous un tas de pierres.
Alors, lui, le marcheur qui baisse les paupières
Il s'arrêta, sévère et triste, et dit à Dieu :

— Dieu ! sous votre ciel calme et dans cet âpre lieu
Où le vent vient gronder et l'apôtre se taire,
Dans ce désert voisin d'Horeb, je vois à terre
Quelque chose qui fut un homme et qui vivait.
C'était un mage; il eut debout à son chevet,
Tout le temps qu'il vécut, votre esprit formidable;
Et votre esprit parlait à son âme; et le sable,
Et la poussière, et l'eau qui coule du rocher,
N'ont jamais empêché ses pieds nus de marcher;
Il passait les torrents et traversait les plaines;
Il était sur la terre une de vos haleines;
Il parlait au pontife, au scribe, au juge, au roi,
Et sa bouche soufflait sur eux le vaste effroi;
Il ne ménageait pas non plus la sombre foule,
Il passait, dispersant sa parole, et la houle
A le même frisson sous la trombe, et le bois
Sous l'orage indigné, que l'homme sous sa voix.
Du moins ce fut ainsi tant que vécut ce mage.
En bas son âme, en haut l'astre, étaient du même âge.
Et le peuple à ses pieds songeait dans la cité
Quand il parlait au gouffre avec fraternité.
Si bien que maintenant le voici dans cette herbe.
Le peuple est trop obscur, le prêtre est trop superbe
Pour se laisser longtemps crier par un passant
Qu'il faut aider le faible et bénir l'innocent,
Qu'il faut craindre l'augure et son sceptre d'érable,
Mais que la vérité surtout est vénérable,

Et que les fils d'Adam doivent se dire entre eux
Qu'il s'agit d'être juste et non pas d'être heureux.
Cet homme était sublime et pur dans ses prières;
C'est pourquoi, je le dis, le voilà sous ces pierres.
Ce mage a cet amas d'affreux cailloux pour lit,
Qui le tua vivant et mort l'ensevelit.
Certes, l'arbre qui près du cadavre s'élève
A plus d'ombrage ayant à ses pieds plus de sève;
L'herbe est belle, et les vers de terre sont contents;
Les loups ont, j'en conviens, à manger pour longtemps;
L'hyène après la chair rongera le squelette;
J'entends se réjouir dans l'ombre la belette,
Et le corbeau, qui hait votre soleil divin;
Et l'églantier sauvage en fleur dans ce ravin
A pu boire le sang dont ses roses sont faites.
Est-ce donc à cela que servent les prophètes ?

Et Dieu lui répondit :

— D'abord, c'est à cela.
Il faut que la fleur dise à l'aube : me voilà !
L'arbre existe; il est bon que l'herbe soit épaisse
Afin que la brebis joyeuse s'en repaisse;
Le ver de terre a droit de vivre; et le vautour
Dans le banquet du jour et de l'ombre à son tour;
Le grand ordre ignoré n'exclut pas la belette
De ceux que la mamelle universelle allaite;
Et moi qui sais que tout a pour racine tout,
Que, si l'un est couché, c'est que l'autre est debout,
Que l'être naît de l'être, et sans fin se transforme,
Et que l'éternité tourne en ce cercle énorme,
Sans quoi dans l'azur noir les soleils s'éteindraient,
Je ne vois pas pourquoi les prophètes seraient
Dispensés de donner leur chair pour nourriture
A l'affamée immense et sombre, la nature.
Et puis ce lapidé sert encore à ceci :
C'est qu'il te fait songer. L'homme passe, obscurci
Par la nuit, par l'hiver, par l'ombre, et par son âme,
Car il met de la cendre où j'ai mis de la flamme;
Eh bien, puisqu'il est sourd, et puisqu'il est haineux
A ceux qu'il voit venir ayant mon souffle en eux,
Puisqu'il a son plaisir pour loi, pour dieu son ventre,
Il est bon qu'en venant de jouer dans quelque antre
Ses jours, son bien, son cœur, tout, sur un coup de dé,
Soudain il voie à terre un sage lapidé,
Et qu'il compare, ému d'une terreur sacrée,
Les cadavres qu'il fait aux esprits que je crée.

Et, poursuivit l'Esprit immense, écoute encor.
Quand, tels que des chasseurs menant au son du cor
Leur meute dans le bois sinistre des ténèbres,

Les peuples, devant eux poussant ces chiens funèbres,
Haine, Ignorance, Envie, Orgueil, Rébellion,
Ont traqué mon prophète ainsi que le lion,
Quand ils boivent le sang et le vin dans leurs salles,
Adorant, nains hideux, leurs fautes colossales,
Quand le brûleur, soufflant sur un tas de charbon,
Se dit mon prêtre, et quand le mal leur semble bon,
Les mages inspirés parlent aux multitudes,
Comme le sombre vent, du fond des solitudes;
Mais je n'ignore pas que ce n'est point assez.
Le prophète est bien grand, mais ne peut, je le sais,
Dire les mots divins qu'avec la langue humaine;
Il sied que le prodige et que le phénomène
Apparaisse, et me nomme aux peuples, oublieux
De tout ce que j'ai mis d'obscur sur les hauts lieux;
Il faut faire entrevoir à l'homme mon mystère,
L'ordre silencieux doit cesser de se taire,
Et, pour le ciel profond, c'est le moment d'avoir
La clameur rappelant les peuples au devoir;
Un avertissement farouche est nécessaire;
Votre terre a besoin qu'un verbe altier, sincère,
Innocent, prenne l'ombre effrayante à témoin;
Alors il faut quelqu'un qu'on entende de loin
Et qui parle plus haut que la voix ordinaire,
Et c'est un des emplois que je donne au tonnerre.

XXXIX

L'AMOUR

L'AMOUR

Quoi ! le libérateur qui par degrés desserre
La double chaîne noire, ignorance et misère,
Le balayeur qui jette au vent le préjugé,
Quoi ! l'immense marcheur, jamais découragé,
Le Progrès, qui de flamme éblouit le vulgaire,
Détrône l'échafaud et muselle la guerre,
Qui fait avec les mœurs des ratures aux lois,
Change en romain l'étrusque, en français le gaulois,
Crée et brise, sans cesse use l'un contre l'autre
Les mensonges, et va, rapide et ferme apôtre,
Lui, dont la chaude haleine émeut l'homme troublé,
Quoi ! lui, le destructeur flamboyant, étoilé,
De l'antique caverne et de l'antique geôle,
Il n'a pu fondre encor la glace que d'un pôle !
Quoi ! celles qui de l'âme élèvent le niveau
Et qui n'ont qu'à passer pour faire un ciel nouveau,
Quoi ! du pur idéal ces comètes errantes,
Ces guerrières du bien, ces vastes conquérantes,
Les révolutions, archanges de clarté,
N'ont mis que la moitié de l'homme en liberté !
L'autre est encore aux fers, et c'est la plus divine.

Doux oiseaux qui chantez là-bas dans la ravine,
Quand donc lèvera-t-on l'écrou du triste amour ?
O rossignol de l'ombre, alouette du jour,
Vous, gais pillards des blés, des seigles et des orges,
Moineaux, vous, amoureux de l'azur, rouges-gorges,
Fauvettes qui planez de l'aube jusqu'au soir,
C'est pour vous, n'est-ce pas ? une douleur de voir
Que la porte de l'air s'est brusquement fermée
Au moment où les cœurs à travers la ramée
S'envolaient, tendre essaim vers le ciel bleu poussé,
Et que la vieille cage horrible du passé,
Où toujours notre effort retombe et nous ramène,
Tient par une aile encor cette pauvre âme humaine !
O libres oiseaux, fiers, charmants, purs, sans ennuis,

Vous dites à l'aurore, aux fleurs, à l'astre, aux nuits :
— Est-ce qu'on ne peut pas aimer quand on est homme ?

Et l'aube où Dieu se montre, et l'astre où Dieu se nomme,
La nuit qui fait tomber ses soupirs les plus doux
Du nid des rossignols dans le trou des hiboux,
Les fleurs dont les parfums dans les rayons se fondent,
Et les herbes, les eaux, les pierres vous répondent,
D'une si douce voix qu'on ne peut l'exprimer :
— O bons petits oiseaux, tout est fait pour aimer !

Regardez-les jouer sur le sable accroupis,
Ou sur l'herbe, au milieu des fleurs, tendre tapis;
L'un traîne la charrette et l'autre tient la pelle.
Le paradis leur parle et l'hymen les appelle.
Six ans donne parfois une tape à trois ans.
Puis l'âge vient, on marche, ô frais sentiers glissants !
Elle a six ans, il a neuf ans; on se marie;
L'aurore et le printemps sont en coquetterie;
Les moineaux dans les bois font des choses entre eux
Qui changent deux enfants dans l'ombre en amoureux.
Encore un an, ou deux; les filles sont farouches,
Tout à coup, disent non, et sentent sur leur bouche
L'éclosion charmante et sombre du baiser;
O mères, prenez garde ! Eros vient se poser
Dans les cœurs; fauve oiseau, sans loi, sans frein, sans règle,
Qui commence en colombe et finit comme l'aigle.
N'importe ! c'est exquis. Cupidon est Bébé;
Pyrame ne sait pas de quel sexe est Thisbé;
Et Bérénice joue au volant avec Tite.
Bel âge, où l'idylle est encor toute petite !

Il faut boire et frapper la terre d'un pied libre !
Dit Horace; et la chose est vraie aux bords du Tibre,
Vraie aux bords de la Seine; et songeons aux amours,
Maintenant, dit Horace, et moi je dis : Toujours !
Amis ! amis ! amis ! soyons tous frères ! gloire
A la beauté, vêtue ou non ! Va-t'en, nuit noire !
La jeune année arrive avec l'aurore au front,
Remet le temps à neuf, court d'un pas leste et prompt,
Lave le ciel, sourit à la terre engourdie,
Et commence gaîment, par une mélodie,
Le printemps. Chantez, nids ! O fleurs, dans les fossés,
Les ravins, les étangs, les bois, les champs, croissez !
Boutons d'or que j'ai vus jadis aux Feuillantines,
Renaissez ! Fourmillez, liserons, églantines,
Pâquerettes, iris, muguets, lilas, jasmins !
Le petit enfant mai frappe dans ses deux mains.
Allons, dépêchez-vous de naître, il vous appelle.
Il veut parer la terre ainsi qu'une chapelle.
Et mettre une guirlande autour du genre humain.
Avril s'appelle Amour et juin s'appelle Hymen,
Le fruit suivra la fleur. Faisons des nids, fauvettes !
La jeune fille rêve et rit quand vous en faites,
Donnez l'exemple, oiseaux ! les vierges aux yeux doux
Vous regardent, ayant des ailes comme vous.
J'erre; un vent tiède émeut les bois, je vois les scènes
Que font les pauvres fleurs aux papillons obscènes;
Le lys vers le bourdon se penche, et, l'écoutant,
A l'air de s'écrier : Ah ! vous m'en direz tant !
L'ombre a le tremblement sonore d'une tente
Et cache les amours; la nature est contente;
Et la fécondité fermente; et les appas,
Les soupirs, les baisers ne s'inquiètent pas
Si quelque orage couve, et si cette gorgone,
La foudre, au loin, là-bas, à l'horizon bougonne.
Le vallon fleuri semble un encensoir fumant.
Quelqu'un a mis le feu partout, l'embrasement
Va de l'arbre au nuage et du ciel à la terre;
La prairie a l'éclat glorieux d'un cratère,
Partout des fleurs de pourpre, et tout flambe et tout luit,
Et la création bouillonnant à grand bruit

Bout tout entière ainsi qu'une eau dans la chaudière,
Et tout rit, le soleil étant l'incendiaire.
Oh ! quelle vaste joie en cet abîme bleu !
A toute cette aurore il faudra dire adieu.
Hélas ! cela finit par s'éteindre, une fête !
Nous n'y consentons pas, on détourne la tête,
A chaque heure qui passe on veut se retenir.
Mais rien ne ralentit le pas de l'avenir,
Il ne demande pas la permission d'être,
Il vient. Souvenons-nous que Demain est un traître,
Et, puisque nous avons Aujourd'hui, jouissons.
L'eau qui fuit en chantant nous donne des leçons,
Fuyons, mais chantons. L'air est plein de senteurs douces,
Un ensemencement de fleurs couvre les mousses.
L'homme est ombre ; on ne peut guère dire pourquoi
Nous sommes sur la terre. Eh bien, je le dis, moi,
C'est pour aimer. Et Dieu nous a créés pour faire
Eclore un peu d'amour sur cette obscure sphère
Et pour faire lever un astre dans nos cœurs.
Etre deux, c'est la loi. Les merles, ces moqueurs,
L'observent aussi bien que le ramier fidèle.
Si la nature, avec de si puissants coups d'aile,
Remue éperdument et partout à la fois
La vie au fond des mers, des cieux, des champs, des bois,
C'est afin d'arriver à son but, faire un couple.
Si le chêne est solide et si la branche est souple,
C'est parce que le nid a besoin dans l'azur
Que le rameau soit tendre, et que l'arbre soit sûr.
L'ombre en son innocence énorme a le satyre.
L'homme cherche, la vierge attend, la femme attire :
Léandre veut Héro, Manon veut Desgrieux ;
Sachez cela, vous tous, vivants mystérieux.
Paix aux cœurs douloureux et joie aux fronts moroses !
Quel tourbillonnement éblouissant de roses !

EN GRÈCE

Ecoute, si tu veux, puisque nous nous aimons,
Nous allons tous les deux fuir par-delà les monts;
Nous irons sous le ciel de Grèce, où sont les muses.
Tu verras, toi qu'un rien charme, toi qui t'amuses
Du vol d'un papillon, comment les aigles font
Quand ils planent autour du firmament profond;
Tu verras par moments le fronton blanc d'un temple,
Avec la modestie auguste de l'exemple,
Se montrer à demi derrière un bois vermeil;
Tu verras l'aloès étaler au soleil
Des petits lacs de pluie aux pointes de ses feuilles;
Toi qui souvent, pensive et pure, te recueilles,
Toi qui soupires, toi qui songes, toi qui vois,
Tu prêteras l'oreille à de sauvages voix,
Et tu te pencheras sur des échos sublimes;
Car c'est l'altier pays des gouffres et des cimes,
Belle, et le cœur de l'homme y devient oublieux
De tout ce qui n'est pas l'aurore et les hauts lieux;
Et tu seras bien là, toi radieuse et fière;
Tu seras à mon ombre et moi dans ta lumière.

Viens; devant la splendeur de cet horizon bleu,
Nous sentirons en nous croître dans l'ombre un dieu;
Viens; nous nous aimerons dans ces fiers paysages
Comme s'aimaient jadis les belles et les sages,
Comme Socrate aimait Aspasie aux seins nus,
Comme Eschyle, le chantre immense, aimait Vénus,
Dans l'extase sereine et sainte, dans l'ivresse,
L'héroïsme, la joie et l'espoir; car la Grèce,
Terre où dans le réel l'idéal se confond,
Seule, a de ces amours, avec l'Olympe au fond.

Oh ! l'amour, le superbe amour, c'est le mystère !
Dieu manquerait au ciel s'il manquait à la terre,
Car la création n'est qu'un vaste baiser;
Aimer, c'est le moyen de Dieu pour apaiser.

C'est le cœur qui nous crée et l'âme qui nous sauve;
Car l'hostie et l'hymen, et l'autel et l'alcôve
Ont chacun un rayon sacré du même jour;
La prière est la sœur tremblante de l'amour;
Qui prie adore; aimer, c'est prier une femme;
Les deux lumières sont au fond la même flamme.
Belle au tendre regard, ce que nous demandons
Aux baisers, aux transports brûlants, aux abandons
S'achevant en sommeil dans les bras l'un de l'autre,
C'est ce que demandait aux tonnerres l'apôtre,
C'est ce que dans Tharsis, dans Thèbes, dans Ombos,
Le prophète éperdu demandait aux tombeaux,
La révélation, l'éternité, la vie !
A la suite d'une âme être une âme ravie,
Sentir l'être sacré frémir dans l'être cher,
Apercevoir un astre à travers une chair,
Voir à travers le cœur humain l'âme divine,
Achever ce qu'on voit avec ce qu'on devine,
C'est croire, c'est aimer. Par Eve l'homme naît.
La femme est vers le ciel tournée, et ce qui n'est
Que parfum dans la rose est encens dans la femme.
Adorons.

Nous irons au pays du dictame,
Du laurier, et de l'arbre à palmes, cher aux dieux;
Lieux bénis où le vent reste mélodieux
A force d'avoir mis son souffle dans les lyres.
O femme, ô fier œil noir qui m'emplis de délires,
Viens montrer à ce ciel de Grèce ton éclair,
Viens montrer à Paros le marbre de ta chair;
Toi, la Vénus nouvelle, à la Vénus ancienne
Viens te comparer ! toi, cette parisienne
Céleste, qui s'habille avec un goût profond,
Qui livre et cache, donne et reprend, sait à fond
L'art de la transparence enivrante, et câline
Mes yeux ardents avec la blanche mousseline,
Belle, viens compléter Athènes avec Paris.

O toi qui souffres, plains, consoles et souris,
Je t'aime. Tu me fais l'effet d'une harmonie
Eclose d'on ne sait quelle harpe infinie.
N'es-tu pas l'esprit simple et calme ? N'as-tu pas
Un rythme obscur et doux dans chacun de tes pas ?
Galatée est lascive et Lesbie impudique;
Toi, même au bain, jamais ta chasteté n'abdique,
Ta beauté tremble et flotte au gré du flot mouvant,
Mais tu fuis si le bruit des feuilles dans le vent
Eveille le souci de pudeur qui t'obsède,
Et toute l'épaisseur de l'eau te vient en aide
Ainsi qu'une nuée au secours d'un rayon;
Naïade, tu craindrais un regard d'alcyon.

Tu dis : Mon cœur demeure innocent, puisqu'on m'aime !
Rien ne peut te ternir, ô pur albâtre; et, même
Dans les ravissements de l'amour accepté,
Tu restes la candeur, étant la volupté.
Parfois tu viens, muette et grave, sous l'yeuse
T'asseoir, puis te voilà subitement joyeuse,
Tu te mets à chanter quelque chanson d'enfant,
Et j'écoute, attendri, ton rire triomphant.
Oh ! quel être charmant que celui qui varie
Tantôt son enjouement jusqu'à la rêverie,
Tantôt son chant plaintif jusqu'au refrain railleur,
Et qui, soudain, quittant pour le hallier en fleur
L'empyrée où l'esprit en plein azur s'enfonce,
Terrestre et cependant aérien, renonce
Au vol de l'ange et prend les ailes de l'oiseau !
Ta taille a la souplesse aimable du roseau;
Une lueur errante emplit ton sourcil sombre,
Comme si l'âme allait et venait dans cette ombre;
Il semble que Dieu met un ange à ton côté;
Tu m'éblouis; parfois je crois, fleur de beauté,
Entendre autour de toi des murmures d'abeille.
Quand près de moi tu viens, apportant ta corbeille,
Comme dans leur vieux cloître autrefois les nonnains,
Faire un tas de petits chefs-d'œuvre féminins,
Je t'admire, et je crois voir l'aube qui se lève.
On a beau tout rêver, tu dépasses le rêve;
Ton œil promet l'amour, ton cœur donne le ciel.
Tu passes dans la vie, humble, sans peur, sans fiel,
Sans faire de reproche à l'ombre, toi l'étoile.
Une musique sort, comme à travers un voile,
De ta beauté naïve et farouche à la fois;
Ta grâce est comme un luth qui vibre au fond du bois;
Tu sembles une note adorable ajoutée
Au concert qu'ici-bas l'âme écoute enchantée;
Car la femme est de tout le divin complément,
Car dans l'hymne éternel rien n'est faux, rien ne ment,
Et la nature, voix profonde, chante juste.

Viens, nous habiterons un coin de terre auguste
Que je connais; un fleuve est dans ce paradis,
C'est le Diras, torrent superbe, qui jadis
Sortit de terre afin de secourir Hercule;
Puis, jusqu'à l'horizon si le regard recule,
On voit le Sperchius, sorti des mêmes monts
Que le Diras, hanté par les mêmes démons,
Qui serpente et qui va se perdre aux mers de Crète;
Puis Thélos, devant qui le tonnerre s'arrête,
Car c'est là qu'autrefois, fronçant leurs noirs sourcils,
Les grands amphictyons songeaient, en cercle assis.

XL

LES MONTAGNES

DÉSINTÉRESSEMENT

Le mont Blanc que cent monts entourent de leur chaîne,
Comme dans les bouleaux le formidable chêne,
Comme Samson parmi les enfants d'Amalec,
Comme la grande pierre au centre du cromlech,
Apparaît au milieu des Alpes qu'il encombre;
Et les monts, froncement du globe, relief sombre
De la terre pétrie aux pieds de Jéhovah,
Croûte qu'en se dressant quelque satan creva,
L'admirent, fiers sommets que la tempête arrose.
— Grand ! dit le mont Géant. — Et beau ! dit le mont Rose.
Et tous, Cervin, Combin, le Pilate fumant
Qui sonne tout entier comme un grand instrument,
Tant les troupeaux le soir l'emplissent de clarines,
Titlis soufflant l'orage au vent de ses narines,
Le Baken qui chassa Gessler, et le Rigi
Par qui plus d'ouragan sur le lac a rugi.
Pelvoux tout enivré de la senteur des sauges,
Cenis qui voit l'Isère, Albis qui voit les Vosges,
Morcle à la double dent, Dru noir comme un bourreau,
L'Orteler, et la Vierge immense, la Jungfrau
Qui ne livre son front qu'aux baisers des étoiles,
Schwitz tendant ses glaciers comme de blanches toiles,
Le haut Mythen, clocher de la cloche Aquilon,
Tous, du lac au chalet, de l'abîme au vallon,
Roulant la nue aux cieux et le bloc aux moraines,
Aiguilles, pics de neiges et cimes souveraines,
Autour du puissant mont chantent, chœur monstrueux :
— C'est lui ! le pâtre blanc des monts tumultueux !
Il nous protège tous, et tous il nous dépasse;
Il est l'enchantement splendide de l'espace;
Ses rocs sont épopée et ses vallons roman;
Il mêle un argent sombre aux moires du Léman;
L'océan aurait peur sous ses hautes falaises,
Et ses brins d'herbe sont plus fiers que nos mélèzes;
Il nous éclaire après que l'astre s'est couché;
Dans le brun crépuscule il apparaît penché,

Et l'on croit de Titan voir l'effrayante larve;
Il tresse le bleu Rhône aux cheveux d'or de l'Arve;
Sa cime, pour savoir lequel a plus d'amour
Et quel est le plus grand du regard ou du jour,
Confronte le soleil avec le gypaète;
La nuit, quand il se dresse, énorme silhouette,
Croit voir un monde sombre éclore à l'horizon;
Il est superbe, il a la glace et le gazon;
L'archange à son sommet vient aiguiser son glaive;
Il a, comme son dogue, à ses pieds le Salève;
Il tisse, âpre fileur, les brouillards pluvieux;
Sa tiare surgit sur nos fronts envieux;
Ses pins sont les plus verts, sa neige est la plus blanche;
Il tient dans une main la colombe Avalanche
Et dans l'autre le vaste et fauve aigle Ouragan;
Il tire du fourreau, comme son yatagan,
La tourmente, et les lacs tremblent sous sa fumée;
Il plonge au bloc des nuits l'éclair, scie enflammée :
L'immensité le baise et le prend pour amant;
Une mer de cristal, d'azur, de diamant,
Crinière de glaçons digne du lion Pôle,
Tombe, effrayant manteau, de sa farouche épaule;
Ses précipices font reculer les chamois;
Sur son versant sublime il a les douze mois;
Il est plus haut, plus pur, plus grand que nous ne sommes;
Et nous l'insulterions si nous étions des hommes.

XLI

L'OCÉAN

L'OCÉAN

I

Ces bâtiments qui font voile
Suivent chacun leur étoile
Et leur dessein;
Et l'eau bat toutes les proues,
Et l'air souffle à pleines joues
Sur cet essaim.

Ils se dispersent sur l'onde.
Ils vont; ils jettent la sonde
Au flot félon;
Ils ont leur carte et leurs règles;
Ils vont où vont les quatre aigles
De l'aquilon.

— Je pars, dit le capitaine,
Pour Gibraltar, pour Athène,
Pour Tafilet.
— Nous partons, disent les mousses,
Pour Malte où les nuits sont douces
Comme le lait.

— Nous partons, dit le pilote,
Pour l'Inde où la jonque flotte,
Pour Tétuan,
Pour Chypre, île aux belles femmes...
— Et pour le pays des âmes,
Dit l'océan.

La création aveugle
Hurle, glapit, grince et beugle;
Mais, sous sa main,
L'homme la dompte et la brise;
La forêt grondante est prise
Au piège humain.

Le tigre au Jardin des plantes
Passe ses pattes tremblantes
Par les barreaux;
Toute bête est terrassée
Par l'amour et la pensée,
Ces deux héros.

Tous deux ont le diadème.
Ces dompteurs que l'enfer même
Jadis craignait,
Rois de tous les esclavages,
Tiennent les choses sauvages
Dans leur poignet.

Le fier taureau d'Asturie,
Qui marchait dans sa furie
Sans dévier,
Lui plus noir que l'eau marine,
Un anneau dans la narine,
Suit un bouvier.

Ce grand monstre, la nature,
Qui vivait à l'aventure,
N'écoutant rien,
Ouvrant sur l'homme qui souffre
Toutes les gueules du gouffre,
N'est plus qu'un chien.

L'homme s'accroît et se hausse.
Nul ne sait ce qu'en sa fosse,
Loin du ciel bleu,
Voyant qu'il faut qu'il y dorme,
Le lion, forçat énorme,
Reproche à Dieu.

Persée étouffe Gorgone.
Marthe écrase la dragone
Aux yeux ardents.
Visconti, vêtu de cuivre,
D'un coup de poing à la guivre
Casse les dents.

Béhémot craint l'homme blême.
Le boa, n'ouvrant pas même
L'œil à demi,
N'est plus, lui serpent superbe,
Qu'un tronc d'arbre qui dans l'herbe
S'est endormi.

Le jaguar tourne en sa cage.
Le morse en un marécage

Croupit muré.
La chanson du pâtre attire
Hors des branches le satyre
Tout effaré.

Depuis Hercule et Thésée,
Teb à la lance aiguisée,
Bellérophon,
Icare qui nomme un golfe,
Hermès sur le sphinx, Astolphe
Sur le griffon,

Il n'est pas au monde un être
Qui ne reconnaisse un maître;
Tout est dompté.
La conquête se consomme;
L'ombre voit au front de l'homme
Une clarté.

Le lynx s'abat sur le ventre
Quand la ménade en son antre
Chante Pæan;
On prend l'aigle dans son aire...
— Où donc est mon belluaire ?
Dit l'océan.

Et l'océan fauve ajoute :
— Je ne suis pas une route.
Que me veut-on ?
Je te hais, flambeau sublime,
Que Colomb sur mon abîme
Passe à Fulton.

J'ai ma vague, Etna sa lave.
Etna n'est pas un esclave.
Ni moi non plus.
J'ai pour reine et pour captive
La sombre terre attentive
A mon reflux.

Je ne suis pas fait pour être,
Comme le sentier champêtre,
Plein de vivants;
Je suis l'Onde en sa tanière,
Que prennent à la crinière
Les quatre vents !

Je suis le noir gouffre inculte;
Je donne, en mon fier tumulte,
Où rien ne ment.
Pour maître aux flots sourds l'air libre,

Et pour base à l'équilibre
Le tremblement.

Rien n'arrête et ne dirige
Mon formidable quadrige,
Que les typhons
Traînent, et qui, de la Perse
Jusqu'aux Hébrides, disperse
Ses bruits profonds.

Je suis la vaste mêlée,
Reptile, étant l'onde, ailée,
Etant le vent;
Force et fuite, haine et vie,
Houle immense, poursuivie
Et poursuivant.

Je suis, dans l'ombre étoilée,
La figure échevelée
De l'inconnu;
Ma vague, qu'Eole augmente,
Est, quand il lui plaît, charmante
Comme un sein nu.

Je ne suis pas votre auberge,
Je suis la tempête vierge
Qui peut briser
Caps et rochers comme verre,
A qui parfois le tonnerre
Prend un baiser.

Je m'appelle solitude,
Je m'appelle inquiétude,
Et mon roulis
Couvre à jamais des navires,
Des voix, des chansons, des rires,
Ensevelis.

Je suis funeste et salubre.
Je suis le fileur lugubre
Des noirs vallons
Que l'orage sans fin mouille,
Et qui file à sa quenouille
Les aquilons.

Je suis, dans l'écume en poudre,
Le combattant de la foudre,
L'hydre titan.
Je suis sans forme et sans nombre.
Venez, les vents, l'horreur, l'ombre.
Homme, va-t'en.

Je suis souffle, éclair et lame.
Je prends volontiers leur âme
Aux curieux.
Je suis le triple Cerbère
Dont le regard réverbère
Dieu furieux.

J'ai plus de nuit que la tombe.
Léviathan dans ma trombe
N'est plus qu'un ver;
Tout tremble sur mon épaule.
Je lie au poteau du pôle
Le spectre hiver.

Homme, la terre est ta mère.
Cherche ton bien éphémère
Dans ses douleurs;
Broie, arrache, brûle, embrase.
Perce des chemins. Écrase
Ce tas de fleurs !

La plaine, quand on la ferre,
Obéit, et laisse faire
L'homme ennemi.
La terre est une imbécile;
Et la montagne est docile
A la fourmi.

Les Alpes sont des géantes
Terribles, fauves, béantes,
L'orage au cou;
L'homme rit des monts féroces,
Et, taupe, sous les colosses,
Il fait son trou.

Moi, je ne suis pas la rue.
J'ai pour roue et pour charrue
Le tourbillon;
Je bondis, c'est ma manière;
Je n'accepte pas l'ornière
Ni le sillon.

J'écume à flots sur ma grève,
Va-t'en. Ne viens pas, fils d'Eve,
Frêle rival,
Sauter sur mon dos farouche
Et mettre un mors à la bouche
De mon cheval.

Ma plaine est la grande plaine;
Mon souffle est la grande haleine;

Je suis terreur;
J'ai tous les vents de la terre
Pour passants, et le mystère
Pour laboureur.

Le météore en ma houle
Tombe, la nuée y croule
En rugissant;
L'écueil, écumant monarque,
A qui je donne la barque,
Me rend le sang.

L'aurore avec épouvante
Regarde mon eau vivante,
Mes rocs ouverts,
Mes colères, mes batailles,
Et les glissements d'écailles
Sous mes flots verts.

Vénus m'apporte son globe.
Je lui relève sa robe
Jusqu'au genou.
Le zéphyr des moissons blondes,
S'il se risque sur mes ondes,
Y devient fou.

Un jour l'orage des plaines
Vint chez moi sur mes baleines
Lancer ses traits;
Mais j'ai, d'un seul cri de rage,
Chassé ce canard sauvage
Dans vos marais!

Quand il vit dans ma caverne
Se sauver l'hydre de Lerne,
Mon compagnon
Typhon dit : Cela nous souille,
Gardons-nous cette grenouille ?
Et j'ai dit Non!

Si je faisais une rose,
Moi, gouffre en qui toute chose
S'ébauche et vit,
Le soleil, flambeau fidèle,
Se lèverait auprès d'elle
Sans qu'on le vît.

Hommes, vous rêvez de croire
Que vous vaincrez mon eau noire,
Aux fiers bouillons,
Ma vague aux mille étincelles,

En pendant à des ficelles
Quelques haillons !

C'est donc là votre navire !
Une écorce qui chavire
Sous tout climat !
Cette épingle qui m'éraille,
C'est l'ancre, et ce brin de paille,
C'est le grand mât !

Ces quatre planches mal jointes
Se déchireront aux pointes
Du moindre écueil.
L'homme au front triste, aux mains blanches,
Ne sait clouer que les planches
De son cercueil.

Quoi ! je serais si candide !
Porter sur mon dos splendide
Votre wagon !
Dans mon azur sans limite,
Voir fumer votre marmite.
Moi le dragon !

Quoi ! lui chez moi ! l'homme ! Il entre !
Sachez que devant mon antre,
Qu'emplit la nuit,
Le sage lion s'arrête,
Et qu'en voyant ma tempête
L'aigle s'enfuit !

Votre présence m'outrage.
Dieu fit mon immense orage
Mystérieux
Et mes flots pleins de désastres,
Pour être vus par ses astres,
Non par vos yeux.

Homme, ta marche est peu droite ;
Ton commerce avide exploite
Les flots mouvants ;
L'âpre soif de l'or t'anime ;
Je donne pour rien l'abîme,
Toi, tu le vends.

Ne viens pas chez moi, te dis-je.
Ne mêle pas au prodige
Tes vils chemins.
Crains mes fureurs justicières !
Ah ! vous frémiriez, poussières,
Pâles humains,

Si vous entendiez les choses
Que nous tous, les vents moroses
Et les saisons,
L'air qui souffle et l'eau qui tremble,
Quand nous sommes seuls ensemble,
Nous nous disons !

Devant votre crépuscule
Mon sombre horizon recule;
Vous m'insultez !
Genre humain, foule confuse,
L'ombre éternelle refuse
Vos nouveautés.

Elle refuse vos phares,
Vos boussoles, vos fanfares,
Vos noirs vaisseaux,
Et, quand passe votre flotte,
Indignée, elle sanglote
Au fond des eaux.

Allez-vous-en ! Je devine
Qu'on rêve une ère divine,
Fin des fléaux.
On court sur l'onde aplanie.
On m'emploie à l'harmonie,
Moi le chaos !

C'est la paix qui se prépare.
Je n'en veux point. Je sépare,
Je n'unis pas.
Je brise à coups de nageoires
Et je broie en mes mâchoires
Votre compas !

L'homme doit courber sa tête
Sous la guerre et la tempête
Et le volcan.
La terre, c'est la géhenne.
Que chacun garde sa haine
Et son carcan.

Tu n'es pas même un fantôme !
Monstre pour l'archange, atome
Pour le titan,
Rien pour l'espace et le nombre !
L'homme n'est qu'une pénombre;
L'Ombre est Satan.

Etre mauvais, c'est ta peine.
Sois mauvais. Ta race traîne
L'anneau de fer.

Nous sommes tous la souffrance;
Et l'hirondelle espérance
Fuit notre hiver.

Sache que nous, et ces mondes
Qu'on voit, dans nos nuits immondes,
Au firmament,
Nous habitons l'insondable,
L'extrémité formidable
Du châtiment.

Notre nuit est si fatale
Que si la pitié, vestale
Chère aux élus,
Disait : Où donc est ce monde ?
J'ai peur que Dieu ne réponde :
Je ne sais plus !

Donc subissez la loi dure.
Endurez ce que j'endure,
L'isolement;
Et soyez, dans votre bouge,
L'un pour l'autre le fer rouge,
Et non l'aimant.

N'essayez pas, dans ma sphère,
D'être frères, et de faire,
Dans ce tombeau,
Quand tout à l'ombre ressemble,
De vos esprits mis ensemble
Un grand flambeau.

Les hommes deviendraient anges !
Je ne veux pas de mésanges,
Moi, maintenant !
Je veux le glaive et le glaive.
Vivez comme dans un rêve,
Tas frissonnant !

Faites comme ont fait vos pères,
Et crénelez vos repaires.
Abhorrez-vous.
Barricadez vos Sodomes.
Dévorez-vous. Soyez hommes
Et restez loups.

Que l'Ecosse ait sa claymore,
Le juif sa rage, et le more
Son yatagan;
Que chacun reste en sa ville;
Et qu'on me laisse tranquille
Dans l'ouragan.

II

Et l'homme dit : — Mer affreuse.
Que le char des foudres creuse
Sous son essieu,
Tais-toi dans ton ossuaire.
Tu cherches ton belluaire ?
Gouffre, c'est Dieu !

Ecoute-moi. La loi change.
Je vois poindre aux cieux l'archange !
L'esprit du ciel
M'a crié sur la montagne :
« Tout enfer s'éteint; nul bagne
N'est éternel. »

Je ne hais plus, mer profonde.
J'aime. J'enseigne, je fonde.
Laisse passer.
Satan meurt, un autre empire
Naît, et la morsure expire
Dans un baiser.

Tu ne dois plus dire : arrière !
Tu n'es plus une barrière,
Dragon marin.
Sers l'avenir ! porte l'arche.
Rien n'arrête l'homme en marche
Vers Dieu serein.

Rien ! pas même toi, chimère,
Monstre de l'écume amère,
Géant puni,
Toi qui, seul dans ta nuit sombre,
As fait ton onde avec l'ombre
De l'infini !

Je vais ! je suis le prophète.
A la houle stupéfaite
Je dis mon nom.
La trombe accourt; ma pensée
Fait rentrer cette insensée
Au cabanon.

L'esprit de l'homme, lumière,
Domptant la nature entière,
Onde ou volcan,

Plonge sa clarté sacrée
Dans la prunelle effarée
De l'ouragan.

Pour qu'à nos pas on se range,
Nous n'avons qu'à dire à l'ange
Comme aux démons,
Qu'à dire aux torrents de soufre,
Et qu'à te dire à toi, gouffre :
Nous nous aimons !

L'amour, c'est la loi suprême.
L'amour te vaincra toi-même.
Ton bruit est vain.
Pour que, caressant ta grève,
Ton hymne d'enfer s'achève
En chant divin,

Pour que ton hurlement tombe,
Il suffit que la colombe
Qui vient le soir,
O sombre gouffre d'écume,
Laisse tomber une plume
Sur ton flot noir.

L'amour, c'est le fond de l'homme.
L'amour, c'est l'antique pomme
Qu'Eve cueillit.
L'ombre passe, l'amour reste,
Il est astre au dais céleste,
Perle en ton lit.

Nos inventions nouvelles
Prendront à tes vents des ailes;
Dieu nous sourit;
Nous monterons sur ta rage,
Nous attellerons l'orage
A notre esprit.

Oui, malgré tes chocs sauvages,
Nous lierons tes deux rivages
D'un trait de feu;
L'avenir aura deux Romes,
Et, près de celle des hommes,
Celle de Dieu.

L'avenir aura deux temples,
Deux lumières, deux exemples,
Un double hymen,
La liberté, force et verbe,
L'unité, portant la gerbe
Du genre humain.

Tais-toi, mer ! Les cœurs s'appellent,
Les fils de Caïn se mêlent
Aux fils d'Abel ;
L'homme, que Dieu mène et juge,
Bâtira sur toi, déluge,
Une Babel.

A cette Babel morale
Aboutira la spirale
Des deux Sions,
Où sans cesse recommence
Le fourmillement immense
Des nations ;

Et tu verras sans colère,
Du tropique au flot polaire,
Dieu te calmant,
Au-dessus de l'eau sonore,
Se construire dans l'aurore
Superbement

Les progrès et les idées,
Pont de cent mille coudées
Que rien ne rompt,
Et sur tes sombres marées
Ces arches démesurées
Resplendiront.

XLII

A L'HOMME

A L'HOMME

*

Si tu vas devant toi pour aller devant toi,
C'est bien; l'homme se meut, et c'est là son emploi;
C'est en errant ainsi, c'est en jetant la sonde
Qu'Euler trouve une loi, que Colomb trouve un monde.
Mais, rêvant l'absolu, si c'est Dieu que tu veux
Prendre comme on prendrait un fuyard aux cheveux,
Si tu prétends aller jusqu'à la fin des choses,
Et là, debout devant cette cause des causes,
Uranus des païens, Sabaoth des chrétiens,
Dire : — Réalité terrible, je te tiens ! —
Tu perds ta peine.

*

Ajuste, ô fils quelconque d'Eve,
N'importe quel calcul à n'importe quel rêve,
Ajoute à l'hypothèse une lunette, et mets
Des chiffres l'un sur l'autre, à couvrir les sommets
De l'Athos, du mont Blanc farouche, du Vésuve,
Monte sur le cratère ou plonge dans la cuve,
Fouille, creuse, escalade, envole-toi, descends,
Fais faire par Gambey des verres grossissants,
Guette, plane avec l'aigle ou rampe avec le crabe,
Crois tout, doute de tout, apprends l'hébreu, l'arabe,
Le chinois, sois indou, grec, bouddhiste, arien,
Va, tu ne saisiras l'extrémité de rien.
Poursuivre le réel, c'est chercher l'introuvable.
Le réel, ce fond vrai d'où sort toute la fable,
C'est la nature en fuite à jamais dans la nuit.
Le télescope au fond du ciel noir la poursuit,
Le microscope court dans l'abîme après elle;
Elle est inaccessible, imprenable, éternelle,
Et n'est pas moins énorme en dessous qu'en dessus.
Des aspects effrayants sont partout aperçus;
Le spectre vibrion vaut le soleil fantôme;

Un monde plus profond que l'astre, c'est l'atome;
Quand, sous l'œil des penseurs, l'infiniment petit
Sur l'infiniment grand se pose, il l'engloutit;
Puis l'infiniment grand remonte et le submerge,
Mère terrifiante et formidable vierge,
Multipliant son jour par son obscurité
Et sa maternité par sa virginité,
Chaste, obscène, et montrant aux mornes Pythagores
Son ventre ténébreux d'où sortent les aurores,
La nature fatale engendre éperdument
Des chaos d'où jaillit cette loi, l'élément.
Elle est le haut, le bas, l'immense ombre, l'aïeule;
Toute sa foule étant elle-même, elle est seule;
Monde, elle est la nature; âme, on l'appelle Dieu.
Tout être, quel qu'il soit, du gouffre est le milieu;
Pas de sortie et pas d'entrée; aucune porte;
On est là. — C'est pourquoi le chercheur triste avorte;
C'est pourquoi le ciel juif succède au ciel romain;
C'est pourquoi ce songeur épars, le genre humain,
Entend à chaque instant vagir de nouveaux cultes;
C'est pourquoi l'homme, en proie à tant de noirs tumultes,
Rêve, et tâte l'espace, et veut un point d'appui,
Ayant peur de la nuit tragique autour de lui;
C'est pourquoi le messie est chassé par l'apôtre;
C'est pourquoi l'on a vu crouler, l'un après l'autre,
Ayant tous fait fléchir aux peuples le genou,
Brahma, Dagon, Baal, Odin, Allah, Vishnou.
L'idolâtrie échoue. Elle est, sur tout abîme,
Et dans tous les bas-fonds, le même essai sublime
Et la même chimère inutile, créant
Toujours le même Dieu pour le même néant.

*

Il est pourtant, ce Dieu. Mais sous son triple voile
La lunette avançant fait reculer l'étoile.
C'est une sainte loi que ce recul profond.
Les hommes en travail sont grands des pas qu'ils font;
Leur destination, c'est d'aller, portant l'arche;
Ce n'est pas de toucher le but, c'est d'être en marche;
Et cette marche, avec l'infini pour flambeau,
Sera continuée au delà du tombeau.
C'est le progrès. Jamais l'homme ne se repose,
Et l'on cherche une idole, et l'on trouve autre chose.
Cherchez l'Ame, elle échappe; allez, allez toujours!

*

Teutatès, Mahomet, Jésus, les autres sourds,
Les forêts, le druide et le mage, et ces folles
Augustes, qu'Apollon emplissait de paroles,

Et les temples du sang des génisses fumants,
N'arrivent qu'à des cris et qu'à des bégaiements.
L'à peu près, c'est la fin de toute idolâtrie.
La vérité ne sort que difforme et meurtrie
De l'effort d'engendrer, et, quel que soit l'œil fier
Du fœtus d'aujourd'hui sur l'embryon d'hier,
Quelque mépris qu'Orphée inspire à Chrysostome,
Quel que soit le dédain du coran pour le psaume,
Et quoi que Jéhovah tente après Jupiter,
Quoi que fasse Jean Huss accouchant de Luther,
Quoi qu'affirme l'autel, quoi que chante le prêtre,
Jamais le dernier mot, le grand mot, ne veut être
Dit, dans cette ombre énorme où le ciel se défend,
Par la religion, toujours en mal d'enfant.

*

C'est parce que je roule en moi ces choses sombres,
C'est parce que je vois l'aube dans les décombres,
Sur les trônes le mal, sur les autels la nuit,
C'est parce que, sondant ce qui s'évanouit,
Bravant tout ce qui règne, aimant tout ce qui souffre,
J'interroge l'abîme, étant moi-même gouffre;
C'est parce que je suis parfois, mage inclément,
Sachant que la clarté trompe et que le bruit ment,
Tenté de reprocher aux cieux visionnaires
Leur crachement d'éclairs et leur toux de tonnerres;
C'est parce que mon cœur, qui cherche son chemin,
N'accepte le divin qu'autant qu'il est humain;
C'est à cause de tous ces songes formidables
Que je m'en vais, sinistre, aux lieux inabordables,
Au bord des mers, au haut des monts, au fond des bois.
Là, j'entends mieux crier l'âme humaine aux abois;
Là je suis pénétré plus avant par l'idée
Terrible, et cependant de rayons inondée.
Méditer, c'est le grand devoir mystérieux;
Les rêves dans nos cœurs s'ouvrent comme des yeux;
Je rêve et je médite, et c'est pourquoi j'habite,
Comme celui qui guette une lueur subite,
Le désert, et non pas les villes; c'est pourquoi,
Sauvage serviteur du droit contre la loi,
Laissant derrière moi les molles cités pleines
De femmes et de fleurs qui mêlent leurs haleines,
Et les palais remplis de rires, de festins,
De danses, de plaisirs, de feux jamais éteints,
Je fuis, et je préfère à toute cette fête
La rive du torrent farouche où le prophète
Vient boire dans le creux de sa main en été,
Pendant que le lion boit de l'autre côté.

XLIII

LE TEMPLE

LE TEMPLE

Joie à la terre, et paix à celui qui contemple !
Écoutez. Vous ferez sur la montagne un temple,
Et vous le bâtirez la nuit pour que jamais
On ne sache qui l'a placé sur ces sommets;
Vous le ferez, ainsi l'ordonne le prophète,
Du toit aux fondements et de la base au faîte,
Avec des blocs mis l'un sur l'autre simplement;
Et ce temple, construit de roche sans ciment,
Sera presque aussi haut que toute la montagne.
Les forêts qu'un murmure éternel accompagne,
L'océan qui bondit ainsi que les troupeaux
Et n'a point de fatigue et n'a point de repos,
Les monts sans tache, blancs comme les cœurs sans vice,
C'est tout ce que verront du seuil de l'édifice
Les hommes qui viendront par cent chemins divers;
Car vous aurez compris qu'il faut que l'univers
Ait autour de ce temple une grave attitude;
Et vous l'aurez bâti dans une solitude
Afin qu'il soit tranquille, et pour que l'horizon
Convienne à cette auguste et farouche maison;
Et les hommes, pasteurs, apôtres, patriarches,
Regarderont le temple et monteront les marches,
Et sous la haute porte ils baisseront le front.
Quand ils seront entrés, voici ce qu'ils verront :

Au-dessous d'une voûte en granit, située
Si haut qu'il semblera qu'elle est dans la nuée,
Entre quatre grands murs nus et prodigieux,
Dans une ombre où partout on sentira des yeux,
Tout au fond d'une crypte obscure, une statue
Se dressera, d'un voile insondable vêtue,
Et de la tête aux pieds ce voile descendra;
Et, plus que sur Isis, et plus que sur Indra,
Plus que sur le Sina, plus que sur le Calvaire,
Les ténèbres seront sur ce spectre sévère,
Colosse par une âme inconnue habité;

Et l'on n'en verra rien que son énormité.
La figure sera haute de cent coudées,
Et d'un seul bloc; jamais les Indes, les Chaldées,
Et les sculpteurs d'Egypte ayant l'énigme en eux,
N'auront rien maçonné de plus vertigineux.
Nul ne pourra lever le voile aux plis de pierre.
Personne ne saura s'il est une paupière
Pouvant s'ouvrir, un œil pouvant verser des pleurs,
Sous ce masque, et s'il est quelqu'un sous les ampleurs
De ce suaire aux yeux humains inabordable;
Et tous contempleront l'Ignoré formidable.
Pourtant on sentira que ce spectre n'est pas
La haine, le glacier, le tombeau, le trépas;
Qu'il semble un spectre, étant sous le plus lourd des voiles,
Mais que ce noir linceul peut-être est plein d'étoiles;
On sentira qu'il aime, et que l'on est devant
Le seul être, le seul esprit, le seul vivant.
Grands, petits, faibles, forts, le géant et l'atome,
Sentiront l'univers présent dans ce fantôme;
D'une peur confiante envahis par degrés,
Ils seront effrayés et seront rassurés;
Le vieillard et l'enfant, l'ignorant et le mage,
Frémissants, comprendront qu'ils sont devant l'image
De la Réalité suprême, et qu'en ce lieu
Jéhovah, Jupiter et Brahma pèsent peu;
Que là s'évanouit tout dogme et toute bible,
Et que rien n'est méchant, quoique tout soit terrible.

Oui, terrible, mais bon; formidable, mais doux.
Dans ce temple, païens, chrétiens, parsis, indous,
Tous ceux, fakir, santon, rabbin, flamine, bonze,
Qu'une religion tient dans sa main de bronze,
Sentiront cette main s'ouvrir et les lâcher.

Le ciel; de l'idéal pétri dans du rocher,
On ne sait quoi de tendre au fond de cette pierre,
Une forme de nuit debout sur la frontière
De l'inconnu, muette et rigide, et pourtant
D'accord avec le monde immense palpitant,
L'âme qui fait tout naître et sur qui tout se fonde,
Voilà ce que ce temple, en son ombre profonde,
Fera vaguement voir à ceux qui passeront.
Les autres temples, faits de ce qui se corrompt,
Bâtis avec l'erreur, la démence et la fable,
Faux et vains, et faisant bégayer l'ineffable,
Autels que la raison en montant submergea,
Se seront écroulés depuis longtemps déjà
Au vaste ébranlement du genre humain en marche;
Mais celui-ci, n'ayant point de coran, point d'arche,
Point de prêtres, aucun pontife, aucun menteur,
Entouré de l'abîme et seul sur la hauteur,

Demeurera debout sur la terre où nous sommes,
Et ne craindra pas plus le passage des hommes
Que l'étoile ne craint le vol des alcyons.

Il n'expliquera point au cœur les passions,
A l'esprit le problème, et la tombe à la vie;
Mais il fera germer chez tous l'ardente envie
De monter, de grandir, et de voir au delà.
Où ? Plus loin. Le zénith que Thalès contempla,
Les constellations, ces effrayants fulgores
Que regardaient errer les pâles Pythagores,
Les orbes de la vie obscure entre-croisés,
La science qui cherche et dit : Jamais assez !
Ne contesteront point ce temple, et, dans l'espace,
Par tout le gouffre et par toute l'ombre qui passe
Il sera vénéré, n'ayant point ici-bas
Aggravé par l'erreur nos douleurs, nos combats,
Nos deuils, et n'ayant point de reproche à se faire.

Sous l'âpre voûte ayant la grandeur d'une sphère,
La statue, impassible et voilée, aura l'air
De rêver, attentive aux forêts, à la mer,
Aux germes, à l'azur, aux nuages, aux astres;
Pas de frises aux toits; aux murs pas de pilastres;
Le granit nu qu'aucun ornement n'interrompt;
Et, rien ne remuant, les hommes trembleront;
Et les méchants seront mal à l'aise; et les justes,
Et les bons, et tous ceux dont les cœurs sont augustes,
Les sages, les penseurs, sentiront le plein jour
Sur leur âme, leur foi, leur espoir, leur amour,
Comme sous le regard d'une énorme prunelle.

Derrière la statue, une lampe éternelle
Brûlera comme un feu dans l'antre aux visions,
Et, cachant le foyer, montrera les rayons
De façon à lui mettre une aurore autour d'elle,
Pour enseigner au peuple ému, grave et fidèle,
Que cette énigme est bien une divinité,
Et que si c'est la nuit c'est aussi la clarté.
Le colosse sera noir sur cette auréole;
Et nul souffle, nul vent d'orage, nul éole
Ne fera vaciller l'immobile lueur.
Les sages essuieront à leur front la sueur
Et sentiront l'horreur sacrée en leurs vertèbres,
Devant cette splendeur sortant de ces ténèbres,
Et comprendront que l'Etre ignoré, mais certain,
Brille, étant le lever de l'éternel matin,
Et pourtant reste obscur, car aucune envergure,
Aucun esprit ne peut saisir cette figure;
Il est sans fin, sans fond, sans repos, sans sommeil.
Et pour être Mystère il n'est pas moins Soleil.

XLIV

TOUT LE PASSÉ ET TOUT L'AVENIR

TOUT LE PASSÉ ET TOUT L'AVENIR

I

L'être mystérieux qui me parle à ses heures
Disait :

★

— Vivants ! l'orgueil habite vos demeures.
Il fait nuit dans votre cité !
Le ciel s'étonne, ô foule en vices consumée,
Qu'il sorte de la paille en feu tant de fumée,
De l'homme tant de vanité !

Tu regardes les cieux de travers, triste race !
Tu ne te trouves pas sous l'azur à ta place.
Tu te plains, homme, ombre, roseau !
Balbutiant : Peut-être, et bégayant : Que sais-je ?
Tu reproches le soir à l'aube, au lys la neige,
Et ton sépulcre à ton berceau !

Tu reproches à Dieu l'œuvre incommensurable.
Tu frémis de traîner sur ton dos misérable
Tes vieux forfaits mal expiés,
D'être pris dans ton ciel comme en un marécage,
Et de sentir, ainsi qu'un écureuil en cage,
Tourner ta prison sous tes pieds !

Homme, si tu pouvais, tu tenterais l'espace.
Ce globe, si ta force égalait ton audace,
S'évaderait sous ton orteil,
Et la création irait à l'aventure
Si ton souffle pouvait, ô folle créature,
Casser l'amarre du soleil !

Car rien n'est à ton gré ; tout te met mal à l'aise.
Ce coin du ciel est donc fait de plomb, qu'il te pèse ?

Oh ! tu voudrais rompre le sceau !
Comme tu frapperais dans tes mains, ombre frêle,
Pour la faire envoler de sa branche éternelle,
Si la terre était un oiseau !

Hautain, dédaignant tout, que ta nef vogue ou sombre,
Tu voudrais t'en aller dans le désert de l'ombre,
Fuir comme fuyaient les hébreux.
Tu dis : Rien de nouveau ! tu dis avec colère :
Toujours la même aurore ! Et l'étoile polaire
T'ennuie, ô pauvre œil ténébreux.

Tu t'irrites d'être homme, oubli, poussière, atome;
D'ignorer quel épi tu portes, ô vil chaume !
D'être une algue dans le reflux;
De trembler comme un cerf que suit une lionne,
Et d'être, sous le ciel qui reste et qui rayonne,
Celui qui passe et qui n'est plus;

Et de ne pouvoir pas faire avec tes menaces,
Avec tes doigts crispés et tes ongles tenaces,
Ta sagesse et ta passion,
Tes faux temples, tes faux soleils, tes faux tonnerres,
Tes meurtres, tes fureurs, tes crimes et tes guerres,
Un pli dans la création !

★

Ces myopes, jugeant le monde à leur optique,
Disent : — « Tout est manqué, la mer épileptique
Bave sur les écueils grondants;
La nuit fait le hibou si le jour fait le cygne,
La mort, chienne de l'ombre, à qui Satan fait signe,
Tient l'âme humaine entre ses dents.

« Que nous veut la planète ? et le globe ? et la sphère ?
Un monde est un néant. Dieu ne savait que faire,
Et bâillait, seul dans son réduit,
Quand, semant au hasard son œuvre et ses paroles,
Il jeta dans les cieux toutes ces outres folles,
Ivres de vent, pleines de bruit.

« Qu'est-ce qu'un Dieu masqué dans l'incompréhensible ?
Pourquoi le bien voilé ? Pourquoi le mal visible ?
Pourquoi tant de brume autour d'eux ?
Pourquoi tant de fléaux sur la terre indignée ?
Et pourquoi voyons-nous ces toiles d'araignée
Dans le crépuscule hideux ?

« Pourquoi le dur taureau qui frappe à coups de corne ?
Pourquoi l'impur typhus sorti du marais morne

Où jadis l'hydre s'embourbait ?
Christ voyait; à quoi bon aveugler Pythagore ?
Le lys est beau; pourquoi créer la mandragore
Des gouttes de sang du gibet ?

« L'azur est radieux; mais pourquoi le nuage ?
L'amour rit; mais pourquoi la douleur, ce péage ?
Pourquoi Caïn auprès d'Abel ?
Pourquoi livrer l'esprit de l'homme au trouble immense,
Et faire tournoyer l'alphabet en démence
Dans la spirale de Babel ?

« Pourquoi la pourriture et pourquoi les décombres ?
Pourquoi le mille-pieds traînant ses pattes sombres ?
Pourquoi la ronce qui nous hait ?
Pourquoi l'épine au seuil des bois, comme une lance ?
Pourquoi la mort ? Pourquoi l'espace, ce silence ?
Pourquoi l'univers, ce muet ?

« On comprend le printemps, l'aube, le nid, la rose;
Mais pourquoi les glaçons ? Pourquoi le houx morose ?
Pourquoi l'autour, ce criminel ?
Pourquoi cette ombre froide où le jour se termine ?
Pourquoi la bête fauve, et pourquoi la vermine ? »
— Pourquoi vous ? répond l'Eternel.

★

Ainsi parlent ces fous malheureux. Pour ces hommes
Qui ne t'épellent pas, mystère en qui nous sommes,
Et qui regardent sans les voir
Les rites transparents qu'en ta nuit tu célèbres,
Dieu, c'est une figure au milieu des ténèbres,
C'est l'horreur difforme au front noir.

C'est on ne sait quel spectre accroupi dans son antre,
Monstre dont on voit moins la face que le ventre,
Blême au seuil des gouffres ouverts,
Idiot éternel que l'immensité porte,
Et qui rêve, ayant l'ombre en sa prunelle morte,
Au cou ce goitre, l'univers.

★

Ah ! tu trouves tout mal ! trop d'ombre et de misères !
D'autres mondes mieux faits te semblent nécessaires.
L'astre naît de brouillard terni;
On peut se servir mieux du germe et du mystère ! —
Parle. Dieu formidable attend, ô ver de terre,
Tes commandes dans l'infini.

Ah ! le travail te pèse et la douleur t'étonne !
Ah ! décembre après juin te semble monotone !
Ah ! pourrir répugne à ta chair !
Ah ! tu n'es pas content de ce cercle où l'on erre !
Bien. Fais la guerre à Dieu. Canonne le tonnerre,
Croise l'épée avec l'éclair.

Ah ! tu portes en toi, reptile, un exemplaire
D'idéal qu'il eût dû copier pour te plaire !
Tu compares, homme de peu,
Moucheron que prendrait l'araignée en ses toiles,
Ce que ton front contient au ciel rempli d'étoiles,
Ce dedans du crâne de Dieu !

Montre ta force. Allons, règne. Que l'étendue
Sous ton vaste regard se prosterne éperdue;
Prouve aux astres leur cécité;
Déplace les milieux, les axes et les centres;
Fouille l'onde et l'éther; poursuis dans tous ses antres
La monstrueuse immensité !

Questionne, surprends, scrute, découvre, arrache !
Harponne au fond des mers le typhon qui s'y cache;
Trouve ce que nul n'a trouvé;
Sois le tout-puissant; fais des pêches inouïes;
Sonde et plonge; et reviens, traînant par les ouïes
L'hydre océan sur le pavé !

*

Ah ! tu dis : — Dieu n'est pas, puisque le mal existe.
Je chasse Jéhovah parce que je suis triste. —
Bien. Dresse-toi sur ton séant;
Etouffe en toi l'amour et l'espoir; raille et blâme;
Ferme ton volet sourd; allume dans ton âme
Le hideux réchaud du néant !

Mars, Jupiter, Saturne, ô planètes profondes,
Vous, du moins, vous croyez ! Le jour où tous les mondes
Epars dans le gouffre vermeil,
Retirant l'air céleste à leur voûte obscurcie,
Nieraient à la fois Dieu, cette sombre asphyxie
Irait éteindre le soleil !

Oh ! la création est une apothéose.
Le mont, l'arbre, l'oiseau, le lion et la rose
Disent dans l'ombre : Sois béni !
L'immense azur écoute, et leurs hymnes l'enchantent;
Et l'océan farouche et l'âpre ouragan chantent
Chacun leur strophe à l'infini.

L'homme seul nie et crie : A bas ! tout est mensonge,
Rien n'existe. Le ciel est creux. L'être est un songe.
Pillons les jours comme un butin ! —
Dieu tranquille et lointain dore, à travers la brume,
Toute cette colère et toute cette écume
Brisée à ce roc, le destin.

★

Donc tu fais de toi l'axe et le sommet des êtres !
Ton ventre est ton autel et tes sens sont tes prêtres;
Vivre est le but que tu poursuis.
Tu prétends que le ciel redoutable te craigne.
Tu dis aux mers : Je veux ! tu dis aux vents : Je règne !
Tu dis aux étoiles : Je suis !

Ta chaire s'adore et met à la torture l'âme.
Toi ! toi seul ! t'assouvir, voilà ton culte infâme;
Tes plaisirs sont des cruautés;
Tu fais le mal au bord du mystère sublime;
Tu viens t'accouder là; dans le puits de l'abîme
Tu craches tes iniquités.

Rien ne rassasierait ta folie incurable.
Tu voudrais exprimer dans le broc misérable
Où tu bois, homme plein d'ennuis,
Dans ton verre où les vins immondes se répandent,
Les constellations, grappes d'astres qui pendent
A la treille immense des nuits.

Car ton bâillement croit avoir, ô créature,
Droit de vie et de mort sur toute la nature;
Jéhovah n'est pas excepté.
Oh ! comme frémirait d'orgueil ton âme noire,
Bandit, si tu pouvais condenser, prendre et boire
Le monde en une volupté !

Hélas ! pour en extraire une goutte d'ivresse,
Tu tordrais l'univers, l'aube qui te caresse,
La femme, l'enfant à l'œil bleu,
Content, sans hésiter à la savourer toute,
Et sans t'inquiéter si cette sombre goutte
Est une larme devant Dieu !

Dieu n'est pas ! Et d'ailleurs, quand, faisant ton entrée,
Beau, fier, devant la rampe assez mal éclairée,
Tu viens éblouir tes pareils,
Toi, premier rôle, roi du drame où tu te plonges,
Toi, l'acteur du destin, veut-on pas que tu songes
A cet allumeur de soleils ?

S'il existe — il faudrait d'abord que je le visse,
Dis-tu, — c'est bon, qu'il soit ! et fasse son service ! —
Ah ! l'homme en qui rien n'éteindra
La folle volonté de sonder l'insondable,
Mériterait qu'on mît son orgueil formidable
Sous ta douche, ô Niagara !

Nains ! Dieu vous met sa marque afin qu'on vous réclame.
Croyez-vous que la mort, qui n'accepte que l'âme,
Et qui pèse tout dans sa main,
Si son incorruptible et sinistre prunelle
N'y reconnaissait pas l'effigie éternelle,
Recevrait le liard humain ?

*

Dieu n'est pas ! ce seul mot serait une torture.
Vous n'avez donc jamais regardé la nature ?
Heureux le sage, humble roseau,
Qui songe, et qui, pensif, voit bondir l'avalanche
De montagne en montagne, et qui, de branche en branche,
Voit sauter le petit oiseau !

Vous n'avez donc jamais erré dans les ravines ?
Vous n'avez donc jamais, parmi les fleurs divines,
Respiré la brise en marchant,
Et jamais écouté, dans les fermes lointaines,
Mugir les bœufs rêveurs quand rampent dans les plaines
Les longues ombres du couchant ?

Vous n'avez donc jamais contemplé l'invisible ?
Jamais vu l'idéal, et gravi du possible
Le sommet désert, triste et grand ?
Hélas ! vous n'avez donc jamais, sous le ciel calme,
Vu luire l'auréole et frissonner la palme
Et sourire un martyr mourant ?

Vous n'avez donc jamais vu dans votre pensée
L'étendue, où s'en vont, d'une course insensée,
Les ténèbres, fuyant le jour ?
Jamais vu l'infini qui rit à la chaumière,
Que le soleil ne peut emplir de sa lumière,
Mais que l'âme remplit d'amour ?

Dis, tu n'as donc jamais attaché ta prunelle
Sur la profondeur morne, obscure et solennelle,
A l'heure où le croissant reluit,
Où l'on voit s'arrondir sur les mers remuées
Ce fer d'or qu'a laissé tomber dans les nuées
Le sombre cheval de la nuit ?

*

D'autres sont les croyants, pires que les impies.
Toutes les passions dans leur âme accroupies
Leur disent tout bas : Jouissez !
De Jéhovah qui tonne ils font leur économe;
Dieu n'est que le valet du coffre-fort de l'homme;
Hélas, hélas, ces insensés

De la religion ont fait leur sentinelle;
Cieux profonds ! ils ont mis leur sac d'or sous son aile;
L'ange veille au lot du mortel;
Leur champ importe au monde, à l'astre, à l'aube austère.
Ils ont fait une borne à ce morceau de terre
Avec la pierre de l'autel.

Pour faire une clôture à leur haie, à leur ferme,
Pour servir de lien à la barre qui ferme
Leur verger, leur vigne ou leur pré,
Pour joindre les poteaux de leur porte en ruines,
Ils prennent, ô Jésus, la couronne d'épines
Qui fait saigner ton front sacré !

Leur visage rayonne et plaît; leur voix caresse;
Ils sont doux et charmants; la grâce enchanteresse
Mêle son miel à leur jargon;
Leur sourire est la fleur s'ouvrant sous les rosées;
Le dedans est horrible, et toutes leurs pensées
Ont la figure du dragon.

De leur humilité leur vanité se venge;
Ils disent : Que me font, si je vis et je mange,
La famine et le choléra ?
Le faux poids dans leur droite, ils vendent, ils achètent;
Leur âme a des secrets que les démons cachettent
Et qu'un jour Dieu seul ouvrira.

La femme sous leurs pieds souffre, à peine vivante;
Autrefois leur esclave, aujourd'hui leur servante !
Ils la pèsent avec l'argent.
L'enfant rampe ignorant et nu; que leur importe ?
De quel droit est-il né ? Le marteau de leur porte
Glace la main de l'indigent.

Les maximes d'amour sur leur visage écrites
Mentent; ils sont méchants, avares, hypocrites,
Faux devant l'aurore qui naît;
Ils remettent aux fers ceux que Jésus délivre;
Puis, parce qu'à des jours indiqués sur un livre
Pendant qu'une cloche sonnait,

Ils ont pris sous leur bras un recueil de cantiques,
Décroché leur enseigne et fermé leurs boutiques

Et dit un benedicite,
Et qu'ils ont regardé pendant une heure un prêtre,
Et crié du latin dans l'ombre, ils pensent être
Quittes avec l'immensité !

Ce grand Dieu se corrompt en vous, engeance folle !
Il entre dans votre âme idée, et sort idole;
Vous l'insultez dans vos corans;
Vous lui donnez vos yeux, vos vices, vos visages,
Vous le faites d'argile, hélas ! comme vos sages,
Et d'airain comme vos tyrans !

Partout bûchers, trépieds, pagodes éphémères;
Temples monstres bâtis par des dogmes chimères;
Thor, Vishnou, Teutatès, Ammon,
Bel qui rugit, Dagon qui siffle, Apis qui beugle;
La synagogue sourde et la mosquée aveugle;
Noirs autels pleins d'un Dieu démon !

Les Parthénons font boire au juste la ciguë.
La cathédrale, avec sa double tour aiguë,
Debout devant le jour qui fuit,
Ignore, et, sans savoir, affirme, absout, condamne;
Dieu voit avec pitié ces deux oreilles d'âne
Se dresser dans la vaste nuit.

*

Dieu ! Dieu ! Dieu ! le rocher où la lame déferle
Compte sur lui; c'est lui qui règne; il fait la perle
Et l'étoile pour les sondeurs;
L'azur le voile; il met, pour que le tigre y dorme,
De la mousse dans l'antre; il parle, voix énorme,
A l'ombre dans les profondeurs.

Il règne, il songe; il fond les granits dans les soufres;
Il crée en même temps les soleils dans les gouffres
Et le liseron dans le pré;
Pour l'avoir un jour vu, la mer est encore ivre;
Les versants du Sina sont de son vaste livre
Le pupitre démesuré.

L'océan calme, c'est le plat de son épée.
La montagne à sa voix s'enfuirait dissipée
Comme de l'eau dans le gazon;
Dans les éternités sans fin continuées
Ce Père habite; il fait des arches de nuées
Aux quatre coins de l'horizon.

Il pense, il règle, il mène, il pèse, il juge, il aime,
Et laisse les festins rire à Lucullus blême

Qui paît, hideux, chauve et jauni,
Et se gonfle de vin comme une poche pleine;
Ce qu'une outre peut dire au ventre de Silène
N'importe pas à l'infini.

Ce même Dieu qui fit d'avril une corbeille,
Qui fait l'oiseau chanteur pour les bois, et l'abeille
Pour l'herbe où l'aube étincela,
Donne au pôle effrayant, sans jour, sans fleur, sans arbre,
Pour qu'il puisse parfois chauffer ses mains de marbre,
Ta cheminée, ô sombre Hékla !

Sous l'œil de cet esprit suprême et formidable,
L'eau monte en brume au front du pic inabordable
Et tombe en flots du haut des monts;
La créature éteinte est d'une autre suivie;
L'univers, où ce Dieu met la mort et la vie,
Respire par ces deux poumons.

Devant ce Dieu s'enfuit tout ce qui hait son œuvre,
La tempête, le mal, l'épervier, la couleuvre,
Le méchant qui ment et qui nuit,
La trombe, affreux bandit qui dans les flots se vautre,
L'hiver boiteux qui fait marcher l'un après l'autre
Son jour court et sa longue nuit.

Il fait lâcher la proie aux bêtes carnassières.
Les morts dans le sépulcre ont perdu leurs poussières;
Il rêve, et sait où sont leurs os.
En entendant passer son souffle dans l'espace,
Subitement l'enfer à la gueule rapace,
Les mondes hurlants du chaos,

Les univers punis dont la clameur s'élance,
Les bagnes monstrueux de l'ombre, font silence,
Et dans la nuit des noirs arrêts
Cessent de secouer les chaînes qui leur pèsent,
Comme le soir, au pas d'un voyageur, se taisent
Les grenouilles dans le marais.

Il tient une balance immense en équilibre;
Il met dans un plateau les cieux, la mer qui vibre,
Ceux qui sur le trône ont vécu,
Le monde et ses clartés, le mystère et ses voiles,
Et l'abîme jetant son écume d'étoiles;
Dans l'autre il met Caton vaincu.

Ce qu'il est ? regardez au-dessus de vos têtes;
Voyez le ciel, le jour, la nuit ! Ce que vous êtes ?
Cherchez dans votre cendrier.
Son année est sans fin. Prosternez vos pensées.

Les constellations sont des mouches posées
Sur l'énorme calendrier.

Mais voyez-le donc, vous dont les chants sont des râles,
Vivants qui ne pouvez que mourir, ombres pâles,
Et qui ne savez qu'oublier !
L'océan goutte à goutte en sa clepsydre pleure;
Tout Sahara, tombant grain à grain, marque l'heure
Dans son effrayant sablier.

Mêlez-le maintenant à vos anniversaires !
Allumez vos flambeaux, égrenez vos rosaires,
Sur vos lutrins soyez béants;
Ayez vos jours sacrés que plus de clarté dore;
Mettez, devant ce Dieu que couronne l'aurore,
Des tiares à vos néants !

La bête des bois rit quand les hommes, vain nombre,
Vont clouant leurs erreurs sur Dieu, leur nom sur l'ombre,
Leur date sur l'immensité,
Se font centre du monde, eux les passants rapides,
Et s'en viennent chanter leurs bouts de l'an stupides
A la muette éternïté.

*

Hélas ! l'ange Justice ouvre ses yeux sinistres
Il écrit en rêvant des noms sur ses registres.
Ah ! ces tristes vivants ont tort !
Devant Dieu, qui d'en haut à la paix les convie
Et donne aux cœurs l'amour et verse aux fronts la vie,
Ils font la haine, ils font la mort !

Ils bravent l'océan plein de magnificence,
Où flottent le mystère et la toute-puissance;
Ils souillent le gouffre irrité;
Sans prendre garde au vent qui s'épuise en huées,
Ils lèvent leur bannière au milieu des nuées,
Ces drapeaux de l'immensité !

Ils ont pour dieux la force et la ruse aux yeux louches;
Ils font chanter des chants aux trompettes farouches
Dont nous, esprits, nous frissonnons,
Et rouler, balafrant la nature sacrée,
Sur les champs, sur les blés, sur les fleurs que Dieu crée,
La roue horrible des canons.

Les générations meurent pour leur caprice.
Ils disent au tombeau : Prends l'homme et qu'il périsse !
O nains, pires que les géants !
Ils ouvrent cette nuit que nul rayon ne perce;

Ils y font brusquement tomber à la renverse
Les pâles cadavres béants !

Ils rougissent de sang l'onde et les herbes vertes,
Ils dressent au sommet des collines désertes
Le noir gibet silencieux
Qui reste tout le jour sans changer d'attitude,
Mais qui, dès que la nuit brunit la solitude,
Elève ses bras vers les cieux.

Nous sommes la justice auguste, immaculée !
Disent-ils, s'étalant dans leur chambre étoilée
Qu'entourent les spectres camards;
Et, pendant que la foule approuve et les admire,
Un long sanglot mêlé d'un long éclat de rire
Va des Montfaucons aux Clamarts !

Ces hommes insensés se vautrent dans la joie;
Ils ont des lits de pourpre et des manteaux de soie;
Ils vivent, d'ombre et d'or chargés;
Cette vie est pour eux un palais plein de fêtes;
Ils laissent derrière eux les choses qu'ils ont faites.
C'est bien, buvez ! c'est bien, mangez !

Pendant qu'en haut la table éblouit les convives,
Et que les bouches sont comme des sources vives,
Que la chair fume avec l'encens;
Pendant que les archers gardent les avenues,
Que l'amour rit au spectre, et que les toutes nues
Chantent auprès des tout-puissants;

Pendant que le banquet, rayonnant comme un phare,
Mêle le choc du verre au son de la fanfare,
Et qu'ils s'enivrent dans la nuit,
Sans même, dans leur joie immonde et sépulcrale,
S'informer s'il n'est pas quelque obscure spirale,
Sous la salle pleine de bruit.

O morts qui vous taisez au fond des catacombes,
L'expiation prend les pierres de vos tombes
Dans l'insondable profondeur,
Et de ces marbres froids qui dans l'ombre descendent
Fait un sombre escalier dont les marches attendent
Les lourds talons du commandeur !

II

Pensif, je répondis à l'archange nocturne :

*

— Sévère esprit, ta voix sanglote comme l'urne
Qui verse un flot noir et glacé.
Sur qui te penches-tu ? Tes paroles s'adressent
Aux tristes nations d'hier qui disparaissent,
Aux pâles foules du passé,

Ton cri ressemble au chant des mornes Isaïes.
Le mystère, autrefois, de ses brumes haïes
Obstruait la terre et les cieux,
Et l'homme avait besoin que les prophètes blêmes
Lui parlassent du seuil de tous ces noirs problèmes
Ouvrant leurs porches monstrueux.

L'homme ignorait. Marchant loin du sentier qui sauve,
Il allait au hasard dans la nature fauve,
Comme le loup au fond des bois,
Sourd à ces alphabets, perdu dans ces algèbres;
Les prophètes alors dans ces grandes ténèbres
Elevèrent leurs grandes voix.

Il fallait avertir l'homme au bord de l'abîme.
Tout ici-bas semblait lui conseiller le crime;
Temps rude où le mal triomphait !
La forêt de l'embûche était le noir ministre;
L'arbre avait l'air d'un monstre, et le rocher sinistre
Avait la forme du forfait.

Ici gémissait Job, et là chantait Sodome.
L'homme à tous les fléaux, horrible, ajoutait l'homme;
La guerre infâme aidait la faim;
Comme on brûle une paille on allumait les villes;
Et l'on voyait Judas sortir des choses viles,
Et des choses sombres Caïn.

Les prophètes chassaient le mal; ces personnages
Rendaient au Dieu vivant d'augustes témoignages;
L'homme de ces temps inhumains,
Affreux, baignant de sang les champs, l'onde et les sables,
S'arrêtait, s'il voyait ces songeurs formidables,
Pâles et levant leurs deux mains.

Ils descendaient des monts, portant de sombres tables;
Ils mouraient en laissant les Talmuds redoutables
Ouverts sur l'aile des griffons,
Les farouches Védas, les Eddas, les Genèses,
Registres éclairés du reflet des fournaises,
Pages pleines de bruits profonds.

Ils épouvantaient l'homme et la terre méchante;
Et depuis cinq mille ans, pendant que l'aube chante
Et que la fleur verse l'encens,

Le genre humain qui passe et que le temps dénombre
Entend, dans la caverne effrayante de l'ombre,
Gronder ces livres rugissants.

Mais le passé s'en va. Regarde-nous; nous sommes
Un autre Adam, une autre Eve, de nouveaux hommes.
Nous bénissons quand nous souffrons.
Hier vivait d'horreur, de deuil, de sang, de fange;
Hier était le monstre et demain sera l'ange;
Le point du jour blanchit nos fronts.

Deux êtres sont en nous : l'un ailé, l'autre immonde;
L'un montant vers Dieu, l'autre ombre et tache du monde,
Se ruant dans d'infâmes lits;
Et, pendant que le corps, marchant sur des semelles,
Vil, abject, boit l'opprobre et la lie aux gamelles,
L'âme boit la rosée aux lys.

L'œuvre du genre humain, c'est de délivrer l'âme;
C'est de la dégager du triste épithalame
Que lui chante le corps impur;
C'est de la rendre, chaste, à la clarté première;
Car Dieu rêveur a fait l'âme pour la lumière
Comme il fit l'aile pour l'azur.

Nous ne sommes plus ceux qui riaient à la face
De l'ombre impénétrable où tout rentre et s'efface,
Qui faisaient le mal sans frayeur,
Qui jetaient au cercueil ce cri : Va-t'en ! je nie !
Et mettaient le néant, le rire et l'ironie
Dans la pelle du fossoyeur.

Nous croyons en ce Dieu vivant; sa foi nous brûle;
Il inspire Brutus sur la chaise curule,
Guillaume Tell sous le sayon;
Nous allumons, courbés sous son vent qui nous pousse,
Notre liberté fière à sa majesté douce
Et notre foudre à son rayon.

Il fait germer le ver dans sa morne cellule,
Change la larve affreuse en vive libellule,
Transfigure, affranchit, construit,
Emeut les tours de pierre et les tentes de toiles,
Et crée et vit ! c'est lui qui pénètre d'étoiles
Les ailes noires de la nuit.

Sa tiare splendide est une ruche immense,
Où, des roses soleils apportant la semence
Et de l'astre apportant le miel,
Essaim de flamme ayant le monde pour Hymettes,
Mouches de l'infini, les abeilles comètes
Volent de tous les points du ciel.

Le Mal, le glaive au poing, voilé d'un voile d'ombre,
Nous guette; et la forêt que la broussaille encombre,
L'âpre rocher, le flot ingrat,
L'aident, complices noirs, contre la créature,
Et semblent par moments faire de la nature
L'antre où rêve ce scélérat.

Mais nous luttons, esprits! nous vaincrons. Dieu nous
Il est le feu qui va devant l'armée humaine, [mène.
Le dieu d'Eve et de Débora.
Un jour, bientôt, demain, tout changera de forme,
Et dans l'immensité, comme une fleur énorme,
L'univers s'épanouira!

Nous vaincrons l'élément! cette bête de somme
Se couchera dans l'ombre à plat ventre, sous l'homme;
La matière aura beau hurler;
Nous ferons de ses cris sortir l'hymne de l'ordre;
Et nous remplacerons les dents qui veulent mordre
Par la langue qui sait parler.

Quand nous aurons fini le travail de la vigne,
Quand au Dieu qui fit l'aigle et l'air, l'onde et le cygne,
La tourmente et Léviathan,
Nous aurons rapporté toutes nos âmes anges,
Nous ferons du panier de ces saintes vendanges
La muselière de Satan.

Satan, c'est l'appétit, pourceau qui mord l'idée;
C'est l'ivresse, fond noir de la coupe vidée;
Satan, c'est l'orgueil sans genoux;
C'est l'égoïsme, heureux du sang où ses mains trempent;
C'est le ventre hideux, cette caverne où rampent
Tous les monstres qui sont en nous.

Satan c'est la douleur, c'est l'erreur, c'est la borne,
C'est le froid ténébreux, c'est la pesanteur morne,
C'est la vis du sanglant pressoir;
C'est la force d'en bas liant tout de ses chaînes
Qui fait dans le ravin, sous l'ombre des grands chênes,
Crier les chariots le soir.

Nous allons à l'amour, au bien, à l'harmonie.
O vivants, qui flottez dans l'énigme infinie,
Un arbre, auguste à tous les yeux,
Conduit votre navire à travers l'âpre abîme;
Jésus ouvre ses bras sur la vergue sublime
De ce grand mât mystérieux.

Derrière nous décroît le mal, noire masure.
Bientôt nous toucherons au port, le flot s'azure.

L'homme, qu'en vain le deuil poursuit,
Ne verra plus tomber dans l'ombre sur sa tête
L'effroi, l'hiver, l'horreur, l'ouragan, la tempête,
Ces vomissements de la nuit.

Nous chasserons la guerre et le meurtre à coups d'aile;
Et cette frémissante et candide hirondelle
Qui vole vers l'éternité,
L'espérance, adoptant notre maison amie,
Viendra faire son nid dans la gueule endormie
Du vieux monstre Fatalité.

Les peuples trouveront de nouveaux équilibres;
Oui, l'aube naît, demain les âmes seront libres;
Le jour est fait par le volcan;
L'homme illuminera l'ombre qui l'environne;
Et l'on verra, changeant l'esclavage en couronne,
Des fleurons sortir du carcan.

Et quand ces temps viendront, ô joie ! ô cieux paisibles !
Les astres, aujourd'hui l'un pour l'autre terribles,
Se regarderont doucement;
Les globes s'aimeront comme l'homme et la femme;
Et le même rayon qui traversera l'âme
Traversera le firmament.

Les sphères vogueront avec le son des lyres.
Au lieu des mondes noirs pleins d'horribles délires,
Qui rugissent vils et maudits,
On entendra chanter sous le feuillage sombre
Les édens enivrés, et l'on verra dans l'ombre
Resplendir les bleus paradis.

Dieu voudra. Tout à coup on verra les discordes,
La hache et son billot, les gibets et leurs cordes,
L'impur serpent des cieux banni,
Le sang, le cri, la haine, et l'ordure, et la vase,
Se changer en amour et devenir extase
Sous un baiser de l'infini.

Dieu met, quand il lui plaît, sur l'orage et la haine,
Sur la foudre, forçat dont on entend la chaîne,
La sainte serrure des cieux,
Et, laissant écumer leurs voix exténuées,
Ferme avec l'arc-en-ciel courbé dans les nuées
Ce cadenas mystérieux.

Au fond du gouffre où sont ceux qui se font proscrire,
Des plus profonds enfers stupéfaits de sourire
L'amour ira baiser les gonds,
Comme un rayon de l'aube, à l'orient ouverte,

Va dans la profondeur de l'eau sinistre et verte
Jusqu'aux écailles des dragons.

Les globes se noueront par des nœuds invisibles;
Ils s'enverront l'amour comme la flèche aux cibles;
Tout sera vie, hymne et réveil;
Et comme des oiseaux vont d'une branche à l'autre,
Le Verbe immense ira, mystérieux apôtre,
D'un soleil à l'autre soleil.

Les mondes, qu'aujourd'hui le mal habite et creuse,
Echangeront leur joie à travers l'ombre heureuse
Et l'espace silencieux;
Nul être, âme au soleil, ne sera solitaire;
L'avenir, c'est l'hymen des hommes sur la terre
Et des étoiles dans les cieux.

XLV

CHANGEMENT D'HORIZON

CHANGEMENT D'HORIZON

Homère était jadis le poète; la guerre
Etait la loi; vieillir était d'un cœur vulgaire;
La hâte des vivants et leur unique effort
Etait l'embrassement tragique de la mort.
Ce que les dieux pouvaient donner de mieux à l'homme,
C'était un grand linceul libérateur de Rome,
Ou quelque saint tombeau pour Sparte et pour ses lois;
L'adolescent hagard se ruait aux exploits;
C'était à qui ferait plus vite l'ouverture
Du sépulcre, et courrait cette altière aventure.
La mort avec la gloire, ô sublime présent !
Ulysse devinait Achille frémissant;
Une fille fendait du haut en bas sa robe,
Et tous criaient : Voilà le chef qu'on nous dérobe !
Et la virginité sauvage de Scyros
Etait le masque auguste et fatal des héros;
L'homme était pour l'épée un fiancé fidèle.
La muse avait toujours un vautour auprès d'elle;
Féroce, elle menait aux champs ce déterreur;
Elle était la chanteuse énorme de l'horreur,
La géante du mal, la déesse tigresse,
Le grand nuage noir de l'azur de la Grèce;
Elle poussait aux cieux des cris désespérés;
Elle disait : Tuez ! tuez ! tuez ! mourez !
Des chevaux monstrueux elle mordait les croupes,
Et, les cheveux au vent, s'effarait sur les groupes
Des hommes dieux étreints par les héros titans;
Elle mettait l'enfer dans l'œil des combattants,
L'éclair dans le fourreau d'Ajax, et des courroies
Dans les pieds des Hectors traînés autour des Troies;
Pendant que les soldats touchés du dard sifflant,
Pâles, tombaient, avec un ruisseau rouge au flanc,
Que les crânes s'ouvraient comme de sombres urnes,
Que les lances trouaient son voile aux plis nocturnes,
Que les serpents montaient le long de son bras blanc,
Que la mêlée entrait dans l'olympe en hurlant,

Elle chantait, terrible et tranquille, et sa bouche
Fauve bavait du sang dans le clairon farouche;
Et les casques, les tours, les tentes, les blessés,
Les noirs fourmillements de morts dans les fossés,
Les tourbillons de chars et de drapeaux, les piques
Et les glaives, volaient dans ses souffles épiques.

La muse est aujourd'hui la Paix, ayant les reins
Sans cuirasse et le front sous les épis sereins;
Le poète à la mort dit : Meurs, guerre, ombre, envie !
Et chasse doucement les hommes vers la vie;
Et l'on voit de ses vers, goutte à goutte, des pleurs
Tomber sur les enfants, les femmes et les fleurs,
Et des astres jaillir de ses strophes volantes;
Et son chant fait pousser des bourgeons verts aux plantes,
Et ses rêves sont faits d'aurore, et, dans l'amour,
Sa bouche chante et rit, toute pleine de jour.

*

En vain, montrant le poing dans tes mornes bravades,
Tu menaces encor, noir passé; tu t'évades !
C'est fini. Les vivants savent que désormais,
S'ils le veulent, les plans hideux que tu formais
Crouleront, qu'il fait jour, que la guerre est impie,
Et qu'il faut s'entr'aider, car toujours l'homme expie
Ses propres lâchetés, ses propres trahisons;
Ce que nous serons sort de ce que nous faisons.
Moi, proscrit, je travaille à l'éclosion sainte
Des temps où l'homme aura plus d'espoir que de crainte,
Et contemplera l'aube, afin de s'ôter mieux
L'enfer du cœur, ayant le ciel devant les yeux.

XLVI

LA COMÈTE

1759

LA COMÈTE

Il avait dit : — Tel jour cet astre reviendra.

Quelle huée ! Ayez pour Vishnou, pour Indra,
Pour Brahma, pour Odin ou pour Baal un culte;
Affirmez par le fer, par le feu, par l'insulte,
L'idole informe et vague au fond des bleus éthers
Et tous les Jéhovahs et tous les Jupiters
Echoués dans notre âme obscure sur la grève
De Dieu, gouffre où le vrai flotte et devient le rêve;
Sur les Saint-Baboleins et sur les Saint-Andrés
Soyez absurde et sombre autant que vous voudrez;
Dites que vous avez vu, parmi les mouettes
Et les aigles, passer dans l'air des silhouettes
De maisons qu'en leurs bras tenaient des chérubins;
Dites que pour avoir aperçu dans leurs bains
Des déesses, rondeurs célestes, gorges blanches,
On est cerf à jamais errant parmi les branches;
Croyez à tout, aux djinns, aux faunes, aux démons
Apportant Dieu tremblant et pâle sur les monts;
Soyez bonze au Tonkin, mage dans les Chaldées;
Croyez que les Lédas sont d'en haut fécondées
Et que les cygnes font aux vierges des enfants;
Donnez l'Egypte aux bœufs et l'Inde aux éléphants;
Affirmez l'oignon Dieu, Vénus, Eve, et leur pomme,
Et le soleil cloué sur place par un homme
Pour offrir un plus long carnage à des soldats;
Inventez des corans, des talmuds, des védas,
Soyez un imposteur, un charlatan, un fourbe,
C'est bien. Mais n'allez pas calculer une courbe,
Compléter le savoir par l'intuition,
Et, quand on ne sait quel flamboyant alcyon
Passe, astre formidable, à travers les étoiles,
N'allez pas mesurer le trou qu'il fait aux toiles
Du grand plafond céleste, et rechercher l'emploi
Qu'il a dans ce chaos d'où sort la vaste loi;
Laissez errer là-haut la torche funéraire;

Ne questionnez point sur son itinéraire
Ce fantôme, de nuit et de clarté vêtu;
Ne lui demandez pas : Où vas-tu ? D'où viens-tu ?
Ne faites pas, ainsi que l'essaim sur l'Hymette,
Rôder le chiffre en foule autour de la comète;
Ne soyez pas penseur, ne soyez pas savant,
Car vous seriez un fou. Docte, obstiné, rêvant,
Ne faites pas lutter l'espace avec le nombre;
Laissez ses yeux de flamme à ce masque de l'ombre;
Ne fixez pas sur eux vos yeux, et ce manteau
De lueur où s'abrite un sombre incognito,
Ne le soulevez pas, car votre main savante
Y trouverait la vie et non pas l'épouvante,
Et l'homme ne veut point qu'on touche à sa terreur;
Il y tient; le calcul l'irrite; sa fureur
Contre quiconque cherche à l'éclairer, commence
Au point où la raison ressemble à la démence;
Alors il a beau jeu. Car imagine-t-on
Rien qui semble ici-bas mieux fait pour Charenton
Qu'un ascète perdu dans des recherches sombres
Après le chiffre, après le rêve, après des ombres,
Guetteur pâle, appliquant des verres grossissants
Aux faits connus, aux faits possibles, au bon sens,
Regardant le ciel spectre au fond du télescope,
Chez les astres voyant, chez les hommes myope !
Quoi de plus ressemblant aux insensés que ceux
Qui, voyant les secrets d'en haut venir vers eux,
Marchent à leur rencontre et donnent aux algèbres
L'ordre de prendre un peu de lumière aux ténèbres,
Et, sondant l'infini, mer qui veut se voiler,
Disent à la science impassible d'aller
Voir de près telle ou telle étoile voyageuse,
Et de ne revenir, ruisselante, plongeuse,
De l'abîme qu'avec cette perle, le vrai !
D'ailleurs, ce diamant, cet or, ce minerai,
Le réel, quel mineur le trouve ? Qui donc creuse
Et fouille assez avant dans la nature affreuse
Pour pouvoir affirmer quoi que ce soit ? Hormis
L'autel connu, les jougs sacrés, les dieux permis,
Et le temple doré que la foule contemple,
Et l'espèce de ciel qui s'adapte à ce temple,
Rien n'est certain. Est-il rien de plus surprenant
Qu'un rêveur qui demande au mystère tonnant,
A ces bleus firmaments où se croisent les sphères,
De lui conter à lui curieux leurs affaires,
Et qui veut avec l'ombre et le gouffre profond
Entrer en pourparlers pour savoir ce qu'ils font,
Quel jour un astre sort, quel jour un soleil rentre,
Et qui, pour éclairer l'immensité de l'antre
Où la Pléiade avec Sirius se confond,
Allume sa chandelle et dit : J'ai vu le fond !

Un pygmée à ce point peut-il être imbécile ?
Oui, Cardan de Pavie, Hicétas de Sicile
Furent extravagants; mais, parmi les songeurs
Qui veillent, épiant les nocturnes rougeurs,
En est-il un, parmi les pires, qui promette
Le retour de ce monstre éperdu, la comète ?
La comète est un monde incendié qui court,
Furieux, au-delà du firmament trop court;
Elle a la ressemblance affreuse de l'épée;
Est-ce qu'on ne voit pas que c'est une échappée ?
Peut-être est-ce un enfer dans le ciel envolé.
Ah ! vous ouvrez sa porte ! Ah ! vous avez sa clé !
Comme du haut d'un pont on voit l'eau fuir sous l'arche,
Vous voyez son voyage et vous suivez sa marche;
Vous distinguez de loin sa sinistre maison;
Ah ! vous savez au juste et de quelle façon
Elle s'évade et prend la fuite dans l'abîme !
Ce qu'ignorait Jésus, ce que le Kéroubime
Ne sait pas, ce que Dieu connaît, vous le voyez !
Les yeux d'une lumière invisible noyés,
Pensif, vous souhaitez déjà la bienvenue
Dans notre gouffre d'ombre à l'immense inconnue !
Vous savez le total quand Dieu jette les dés !
Quoi ! cet astre est votre astre, et vous lui défendez
De s'attarder, d'errer dans quelque route ancienne,
Et de perdre son temps, et votre heure est la sienne !
Ah ! vous savez le rythme énorme de la nuit !
Il faut que ce volcan échevelé qui fuit,
Que cette hydre, terreur du Cancer et de l'Ourse,
Se souvienne de vous au milieu de sa course
Et tel jour soit exacte à votre rendez-vous !
Quoi ! pour avoir, ainsi qu'à l'épouse l'époux,
Donné vos nuits à l'âpre algèbre, quoi ! pour être
Attentif au zénith comme au dogme le prêtre,
Quoi ! pour avoir pâli sur les nombres hagards
Qui d'Hermès et d'Euclide ont troublé les regards,
Vous voilà le seigneur des profondes contrées !
Vous avez dans la cage horrible vos entrées !
Vous pouvez, grâce au chiffre escorté de zéros,
Prendre aux cheveux l'étoile à travers les barreaux !
Vous connaissez les mœurs des fauves météores,
Vous datez les déclins, vous réglez les aurores,
Vous montez l'escalier des firmaments vermeils,
Vous allez et venez dans la fosse aux soleils !
Quoi ! vous tenez le ciel comme Orphée une lyre !
En vertu des bouquins qu'on peut sur les quais lire,
Qui sur les parapets s'étalent tout l'été
Feuilletés par le vent sans curiosité,
Vous atome, âme aveugle à tâtons élargie,
De par Bezout, de par l'X et l'Y grec, magie
Dont l'infâme grimoire emplit votre grenier,

Vous nain, vous avez fait l'Infini prisonnier !
Votre altière hypothèse à vos calculs l'attelle !
Vous savez tout ! Le temps que met l'aube immortelle
A traverser l'azur d'un bout à l'autre bout,
Ce qui, dans les chaos, couve, fermente et bout,
Le bouvier, le lion, le chien, les dioscures,
La possibilité des rencontres obscures,
L'empyrée en tous sens par mille feux rayé,
Les cercles que peut faire un satan ennuyé
En crachant dans le puits de l'abîme, les ondes
Du divin tourbillon qui tourmente les mondes
Et les secoue ainsi que le vent le sapin,
Vous avez tout noté sur votre calepin !
Vous êtes le devin d'en haut, le cicerone
Du pâle Abdebaran inquiet sur son trône !
Vous êtes le montreur d'Allioth, d'Arcturus,
D'Orion, des lointains univers apparus,
Et de tous les passants de la forêt des astres !
Vous en savez plus long que les grands Zoroastres
Et qu'Esdras qui hantait les chênes de Membré;
Vous êtes le cornac du prodige effaré;
La comète est à vous; vous êtes son pontife;
Et vous avez lié votre fil à la griffe
De cet épouvantable oiseau mystérieux,
Et vous l'allez tirer à vous du fond des cieux !
Londre, offre ton Bedlam ! Paris, ouvre Bicêtre !

Tout cela s'écroula sur Halley.

Votre ancêtre,
O rêveurs ! c'est le noir Prométhée, et vos cœurs,
Mordus comme le sien par les vautours moqueurs,
Saignent, et vous avez au pied la même chaîne;
L'homme a pour les chercheurs un Caucase de haine;
Empédocle est toujours brûlé par son volcan;
Tous les songeurs, marqués au front, mis au carcan,
Râlent sur l'éternel pilori des génies
Et des fous. Ce Halley, certes, qu'aux gémonies
Rome eût traîné, qu'Athène au cloaque eût poussé,
Etait impie, à moins qu'il ne fût insensé !
Jamais homme ici-bas ne s'était vu proscrire
Par un si formidable et sombre éclat de rire;
Tout l'accabla, les gens légers, les sérieux,
Et les grands gestes noirs des prêtres furieux.
Quoi ! cet homme saurait ce que la bible ignore ?
La vaste raillerie est un dôme sonore
Au-dessus d'une tête, et ce sinistre mur
Parle et de mille échos emplit un crâne obscur.
C'est ainsi que le rire, infâme et froid visage,
Parvient à faire un fou de ce qui fut un sage.
Halley morne s'alla cacher on ne sait où.

Avait-il été sage et fut-il vraiment fou ?
On ne sait. Le certain c'est qu'il courba la tête
Sous le sarcasme, atroce et joyeuse tempête,
Et qu'il baissa les yeux qu'il avait trop levés.
Les petits enfants nus courant sur les pavés
Le suivaient, et la foule en tumulte accourue
Riait quand il passait le soir dans quelque rue,
Et l'on disait : C'est lui ! chacun voulant punir
L'homme qui voit de loin une étoile venir.
C'est lui ! le fou ! Les cris allaient jusqu'aux nuées;
Et le pauvre homme errait triste sous les huées.
Il mourut.

L'ombre est vaste et l'on n'en parla plus.
L'homme que tout le monde insulte est un reclus,
On l'évite vivant et mort on le rature.
Ce noir vaincu rentra dans la sombre nature;
Il fut ce qui s'en va le soir sous l'horizon;
On le mit dans un coin quelconque d'un gazon
A côté d'une église obscure, vraie ou fausse;
Et la blême ironie autour de cette fosse
Voleta quelque temps, étant chauve-souris;
Un mort donne fort peu de joie aux beaux esprits;
Un cercueil bafoué ne vaut pas qu'on s'en vante;
Ce qui plaît, c'est de voir saigner la chair vivante;
Contre ce qui n'est plus pourquoi s'évertuer,
Et, quand un homme est mort, à quoi bon le tuer ?
Que sert d'assassiner de l'ombre et de la cendre ?
Donc chez les vers de terre on le laissa descendre;
La haine s'éteignit comme toute rumeur;
On finit par laisser tranquille ce dormeur,
Et tu t'en emparas, profonde pourriture;
Ce jouet des vivants tomba dans l'ouverture
De l'inconnu, silence, ombre où s'épanouit
La grande paix sinistre éparse dans la nuit;
Et l'herbe, ce linceul, l'oubli, ce crépuscule,
Eurent vite effacé ce tombeau ridicule.
L'oubli, c'est la fin morne; on oublia le nom,
L'homme, tout, ce rêveur, digne du cabanon,
Ces calculs poursuivant dans leur vagabondage
Des astres qui n'ont point d'orbite et n'ont point d'âge,
Ces soleils à travers les chiffres aperçus;
Et la ronce se mit à pousser là-dessus.

Un nom, c'est un haillon que les hommes lacèrent,
Et cela se disperse au vent.

Trente ans passèrent.
On vivait. Que faisait la foule ? Est-ce qu'on sait ?
Et depuis bien longtemps personne ne pensait
Au pauvre vieux rêveur enseveli sous l'herbe.
Soudain, un soir, on vit la nuit noire et superbe,

A l'heure où sous le grand suaire tout se tait,
Blêmir confusément, puis blanchir, et c'était
Dans l'année annoncée et prédite, et la cime
Des monts eut un reflet étrange de l'abîme
Comme lorsqu'un flambeau rôde derrière un mur,
Et la blancheur devint lumière, et dans l'azur
La clarté devint pourpre, et l'on vit poindre, éclore,
Et croître on ne sait quelle inexprimable aurore
Qui se mit à monter dans le haut firmament
Par degrés et sans hâte et formidablement;
Les herbes des lieux noirs que les vivants vénèrent
Et sous lesquelles sont les tombeaux, frissonnèrent;
Et soudain, comme un spectre entre en une maison,
Apparut, par-dessus le farouche horizon,
Une flamme emplissant des millions de lieues,
Monstrueuse lueur des immensités bleues,
Splendide au fond du ciel brusquement éclairci,
Et l'astre effrayant dit aux hommes : Me voici !

XLVII

UN POÈTE EST UN MONDE

Un poète est un monde enfermé dans un homme.
Plaute en son crâne obscur sentait fourmiller Rome;
Mélésigène, aveugle et voyant souverain
Dont la nuit obstinée attristait l'œil serein,
Avait en lui Calchas, Hector, Patrocle, Achille;
Prométhée enchaîné remuait dans Eschyle;
Rabelais porte un siècle; et c'est la vérité
Qu'en tout temps les penseurs couronnés de clarté
Les Shakspeares féconds et les vastes Homères,
Tous les poètes saints, semblables à des mères,
Ont senti dans leurs flancs des hommes tressaillir,
Tous, l'un le roi Priam et l'autre le roi Lear.
Leur fruit croît sous leur front comme au sein de la femme.
Ils vont rêver aux lieux déserts; ils ont dans l'âme
Un éternel azur qui rayonne et qui rit;
Ou bien ils sont troublés, et dans leur sombre esprit
Ils entendent rouler des chars pleins de tonnerres.
Ils marchent effarés, ces grands visionnaires.
Ils ne savent plus rien, tant ils vont devant eux,
Archiloque appuyé sur l'ïambe boiteux,
Euripide écoutant Minos, Phèdre et l'inceste,
Molière voit venir à lui le morne Alceste,
Arnolphe avec Agnès, l'aube avec le hibou,
Et la sagesse en pleurs avec le rire fou.
Cervantes pâle et doux cause avec don Quichotte;
A l'oreille de Job Satan masqué chuchote;
Dante sonde l'abîme en sa pensée ouvert;
Horace voit danser les faunes à l'œil vert;
Et Marlow suit des yeux au fond des bois l'émeute
Du noir sabbat fuyant dans l'ombre avec sa meute.

Alors, de cette foule invisible entouré,
Pour la création le poète est sacré.
L'herbe est pour lui plus molle et la grotte plus douce;
Pan fait plus de silence en marchant sur la mousse;
La nature, voyant son grand enfant distrait,
Veille sur lui; s'il est un piège en la forêt,
La ronce au coin du bois le tire par la manche
Et dit : Ne va pas là ! Sous ses pieds la pervenche
Tressaille; dans son nid, dans le buisson mouvant,

Dans la feuille, une voix, vague et mêlée au vent,
Murmure : — C'est Shakspeare et Macbeth ! — C'est [Molière
Et don Juan ! — C'est Dante et Béatrix ! — Le lierre
S'écarte, et les halliers, pareils à des griffons,
Retirent leur épine, et les chênes profonds,
Muets, laissent passer sous l'ombre de leurs dômes
Ces grands esprits parlant avec ces grands fantômes.

XLVIII

LE RETOUR DE L'EMPEREUR

Dors! nous t'irons chercher! — Ce jour viendra peut-être!
Car nous t'avons pour dieu sans t'avoir eu pour maître;
Car notre œil s'est mouillé de ton destin fatal,
Et, sous les trois couleurs comme sous l'oriflamme,
Nous ne nous pendons pas à cette corde infâme
    Qui t'arrache à ton piédestal.

Oh! va, nous te ferons de belles funérailles!
Nous aurons bien aussi peut-être nos batailles.
Nous en ombragerons ton cercueil respecté.
Nous y convierons tout, Europe, Afrique, Asie,
Et nous t'amènerons la jeune poésie
    Chantant la jeune liberté.

Ode à la Colonne. — Octobre 1830.

LE RETOUR DE L'EMPEREUR

I

Après la dernière bataille,
Quand, formidables et béants
Six cents canons sous la mitraille
Eurent écrasé les géants;
Dans ces jours où caisson qui roule,
Blessés, chevaux, fuyaient en foule,
Où l'on vit choir l'aigle indompté,
Et, dans le bruit et la fumée,
Sous l'écroulement d'une armée,
Plier Paris épouvanté;

Quand la vieille garde fut morte,
Trahi des uns, de tous quitté,
Le grand empereur, sans escorte,
Rentra dans la grande cité.
Dans l'ancien palais Elysée
Il s'arrêta, l'âme épuisée;
Et, n'attendant plus de secours,
Repoussant la guerre civile,
Avant de sortir de sa ville,
Triste, il la contempla trois jours.

Sa tête enfin était courbée.
Plus de triomphes ! plus de cris !
Sa popularité tombée
Couvrait sa gloire de débris.
Partout l'abandon et la haine !
Le soir, quelque passant à peine,
S'arrêtant, mais sans approcher,
Dans le palais cherchant le maître,
A travers la haute fenêtre
Regardait son ombre marcher.

Durant ces heures solennelles,
Tandis qu'il sondait son malheur,
L'œil des muettes sentinelles
L'interrogeait avec douleur.
Soldats toujours prêts pour la lutte,
Hélas ! ils comptaient de sa chute
Chaque symptôme avant-coureur;
Et, comme un jour qui se retire,
Ils voyaient s'effacer l'empire
Dans le regard de l'empereur !

Adieu ses légions sans nombre !
Adieu ses camps victorieux !
Il se sentait poussé vers l'ombre
Par un souffle mystérieux.
La nuit, sa fièvre était sans trêves;
Il voyait flotter dans ses rêves
Le spectre d'un rocher lointain.
Déjà, l'âme d'angoisses pleine,
Il entrevoyait Sainte-Hélène
Dans les brumes de son destin.

Le jour en proie à la pensée,
L'œil fixé sur le sol sacré,
Le front sur la vitre glacée,
Il disait : « — Oh ! je reviendrai !
Je reviendrai ! toujours le même,
Seul, sans pourpre et sans diadème,
Sans bataillons et sans trésors;
Je veux, proscrit, chassé, qu'importe ?
Choisir, pour rentrer, cette porte,
Cette porte par où je sors.

« Une nuit, dans une tempête,
Rapporté par un vent des cieux,
Avec des éclairs sur la tête,
Je surgirai, vivant, joyeux !
Mes vieux compagnons d'aventure
Dormiront dans la brume obscure,
Et tout à coup à l'orient
Ils verront luire, ô délivrance !
Mon œil rayonnant pour la France,
Pour l'Angleterre flamboyant !

« J'apparaîtrai dans les ténèbres
A ce Paris qui m'adora;
Le jour succède aux nuits funèbres,
Et mon peuple se lèvera !
Il se lèvera plein de joie,
Pourvu que dans l'ombre il me voie
Chassant l'étranger, vil troupeau,

Pâle, la main de sang trempée,
Avec le tronçon d'une épée,
Avec le haillon d'un drapeau ! »

*

Sire, vous reviendrez dans votre capitale,
Sans tocsin, sans combat, sans lutte et sans fureur,
Traîné par huit chevaux sous l'arche triomphale,
En habit d'empereur !

Par cette même porte, où Dieu vous accompagne,
Sire, vous reviendrez sur un sublime char,
Glorieux, couronné, saint comme Charlemagne
Et grand comme César !

Sur votre sceptre d'or, qu'aucun vainqueur ne foule,
On verra resplendir votre aigle au bec vermeil
Et sur votre manteau vos abeilles en foule
Frissonner au soleil.

Paris sur ses cent tours allumera des phares ;
Paris fera parler toutes ses grandes voix ;
Les cloches, les tambours, les clairons, les fanfares,
Chanteront à la fois.

Joyeux comme l'enfant quand l'aube recommence,
Emu comme le prêtre au seuil du lieu sacré,
Sire, on verra vers vous venir un peuple immense,
Tremblant, pâle, effaré ;

Peuple qui sous vos pieds mettrait les lois de Sparte,
Qu'embrase votre esprit, qu'enivre votre nom,
Et qui flotte, ébloui, du jeune Bonaparte
Au vieux Napoléon.

Une nouvelle armée, ardente d'espérance,
Dont les exploits déjà sèmeront la terreur,
Autour de votre char criera : Vive la France !
Et vive l'empereur !

En vous voyant passer, ô chef du grand empire !
Le peuple et les soldats tomberont à genoux.
Mais vous ne pourrez pas vous pencher pour leur dire :
Je suis content de vous !

Une acclamation douce, tendre et hautaine,
Chant des cœurs, cri d'amour où l'extase se joint,
Remplira la cité ; mais, ô mon capitaine !
Vous ne l'entendrez point.

De sombres grenadiers, vétérans qu'on admire,
Muets, de vos chevaux viendront baiser les pas;
Ce spectacle sera touchant et beau; mais, sire,
Vous ne le verrez pas.

Car, ô géant ! couché dans une ombre profonde,
Pendant qu'autour de vous, comme autour d'un ami,
S'éveilleront Paris, et la France, et le monde,
Vous serez endormi !

Vous serez endormi, figure auguste et fière,
De ce morne sommeil, plein de rêves pesants,
Dont Barberousse, assis sur sa chaise de pierre,
Dort depuis six cents ans.

L'épée au flanc, l'œil clos, la main encore émue
Par le dernier baiser de Bertrand éperdu,
Dans un lit où jamais le dormeur ne remue
Vous serez étendu.

Pareil à ces soldats qui, devant cent murailles,
Avaient suivi vos pas, vainqueurs, toujours debout,
Et qui, touchés un soir par le vent des batailles,
Se couchaient tout à coup.

Leur attitude grave, altière, armée encore,
Ressemblait au sommeil, et non point au trépas;
Mais la diane, hélas ! cette voix de l'aurore,
Ne les réveillait pas.

Si bien que, vous voyant glacé, dans son délire,
Et tel qu'un dieu muet qui se laisse adorer,
Ce peuple, ivre d'amour, venu pour vous sourire,
Ne pourra que pleurer.

Sire, en ce moment-là, vous aurez pour royaume
Tous les fronts, tous les cœurs qui battront sous le ciel;
Les nations feront asseoir votre fantôme
Au trône universel.

Les poètes divins, élite agenouillée,
Vous proclameront grand, vénérable, immortel,
Et de votre mémoire, injustement souillée,
Redoreront l'autel.

Les nuages auront passé dans votre gloire;
Rien ne troublera plus son rayonnement pur;
Elle se posera sur toute notre histoire
Comme un dôme d'azur.

Vous serez pour tout homme une âme grande et bonne,
Pour la France un proscrit magnanime et serein,
Sire, et pour l'étranger, sur la haute colonne,
Un colosse d'airain.

Vous cependant, — tandis qu'une pompe sacrée
Mènera par la ville un cortège inouï,
Et que tous croiront voir revivre à votre entrée
Un monde évanoui;

Tandis qu'on entendra, près du dôme où des ombres
Gardent tous les grands noms dont Paris se souvient,
Rugir les vieux canons comme des dogues sombres
Quand le maître revient;

Tandis que votre nom, devant qui tout s'efface,
Montera vers les cieux, puissant, illustre et beau, —
Vous sentirez ronger dans l'ombre votre face
Par le ver du tombeau!

*

Sombres événements, hérauts aux noirs messages!
Masques dont le Seigneur connaît seul les visages,
Que vous parlez parfois un langage effrayant!
Oh! n'arrachez-vous pas au livre de Dieu même
Ces feuillets ténébreux, pleins d'un vague anathème,
Que vous nous jetez en fuyant?

Rien n'est complet; à tout il manque quelque chose;
L'homme a le pilori, l'ombre a l'apothéose.
Ces héros sont trop grands! un même sort les suit.
Hélas! tous les Césars et tous les Charlemagnes
Ont deux versants, ainsi que les hautes montagnes;
D'un côté le soleil, et de l'autre la nuit.

Et quel temps fut jamais plus grave et plus sévère?
Le Christ déraciné tremble sur le Calvaire.
Oh! que d'écroulements! tout chancelle à la fois,
Tout plie et rompt, les grands sous la charge des haines,
Les rois sous le fardeau du sort, les lois humaines
Sous le poids des divines lois!

Rien de ces noirs débris ne sort — que toi, pensée!
Poésie immortelle à tous les vents bercée!
Ainsi, pour s'en aller en toute liberté,
Au gré de l'air qui souffle ou de l'eau qui s'épanche,
Teinte à peine de sang, la plume chaste et blanche
Tombe de l'oiseau mort et du nid dévasté.

II

Sainte-Hélène ! — leçon ! chute ! exemple ! agonie !
L'Angleterre, à la haine épuisant son génie,
Se mit à dévorer ce grand homme en plein jour;
Et l'univers revit ce spectacle homérique :
La chaîne, le rocher brûlé du ciel d'Afrique,
Et le titan — et le vautour !

*

Cependant ces tourments, cette auguste infortune,
Cette rage punique, implacable rancune,
Faisant saigner d'en bas le grand crucifié,
Ces affronts qui tombaient sur toute âme hautaine,
Comme un vase profond où coule une fontaine,
Emplissaient lentement le monde de pitié.

Pitié des nobles cœurs ! cri de toute la terre !
Qui t'irritaient dans l'ombre, ô geôlier d'Angleterre !
Car l'admiration, de son feu souverain,
Endurcit l'homme vil, amollit la grande âme.
Hélas ! où pleure un brave, un lâche rit. La flamme
Sèche la fange et fond l'airain.

*

Lui, pourtant, restait fier comme un roi chez son hôte.
On l'entendait parler dans son île à voix haute.
Il rêvait; il dictait d'illustres testaments;
Il repoussait l'oubli dont l'exil s'enveloppe
Et, quand son œil parfois se tournait vers l'Europe,
Il en venait encor de grands rayonnements.

Un jour, — Lanne assoupi tressaillit sous son dôme;
Les quatre aigles pensifs de la place Vendôme
Frémirent en voyant passer un noir corbeau.
On regarda; la nuit était sur Sainte-Hélène.
Un guichetier anglais sous son impure haleine
Avait éteint le grand flambeau.

*

Vingt ans il a dormi dans cette île lointaine !
Dans les monts, près d'un saule, au bord d'une fontaine,
Sans affront, sans honneur;
Vingt ans il a dormi sous une dalle obscure,
Seul avec l'océan, seul avec la nature,
Seul avec vous, Seigneur !

Là, dans la solitude, après tant de tempêtes,
Tandis que son esprit revivait dans nos têtes,
Que l'Europe indignée exécrait sa prison,
Et que les rois, tremblant jusque dans leurs entrailles,
Voyaient le tourbillon de toutes ses batailles
Gronder confusément encore à l'horizon;

Durant les nuits à l'heure où l'âme dans l'espace
N'entend que l'eau qui fuit, le cormoran qui passe,
Le flot des flots heurté,
L'air balayant les monts que la nuée encombre,
Et ce que dit tout bas à l'éternité sombre
La sombre immensité;

Quand la forêt frissonne au front de la colline;
Quand le ciel lentement vers l'océan s'incline;
Lorsque, brisant sa vague aux nocturnes rayons,
La mer, où vont plongeant des étoiles sans nombre,
Semble écumer dans l'ombre
Au choc étincelant des constellations;

Dans ces heures de paix, les déserts, les vallées,
Les vents, les bois, les monts, les sphères étoilées,
Chantant un divin chœur,
Couvrant d'oubli sa tombe aux bruits humains murée,
Ensemble accomplissaient la fonction sacrée
De calmer ce grand cœur.

III

Jadis, quand vous vouliez conquérir une ville,
Ratisbonne ou Madrid, Varsovie ou Séville,
Vienne l'austère, ou Naple au soleil radieux,
Vous fronciez le sourcil, ô figure idéale !
Alors tout était dit. La garde impériale
Faisait trois pas comme les dieux.

Vos batailles, ô roi ! comme des mains fatales,
L'une après l'autre, ont pris toutes les capitales !
Il suffit d'Iéna pour entrer à Berlin,
D'Arcole pour entrer à Mantoue, ô grand homme !
Lodi mène à Milan, Marengo mène à Rome,
La Moskova mène au Kremlin !

Paris coûte plus cher ! c'est la cité sacrée !
C'est la conquête ardue, âpre, démesurée !
Le but éblouissant des suprêmes efforts !

Pour entrer dans Paris, la ville de mémoire,
Sire, il faut revenir de la sombre victoire
Qu'on remporte au pays des morts !

Il faut avoir forcé toute haine à se taire,
Rallié tout grand cœur et tout grand caractère,
S'être fait de l'Europe et l'âme et le milieu,
Et, debout dans la gloire ainsi que dans un temple,
Etre pour l'univers, qui de loin vous contemple,
Plus qu'un fantôme et presque un dieu !

Il faut, soleil du siècle, en éclipser les astres;
Il faut, héros accru même par les désastres,
Dépasser Lafayette, effacer Mirabeau,
Sortir du fond des mers où l'autre ciel commence,
Et mêler la grandeur de l'océan immense
A la majesté du tombeau !

IV

Oh ! t'abaisser n'est pas facile,
France, sommet des nations !
Toi que l'idée a pour asile,
Mère des révolutions !
Aux choses dont tu fais le moule
Tout l'univers travaille en foule;
Ta chaleur dans ses veines coule;
Il t'obéit avec orgueil;
Il marche, il forge, il tente, il fonde;
Toi, tu penses, grave et féconde... —
La France est la tête du monde,
Cyclope dont Paris est l'œil !

Te détruire ? — audace insensée !
Crime ! folie ! impiété !
Ce serait ôter la pensée
A la future humanité !
Ce serait aveugler les races !
Car, dans le chemin que tu traces,
Dans le cercle où tu les embrasses,
Tous les peuples doivent s'unir;
L'esprit des temps à ta voix change;
Tout ce qui naît sous toi se range ! —
Qui donc ferait ce rêve étrange
De décapiter l'avenir ?

Te bâillonner ? — Rois ! Dieu lui-même
Pourra vous le prouver bientôt,

Ce siècle est un profond problème
Dont la France seule a le mot.
Ce siècle est debout sur la rive,
D'une voix terrible ou plaintive,
Questionnant quiconque arrive,
Tribuns, penseurs, — ou rois, hélas !
Il propose à tous, dès l'aurore,
L'énigme inexpliquée encore,
Et, comme le sphinx, il dévore
Celui qui ne le comprend pas !

T'insulter ? — mais, s'il se rencontre
Des rois pour courir ce danger,
Vois donc les choses que Dieu montre
A ceux qui voudraient t'outrager !
Vois, sous l'arche où sont nos histoires,
Wagram les mains de poudre noires,
Ulm, Essling, Eylau, cent victoires,
Défiler au bruit du tambour !
Dieu, quand l'Europe te croit morte,
Prend l'empereur et te l'apporte,
Et fait repasser sous ta porte,
Toute ta gloire en un seul jour !

T'insulter ! t'insulter ! ma mère !
Mais n'avons-nous pas tous, ô ciel !
Parmi nos livres, près d'Homère,
Quelque vieux sabre paternel ?
Nos pères sont morts, France aimée !
Mais de leur foule ranimée
Peut-être on ferait une armée
Comme on en fait un Panthéon !
Prêts à surgir au bruit des bombes,
Prêts à se lever si tu tombes,
Peut-être sont-ils dans leurs tombes
Entiers comme Napoléon !

*

Toi, héros de ces funérailles,
Roi ! génie ! empereur ! martyr !
Les temps sont clos; dans nos murailles
Rentre pour ne plus en sortir !
Rentre aussi dans ta gloire entière,
Toi qui mêlais d'une main fière.
Dans l'airain de ton œuvre altière,
Tous les peuples, tous les métaux;
Toi qui, dans ta force profonde,
Oubliant que la foudre gronde,
Voulais donner ta forme au monde
Comme Alexandre au mont Athos !

Tu voulais, versant notre sève
Aux peuples trop lents à mûrir,
Faire conquérir par le glaive
Ce que l'esprit doit conquérir.
Sur Dieu même prenant l'avance,
Tu prétendais, vaste espérance !
Remplacer Rome par la France
Régnant du Tage à la Néva;
Mais de tels projets Dieu se venge.
Duel effrayant ! guerre étrange !
Jacob ne luttait qu'avec l'ange,
Tu luttais avec Jéhovah !

Nul homme en ta marche hardie
N'a vaincu ton bras calme et fort;
A Moscou, ce fut l'incendie;
A Waterloo, ce fut le sort.
Que t'importe que l'Angleterre
Fasse parler un bloc de pierre
Dans ce coin fameux de la terre
Où Dieu brisa Napoléon,
Et, sans qu'elle-même ose y croire,
Fasse attester devant l'histoire
Le mensonge d'une victoire
Par le fantôme d'un lion ?

Oh ! qu'il tremble, au vent qui s'élève,
Sur son piédestal incertain,
Ce lion chancelant qui rêve,
Debout dans le champ du destin !
Nous repasserons dans sa plaine !
Laisse-le donc conter sa haine
Et répandre son ombre vaine
Sur tes braves ensevelis !
Quelque jour, — et je l'attends d'elle !
Ton aigle, à nos drapeaux fidèle,
Le soufflettera d'un coup d'aile
En s'en allant vers Austerlitz !

LE 15 DÉCEMBRE 1840

ÉCRIT EN REVENANT DES CHAMPS-ÉLYSÉES

Ciel glacé, soleil pur. — Oh ! brille dans l'histoire
Du funèbre triomphe impérial flambeau !
Que le peuple à jamais te garde en sa mémoire,
Jour beau comme la gloire,
Froid comme le tombeau !

XLIX

LE TEMPS PRÉSENT

LA VÉRITÉ

La Vérité, lumière effrayée, astre en fuite,
Evitant on ne sait quelle obscure poursuite,
Après s'être montrée un instant, disparaît.
Ainsi qu'une clarté passe en une forêt,
Elle s'en est allée au loin dans l'étendue,
Et s'est dans l'infini mystérieux perdue,
Mêlée à l'ouragan, mêlée à la vapeur,
Sombre; et de leur côté les hommes ont eu peur.
Peur d'elle, comme elle a peur des hommes peut-être.
Son effacement laisse obscure la fenêtre
Ouverte dans notre âme et béante au milieu
De l'ombre où l'épaisseur du temple cache Dieu.
Maintenant il fait nuit, le mensonge est à l'aise.
Cependant, par moments, sur la noire falaise,
D'où l'on voit l'inconnu sans borne, et les roulis
Du firmament tordant les astres dans ses plis,
Sommet d'où l'on entend Dieu tourner son registre,
Et d'où l'on aperçoit le modelé sinistre
Des mondes ignorés, des vagues univers,
L'un pour l'autre effrayants parce qu'ils sont divers,
Faîte où les visions se confrontent entre elles,
Où les réalités, pour nous surnaturelles,
Semblent avoir parfois la figure du mal,
Du haut de cette cime appelée Idéal,
Par instants un chercheur fait l'annonce sacrée,
Et dit : — La Vérité, qui guide, échauffe et crée,
Haute lueur par qui l'âme s'épanouit,
Vivants, va revenir bientôt dans votre nuit;
Attendez-la. Soyez prêts à la voir paraître. —
La terre alors se met à rire; alors le prêtre,
Alors le juge, alors le reître, alors le roi,
Quiconque vit d'erreur, d'imposture et d'effroi,
Dracon au nom des lois, Tibère au nom des hommes,
Caïphe au nom du ciel, tout ce que les Sodomes
Contiennent de plus sage et de plus vertueux,
Tous les cœurs nés, ainsi que l'hydre, tortueux,

Les frivoles, les purs, les doctes, les obscènes,
Tout le bourdonnement de ces mouches malsaines,
S'acharne; un homme est fou du moment qu'il est seul.
On rit d'abord; le rire a fait plus d'un linceul;
Puis on s'indigne : — Il faut qu'un tel forfait s'expie;
L'homme osant n'être pas aveugle, est un impie!
Quoi! celui-ci prétend qu'il voit de la clarté!
Il dit qu'il voit de loin venir la vérité!
Il sait l'heure, il connaît l'astre, il a l'insolence
D'être une voix chez nous qui sommes le silence,
D'être un flambeau chez nous qui sommes la noirceur!
Il vit là-haut! il est ce monstre, le penseur!
Quoi! sa prunelle est sainte, et serait la première
Qu'éblouirait l'auguste et lointaine lumière!
L'abîme est noir pour nous et pour lui serait bleu!
Si ce n'est pas un fou, ce serait donc un dieu!
A bas! — Et cris, fureurs, sarcasme, affronts, supplices!
Les ignorants naïfs et les savants complices,
Tous, car c'est l'homme auquel on ne pardonne point,
Arrivent, et chacun avec sa pierre au poing.
— Ah! tu viens annoncer la vérité! prédire
La fin de la bataille et la fin du délire,
La fin des guerres, plus d'échafaud, le grand jour,
Le plein midi, la paix, la liberté, l'amour!
Ah! tu vois tout cela d'avance! Plus d'envie,
L'homme buvant la joie aux sources de la vie,
Et la fraternité, de ses larges rameaux
Laissant tomber les biens en foule et non les maux.
Pour avoir de tels yeux il faut être stupide!
A mort! — Et chacun grince, et trépigne, et lapide;
Avec tout ce qu'on a sous la main, fouets, bâtons,
On frappe, on raille, on tue au hasard, à tâtons,
Tant les âmes ont peur de manquer de ténèbres,
Et tant les hommes sont facilement funèbres!
L'ennemi public meurt. Bien. Tout s'évanouit.
Nous allons donc avoir tranquillement la nuit!
La sainte cécité publique est rétablie.
On boit, on mange, on rampe, on chuchote, on oublie.
L'ordre n'est plus troublé par un noir songe-creux;
On est des loups contents et des ânes heureux;
Le bonze met son masque et le temple son voile;
Quant au rêveur marchant en avant de l'étoile,
Qui venait déranger Moïse et Mahomet,
On ne sait même plus comment il se nommait.
Et qu'annonçait-il donc? La vérité? Quel songe!
Au fond, la vérité, vivants, c'est un mensonge;
La vérité n'est pas. Fermons les yeux. Dormons.
Tout à coup, au milieu des psaumes, des sermons,
Des hymnes, des chansons, des cris, des ironies,
Quelque chose à travers les brumes infinies
Semble apparaître au seuil du ciel, et l'on croit voir

Un point confus blanchir au fond du gouffre noir,
Comme un aigle arrivant dont grandit l'envergure;
Et le point lumineux devient une figure,
Et la figure croît de moment en moment,
Et devient, ô terreur, un éblouissement !
C'est elle, c'est l'étoile inouïe et profonde,
La Vérité ! c'est elle, âme errante du monde,
Avec son évidence où nul rayon ne ment,
Et son mystère aussi d'où sort un flamboiement;
Elle, de tous les yeux le seul que rien n'endorme,
Elle, la regardée et la voyante énorme,
C'est elle ! O Vérité, c'est toi ! Divinement,
Elle surgit; ainsi qu'un vaste apaisement
Son radieux lever s'épand dans l'ombre immense;
Menace pour les uns, pour les autres clémence,
Elle approche; elle éclaire, à Thèbes, dans Ombos,
Dans Rome, dans Paris, dans Londres, des tombeaux,
Une ciguë en Grèce, une croix en Judée,
Et dit : Terre, c'est moi. Qui donc m'a demandée ?

Tout était vision sous les ténébreux dômes,
J'aperçus dans l'espace étoilé trois fantômes;
Les deux premiers très loin et le dernier plus près.
Le premier spectre dit : — Mané Thécel Pharès.
Son doigt levé montrait l'obscurité maudite;
Il ressemblait au sphinx monstrueux qui médite
Dans Assur, accroupi parmi les dieux camards.
Le second murmura ce mot : — Ides de Mars.
Et le troisième esprit cria : — Quatrevingt-treize.
Devant mes yeux erraient des lueurs de fournaise;
Et, par je ne sais quel étrange changement,
Chacun de ces trois mots, au fond du firmament,
Etait une des trois syllabes redoutables
D'un autre mot, écrit par Aron sur les tables,
Et que, longtemps avant que Jésus triomphât,
Les gouffres répétaient aux gouffres : — Josaphat.

JEAN CHOUAN

Les blancs fuyaient, les bleus mitraillaient la clairière.

Un coteau dominait cette plaine, et, derrière
Le monticule nu, sans arbre et sans gazon,
Les farouches forêts emplissaient l'horizon.

En arrière du tertre, abri sûr, rempart sombre,
Les blancs se ralliaient, comptant leur petit nombre,
Et Jean Chouan parut, ses longs cheveux au vent.
— Ah ! personne n'est mort, car le chef est vivant !
Dirent-ils. Jean Chouan écoutait la mitraille.
— Nous manque-t-il quelqu'un ? — Non. — Alors qu'on s'en aille !
Fuyez tous ! — Les enfants, les femmes aux abois
L'entouraient, effarés. — Fils, rentrons dans les bois !
Dispersons-nous ! — Et tous, comme des hirondelles
S'évadant dans l'orage immense à tire-d'ailes,
Fuirent vers le hallier noyé dans la vapeur;
Ils couraient; les vaillants courent quand ils ont peur;
C'est un noir désarroi qu'une fuite où se mêle
Au vieillard chancelant l'enfant à la mamelle;
On craint d'être tué, d'être fait prisonnier !
Et Jean Chouan marchait à pas lents, le dernier,
Se retournant parfois et faisant sa prière.
Tout à coup on entend un cri dans la clairière,
Une femme parmi les balles apparaît.
Toute la bande était déjà dans la forêt,
Jean Chouan restait seul; il s'arrête, il regarde;
C'est une femme grosse, elle s'enfuit, hagarde
Et pâle, déchirant ses pieds nus aux buissons;
Elle est seule; elle crie : A moi, les bons garçons !
Jean Chouan rêveur dit : C'est Jeanne-Madeleine.
Elle est le point de mire au milieu de la plaine;
La mitraille sur elle avec rage s'abat.
Il eût fallu que Dieu lui-même se courbât
Et la prît par la main et la mît sous son aile,

Tant la mort formidable abondait autour d'elle;
Elle était perdue. — Ah ! criait-elle, au secours !
Mais les bois sont tremblants et les fuyards sont sourds.
Et les balles pleuvaient sur la pauvre brigande.

Alors sur le coteau qui dominait la lande
Jean Chouan bondit, fier, tranquille, altier, viril,
Debout : — C'est moi qui suis Jean Chouan ! cria-t-il.
Les bleus dirent : — C'est lui, le chef ! et cette tête,
Prenant toute la foudre et toute la tempête,
Fit changer à la mort de cible. — Sauve-toi !
Cria-t-il, sauve-toi, ma sœur ! — Folle d'effroi,
Jeanne hâta le pas vers la forêt profonde.
Comme un pin sur la neige ou comme un mât sur l'onde,
Jean Chouan, qui semblait par la mort ébloui,
Se dressait, et les bleus ne voyaient plus que lui.
— Je resterai le temps qu'il faudra. Va, ma fille !
Va, tu seras encor joyeuse en ta famille,
Et tu mettras encor des fleurs à ton corset !
Criait-il. — C'était lui maintenant que visait
L'ardente fusillade, et sur sa haute taille,
Qui semblait presque prête à gagner la bataille,
Les balles s'acharnaient, et son puissant dédain
Souriait; il levait son sabre nu... — Soudain
Par une balle, ainsi l'ours est frappé dans l'antre,
Il se sentit trouer de part en part le ventre;
Il resta droit et dit : — Soit. *Ave Maria !*
Puis, chancelant, tourné vers le bois, il cria :
— Mes amis ! mes amis ! Jeanne est-elle arrivée ?
Des voix dans la forêt répondirent : — Sauvée !
Jean Chouan murmura : C'est bien ! et tomba mort.

Paysans ! paysans ! hélas ! vous aviez tort,
Mais votre souvenir n'amoindrit pas la France;
Vous fûtes grands dans l'âpre et sinistre ignorance;
Vous que vos rois, vos loups, vos prêtres, vos halliers
Faisaient bandits, souvent vous fûtes chevaliers;
A travers l'affreux joug et sous l'erreur infâme
Vous avez eu l'éclair mystérieux de l'âme;
Des rayons jaillissaient de votre aveuglement;
Salut ! Moi le banni, je suis pour vous clément;
L'exil n'est pas sévère aux pauvres toits de chaumes;
Nous sommes des proscrits, vous êtes des fantômes;
Frères, nous avons tous combattu; nous voulions
L'avenir; vous vouliez le passé, noirs lions;
L'effort que nous faisions pour gravir sur la cime,
Hélas ! vous l'avez fait pour rentrer dans l'abîme;
Nous avons tous lutté, diversement martyrs,
Tous sans ambitions et tous sans repentirs,
Nous pour fermer l'enfer, vous pour rouvrir la tombe;

Mais sur vos tristes fronts la blancheur d'en haut tombe,
La pitié fraternelle et sublime conduit
Les fils de la clarté vers les fils de la nuit,
Et je pleure en chantant cet hymne tendre et sombre,
Moi, soldat de l'aurore, à toi, héros de l'ombre.

APRÈS LA BATAILLE

Mon père, ce héros au sourire si doux,
Suivi d'un seul housard qu'il aimait entre tous
Pour sa grande bravoure et pour sa haute taille,
Parcourait à cheval, le soir d'une bataille,
Le champ couvert de morts sur qui tombait la nuit.
Il lui sembla dans l'ombre entendre un faible bruit.
C'était un espagnol de l'armée en déroute
Qui se traînait sanglant sur le bord de la route,
Râlant, brisé, livide, et mort plus qu'à moitié,
Et qui disait : — A boire, à boire par pitié ! —
Mon père, ému, tendit à son housard fidèle
Une gourde de rhum qui pendait à sa selle,
Et dit : — Tiens, donne à boire à ce pauvre blessé. —
Tout à coup, au moment où le housard baissé
Se penchait vers lui, l'homme, une espèce de maure,
Saisit un pistolet qu'il étreignait encore,
Et vise au front mon père en criant : Caramba !
Le coup passa si près que le chapeau tomba
Et que le cheval fit un écart en arrière.
— Donne-lui tout de même à boire, dit mon père.

LES PAROLES DE MON ONCLE

LA SŒUR DE CHARITÉ

J'avais vingt ans, j'étais criblé de coups de lance,
On me porta sanglant et pâle à l'ambulance.
On me fit un lit d'herbe, on me déshabilla.
J'avais sur moi des vers; j'étais, dans ce temps-là,
Poète, comme Horace amoureux de Barine.
Les lances qui m'avaient fort piqué la poitrine
Avaient aussi troué mes quatrains à Chloris.
Tout manquait; on n'est pas soigné comme à Paris
Dans ces vieilles forêts du pays de Thuringe;
Le chirurgien dit : — Nous n'avons pas de linge.
Il lut mes vers et dit : — C'est un païen, je crois.
La sœur de charité fit un signe de croix.
Et le docteur reprit : — Pas de linge : que faire ? —
Ah ! cette guerre était grande, et je la préfère
A votre paix. Quel temps ! je suis un des témoins.
J'ai des grades de plus et des cheveux de moins,
Le vieux général songe au jeune capitaine,
Et l'envie. Ah ! l'aurore est charmante, et lointaine ! —
Donc je perdais mon sang, j'étais évanoui.
J'étais jeune, blessé, mourant, mais vivant; oui,
Très vivant ! Le docteur disait : — La mort est sûre
Si l'on ne parvient pas à bander la blessure;
Du linge ! ou dans une heure il est mort ! — Cependant
Il partit. La bataille autour de nous grondant,
Pleine de chocs, de meurtre et d'ombre, et des haleines
De l'immense agonie éparse dans les plaines,
L'appelait de sa voix formidable au secours;
On ne donne aux blessés que des instants très courts.
J'étais seul, et mon flanc saignait, et mon épaule
Ruisselait, et la sœur de Saint-Vincent de Paule,
Très jeune, pâle, et rose à travers sa pâleur,
Me veillait. Elle dit : — Sauvons-le ! quel malheur !
S'il mourait, il serait damné, ce pauvre impie ! —

Elle arracha sa guimpe et fit de la charpie.
Tout entière à ses soins pour le jeune inconnu,
Elle ne voyait pas que son sein était nu.
Moi, je rouvrais les yeux... — O muses de Sicile,
Dire à quoi je pensais, ce serait difficile !

LE CIMETIÈRE D'EYLAU

A mes frères aînés, écoliers éblouis,
Ce qui suit fut conté par mon oncle Louis,
Qui me disait à moi, de sa voix la plus tendre :
— Joue, enfant ! — me jugeant trop petit pour comprendre.
J'écoutais cependant, et mon oncle disait :

— Une bataille, bah ! savez-vous ce que c'est !
De la fumée. A l'aube on se lève, à la brune
On se couche; et je vais vous en raconter une.
Cette bataille-là se nomme Eylau; je crois
Que j'étais capitaine et que j'avais la croix;
Oui, j'étais capitaine. Après tout, à la guerre,
Un homme, c'est de l'ombre, et ça ne compte guère,
Et ce n'est pas de moi qu'il s'agit. Donc, Eylau
C'est un pays en Prusse; un bois, des champs, de l'eau,
De la glace, et partout l'hiver et la bruine.

Le régiment campa près d'un mur en ruine;
On voyait des tombeaux autour d'un vieux clocher.
Benigssen ne savait qu'une chose, approcher
Et fuir; mais l'empereur dédaignait ce manège.
Et les plaines étaient toutes blanches de neige.
Napoléon passa, sa lorgnette à la main.
Les grenadiers disaient : Ce sera pour demain.
Des vieillards, des enfants pieds nus, des femmes grosses
Se sauvaient; je songeais; je regardais les fosses.
Le soir on fit les feux, et le colonel vint;
Il dit : — Hugo ? — Présent. — Combien d'hommes ? —
— Bien. Prenez avec vous la compagnie entière, [Cent vingt
Et faites-vous tuer. — Où ? — Dans le cimetière.
Et je lui répondis : — C'est en effet l'endroit.
J'avais ma gourde, il but et je bus; un vent froid
Soufflait. Il dit : — La mort n'est pas loin. Capitaine,
J'aime la vie, et vivre est la chose certaine,
Mais rien ne sait mourir comme les bons vivants.
Moi, je donne mon cœur; mais ma peau, je la vends.
Gloire aux belles ! Trinquons. Votre poste est le pire. —
Car notre colonel avait le mot pour rire.
Il reprit : — Enjambez le mur et le fossé,

Et restez là; ce point est un peu menacé,
Ce cimetière étant la clef de la bataille.
Gardez-le. — Bien. — Ayez quelques bottes de paille.
— On n'en a point. — Dormez par terre. — On dormira.
— Votre tambour est-il brave ? — Comme Bara.
— Bien. Qu'il batte la charge au hasard et dans l'ombre,
Il faut avoir le bruit quand on n'a pas le nombre.
Et je dis au gamin : — Entends-tu, gamin ? — Oui,
Mon capitaine, dit l'enfant, presque enfoui
Sous le givre et la neige, et riant. — La bataille,
Reprit le colonel, sera toute à mitraille;
Moi, j'aime l'arme blanche, et je blâme l'abus
Qu'on fait des lâchetés féroces de l'obus;
Le sabre est un vaillant, la bombe une traîtresse;
Mais laissons l'empereur faire. Adieu, le temps presse.
Restez ici demain sans broncher. Au revoir.
Vous ne vous en irez qu'à six heures du soir. —
Le colonel partit. Je dis : — Par file à droite !
Et nous entrâmes tous dans une enceinte étroite;
De l'herbe, un mur autour, une église au milieu,
Et dans l'ombre, au-dessus des tombes, un bon Dieu.

Un cimetière sombre, avec de blanches lames,
Cela rappelle un peu la mer. Nous crénelâmes
Le mur, et je donnai le mot d'ordre, et je fis
Installer l'ambulance au pied du crucifix.
— Soupons, dis-je, et dormons. — La neige cachait l'herbe;
Nos capotes étaient en loques; c'est superbe,
Si l'on veut, mais c'est dur quand le temps est mauvais.
Je pris pour oreiller une fosse; j'avais
Les pieds transis, ayant des bottes sans semelle;
Et bientôt, capitaine et soldats pêle-mêle,
Nous ne bougeâmes plus, endormis sur les morts.
Cela dort, les soldats; cela n'a ni remords,
Ni crainte, ni pitié, n'étant pas responsable;
Et, glacé par la neige ou brûlé par le sable,
Cela dort; et d'ailleurs, se battre rend joyeux.
Je leur criai : Bonsoir ! et je fermai les yeux;
A la guerre on n'a pas le temps des pantomimes.
Le ciel était maussade, il neigeait, nous dormîmes.
Nous avions ramassé des outils de labour,
Et nous en avions fait un grand feu. Mon tambour
L'attisa, puis s'en vint près de moi faire un somme.
C'était un grand soldat, fils, que ce petit homme.
Le crucifix resta debout, comme un gibet.
Bref le feu s'éteignit; et la neige tombait.
Combien fut-on de temps à dormir de la sorte ?
Je veux, si je le sais, que le diable m'emporte !
Nous dormions bien. Dormir, c'est essayer la mort.
A la guerre c'est bon. J'eus froid, très froid d'abord;
Puis je rêvai; je vis en rêve des squelettes

Et des spectres, avec de grosses épaulettes;
Par degrés, lentement, sans quitter mon chevet,
J'eus la sensation que le jour se levait,
Mes paupières sentaient de la clarté dans l'ombre;
Tout à coup, à travers mon sommeil, un bruit sombre
Me secoua, c'était au canon ressemblant;
Je m'éveillai; j'avais quelque chose de blanc
Sur les yeux; doucement, sans choc, sans violence,
La neige nous avait tous couverts en silence
D'un suaire, et j'y fis en me dressant un trou;
Un boulet, qui nous vint je ne sais trop par où,
M'éveilla tout à fait; je lui dis : Passe au large !
Et je criai : — Tambour, debout ! et bats la charge !
Cent vingt têtes alors, ainsi qu'un archipel,
Sortirent de la neige; un sergent fit l'appel,
Et l'aube se montra, rouge, joyeuse et lente;
On eût cru voir sourire une bouche sanglante.
Je me mis à penser à ma mère; le vent
Semblait me parler bas; à la guerre souvent
Dans le lever du jour c'est la mort qui se lève.
Je songeais. Tout d'abord nous eûmes une trêve;
Les deux coups de canon n'étaient rien qu'un signal,
La musique parfois s'envole avant le bal
Et fait danser en l'air une ou deux notes vaines.
La nuit avait figé notre sang dans nos veines,
Mais sentir le combat venir nous réchauffait.
L'armée allait sur nous s'appuyer en effet;
Nous étions les gardiens du centre, et la poignée
D'hommes sur qui la bombe, ainsi qu'une cognée,
Va s'acharner; et j'eusse aimé mieux être ailleurs.
Je mis mes gens le long du mur, en tirailleurs.
Et chacun se berçait de la chance peu sûre
D'un bon grade à travers une bonne blessure;
A la guerre on se fait tuer pour réussir.
Mon lieutenant, garçon qui sortait de Saint-Cyr,
Me cria : — Le matin est une aimable chose;
Quel rayon de soleil charmant ! La neige est rose !
Capitaine, tout brille et rit ! quel frais azur !
Comme ce paysage est blanc, paisible et pur !
— Cela va devenir terrible, répondis-je.
Et je songeais au Rhin, aux Alpes, à l'Adige,
A tous nos fiers combats sinistres d'autrefois.

Brusquement la bataille éclata. Six cents voix
Enormes, se jetant la flamme à pleines bouches,
S'insultèrent du haut des collines farouches,
Toute la plaine fut un abîme fumant,
Et mon tambour battait la charge éperdument.
Aux canons se mêlait une fanfare altière,
Et les bombes pleuvaient sur notre cimetière,
Comme si l'on cherchait à tuer les tombeaux;

On voyait du clocher s'envoler les corbeaux;
Je me souviens qu'un coup d'obus troua la terre,
Et le mort apparut stupéfait dans sa bière,
Comme si le tapage humain le réveillait.
Puis un brouillard cacha le soleil. Le boulet
Et la bombe faisaient un bruit épouvantable.
Berthier, prince d'empire et vice-connétable,
Chargea sur notre droite un corps hanovrien
Avec trente escadrons, et l'on ne vit plus rien
Qu'une brume sans fond, de bombes étoilée;
Tant toute la bataille et toute la mêlée
Avaient dans le brouillard tragique disparu.
Un nuage tombé par terre, horrible, accru
Par des vomissements immenses de fumées,
Enfants, c'est là-dessous qu'étaient les deux armées;
La neige en cette nuit flottait comme un duvet,
Et l'on s'exterminait, ma foi, comme on pouvait.
On faisait de son mieux. Pensif, dans les décombres,
Je voyais mes soldats rôder comme des ombres,
Spectres le long du mur rangés en espalier;
Et ce champ me faisait un effet singulier,
Des cadavres dessous et dessus des fantômes.
Quelques hameaux flambaient; au loin brûlaient des chaumes.
Puis la brume où du Harz on entendait le cor
Trouva moyen de croître et d'épaissir encor,
Et nous ne vîmes plus que notre cimetière;
A midi nous avions notre mur pour frontière
Comme par une main noire, dans de la nuit,
Nous nous sentîmes prendre, et tout s'évanouit.
Notre église semblait un rocher dans l'écume.
La mitraille voyait fort clair dans cette brume,
Nous tenait compagnie, écrasait le chevet
De l'église, et la croix de pierre, et nous prouvait
Que nous n'étions pas seuls dans cette plaine obscure.
Nous avions faim, mais pas de soupe; on se procure
Avec peine à manger dans un tel lieu. Voilà
Que la grêle de feu tout à coup redoubla.
La mitraille, c'est fort gênant; c'est de la pluie;
Seulement ce qui tombe et ce qui vous ennuie,
Ce sont des grains de flamme et non des gouttes d'eau.
Des gens à qui l'on met sur les yeux un bandeau,
C'était nous. Tout croulait sous les obus, le cloître,
L'église et le clocher, et je voyais décroître
Les ombres que j'avais autour de moi debout;
Une de temps en temps tombait. — On meurt beaucoup,
Dit un sergent pensif comme un loup dans un piège;
Puis il reprit, montrant les fosses sous la neige :
— Pourquoi nous donne-t-on ce champ déjà meublé ? —
Nous luttions. C'est le sort des hommes et du blé
D'être fauchés sans voir la faulx. Un petit nombre
De fantômes rôdait encor dans la pénombre;

Mon gamin de tambour continuait son bruit;
Nous tirions par-dessus le mur presque détruit.
Mes enfants, vous avez un jardin; la mitraille
Etait sur nous, gardiens de cette âpre muraille,
Comme vous sur les fleurs avec votre arrosoir.
« Vous ne vous en irez qu'à six heures du soir. »
Je songeais, méditant tout bas cette consigne.
Des jets d'éclair mêlés à des plumes de cygne,
Des flammèches rayant dans l'ombre les flocons,
C'est tout ce que nos yeux pouvaient voir. — Attaquons !
Me dit le sergent. — Qui ? dis-je, on ne voit personne.
— Mais on entend. Les voix parlent; le clairon sonne,
Partons, sortons; la mort crache sur nous ici;
Nous sommes sous la bombe et l'obus. — Restons-y.
J'ajoutai : — C'est sur nous que tombe la bataille.
Nous sommes le pivot de l'action. — Je bâille,
Dit le sergent. — Le ciel, les champs, tout était noir;
Mais quoiqu'en pleine nuit nous étions loin du soir,
Et je me répétais tout bas : Jusqu'à six heures.
— Morbleu ! nous aurons peu d'occasions meilleures
Pour avancer ! me dit mon lieutenant. Sur quoi,
Un boulet l'emporta. Je n'avais guère foi
Au succès; la victoire au fond n'est qu'une garce.
Une blême lueur, dans le brouillard éparse,
Eclairait vaguement le cimetière. Au loin
Rien de distinct, sinon que l'on avait besoin
De nous pour recevoir sur nos têtes les bombes.
L'empereur nous avait mis là, parmi ces tombes;
Mais, seuls, criblés d'obus et rendant coups pour coups,
Nous ne devinions pas ce qu'il faisait de nous.
Nous étions, au milieu de ce combat, la cible.
Tenir bon, et durer le plus longtemps possible,
Tâcher de n'être morts qu'à six heures du soir,
En attendant, tuer, c'était notre devoir.
Nous tirions au hasard, noirs de poudre, farouches;
Ne prenant que le temps de mordre les cartouches,
Nos soldats combattaient et tombaient sans parler.
— Sergent, dis-je, voit-on l'ennemi reculer ?
— Non. — Que voyez-vous ? — Rien. — Ni moi. C'est le déluge,
Mais en feu. — Voyez-vous nos gens ? — Non. Si j'en juge
Par le nombre de coups qu'à présent nous tirons,
Nous sommes bien quarante. — Un grognard à chevrons,
Qui tiraillait pas loin de moi, dit : — On est trente.
Tout était neige et nuit; la bise pénétrante
Soufflait, et, grelottants, nous regardions pleuvoir
Un gouffre de points blancs dans un abîme noir.
La bataille pourtant semblait devenir pire.
C'est qu'un royaume était mangé par un empire !
On devinait derrière un voile un choc affreux;
On eût dit des lions se dévorant entre eux;
C'était comme un combat des géants de la fable;

On entendait le bruit des décharges, semblable
A des écroulements énormes; les faubourgs
De la ville d'Eylau prenaient feu; les tambours
Redoublaient leur musique horrible, et sous la nue
Six cents canons faisaient la basse continue;
On se massacrait; rien ne semblait décidé;
La France jouait là son plus grand coup de dé;
Le bon Dieu de là-haut était-il pour ou contre ?
Quelle ombre ! et je tirais de temps en temps ma montre.
Par intervalle un cri troublait ce champ muet,
Et l'on voyait un corps gisant qui remuait.
Nous étions fusillés l'un après l'autre, un râle
Immense remplissait cette ombre sépulcrale.
Les rois ont les soldats comme vous vos jouets.
Je levais mon épée, et je la secouais
Au-dessus de ma tête, et je criais : Courage !
J'étais sourd et j'étais ivre, tant avec rage
Les coups de foudre étaient par d'autres coups suivis;
Soudain mon bras pendit, mon bras droit, et je vis
Mon épée à mes pieds, qui m'était échappée;
J'avais un bras cassé; je ramassai l'épée
Avec l'autre, et la pris dans ma main gauche : — Amis !
Se faire aussi casser le bras gauche est permis !
Criai-je, et je me mis à rire, chose utile,
Car le soldat n'est point content qu'on le mutile,
Et voir le chef un peu blessé ne déplaît point.
Mais quelle heure était-il ? Je n'avais plus qu'un poing
Et j'en avais besoin pour lever mon épée;
Mon autre main battait mon flanc, de sang trempée,
Et je ne pouvais plus tirer ma montre. Enfin
Mon tambour s'arrêta : — Drôle, as-tu peur ? — J'ai faim,
Me répondit l'enfant. En ce moment la plaine
Eut comme une secousse, et fut brusquement pleine
D'un cri qui jusqu'au ciel sinistre s'éleva.
Je me sentais faiblir; tout un homme s'en va
Par une plaie; un bras cassé, cela ruisselle;
Causer avec quelqu'un soutient quand on chancelle;
Mon sergent me parla; je dis au hasard : Oui,
Car je ne voulais pas tomber évanoui.
Soudain le feu cessa, la nuit sembla moins noire.
Et l'on criait : Victoire ! et je criai : Victoire !
J'aperçus des clartés qui s'approchaient de nous.
Sanglant, sur une main et sur les deux genoux
Je me traînai; je dis : — Voyons où nous en sommes.
J'ajoutai : — Debout, tous ! Et je comptai mes hommes.
— Présent ! dit le sergent. — Présent ! dit le gamin.
Je vis mon colonel venir, l'épée en main.
— Par qui donc la bataille a-t-elle été gagnée ?
— Par vous, dit-il. — La neige étant de sang baignée,
Il reprit : — C'est bien vous, Hugo ? c'est votre voix ?
— Oui. — Combien de vivants êtes-vous ici ? — Trois.

1851 — CHOIX ENTRE DEUX PASSANTS

Je vis la Mort, je vis la Honte; toutes deux
Marchaient au crépuscule au fond du bois hideux.

L'herbe informe était brune et d'un souffle agitée.

Et sur un cheval mort la Mort était montée;
La Honte cheminait sur un cheval pourri.

Des vagues oiseaux noirs on entendait le cri.

Et la Honte me dit : — Je m'appelle la Joie.
Je vais au bonheur. Viens. L'or, la pourpre, la soie,
Les festins, les palais, les prêtres, les bouffons,
Le rire triomphal sous les vastes plafonds,
Les richesses en hâte ouvrant leurs sacs de piastres,
Les parcs, éden nocturne aux grands arbres pleins d'astres,
Les femmes accourant avec une aube aux fronts,
La fanfare à sa bouche appuyant les clairons,
Fière, et faisant sonner la gloire dans le cuivre,
Tout cela t'appartient; viens, tu n'as qu'à me suivre.

Et je lui répondis : — Ton cheval sent mauvais.
La mort me dit : — Mon nom est Devoir; et je vais
Au sépulcre, à travers l'angoisse et le prodige.

— As-tu derrière toi de la place ? lui dis-je.

Et depuis lors, tournés vers l'ombre où Dieu paraît,
Nous faisons route ensemble au fond de la forêt.

ÉCRIT EN EXIL

L'heureux n'est pas le vrai, le droit n'est pas le nombre;
Un vaincu toujours triste, un vainqueur toujours sombre,
Le sort n'a-t-il donc pas d'autre oscillation ?
Toujours la même roue et le même Ixion !
Qui que vous soyez, Dieu vers qui tout me ramène,
Si le faible souffrait en vain, si l'âme humaine
N'était qu'un grain de cendre aux ouragans jeté,
Je serais mécontent de votre immensité;
Il faut, dans l'univers fatal et pourtant libre,
Aux âmes l'équité comme aux cieux l'équilibre;
J'ai besoin de sentir de la justice au fond
Du gouffre où l'ombre avec la clarté se confond;
J'ai besoin du méchant mal à l'aise, et du crime
Retombant sur le monstre et non sur la victime;
Un Caïn triomphant importune mes yeux;
J'ai besoin, quand le mal est puissant et joyeux,
D'un certain grondement là-haut, et de l'entrée
Du tonnerre au-dessus de la tête d'Atrée.

LA COLÈRE DU BRONZE

★

Et voilà donc l'emploi que vous faites, vivants,
De moi l'airain, vous cendre éparse aux quatre vents !

Ainsi la certitude est morte ! Ainsi la rue
Offre en exemple un fourbe à la foule accourue,
Et les passants diront du plus vil des bourreaux,
D'un voleur, d'un goujat : Ce doit être un héros !
La statue est un lâche abus de confiance !
Et l'on verra le peuple, ému, plein de croyance,
Ayant foi dans le bronze infaillible et serein,
Découvrir son grand front pour un faquin d'airain !

Vous allumez la braise et vous creusez le moule;
Mon bloc fumant se gonfle et tombe, s'enfle et croule,
Vous fouillez mon flot rouge avec des crocs de fer,
Comme font des satans remuant un enfer;
Vous attisez avec le zinc incendiaire
Mon cratère où bascule et s'épand la chaudière,
Et tout mon dur métal devient une eau de feu,
Et j'écume, et je dis : Hommes, faites-moi dieu !
J'y consens. Et je brûle avec furie et joie.
Faites. Dans mon tourment mon triomphe flamboie.
Quiconque voit ma pourpre auguste est ébloui.
Le noir moule béant, sous la terre enfoui,
S'ouvre à moi comme un gouffre obscur au fond d'un [antre,
Et ma voix sombre gronde et crie : Oui, c'est bien, j'entre,
Je serai Washington !... — Je sors, je suis Morny !

Ah ! sous le ciel sacré, sous l'azur infini,
Soyez maudits ! Rugir dans la fournaise ardente,
Moi le bronze ! pour qui ? Pour Gutenberg ? Pour Dante ?
Pour Thrasybule ? Non. Pour Billault, pour Dupin !
J'attends Léonidas, on me jette Scapin.
Mais de quoi donc sont faits les hommes ? C'est à croire

Que l'ordure est pour vous ressemblante à la gloire;
Que votre âme est troublée au point de ne plus voir;
Et que le bien, le mal, le crime, le devoir,
Bayard, Judas, Barbès le preux, Georgey l'impie,
Flottent confusément sous votre myopie!
Vous hissez sur un faîte abject le facies
De Fould, ou le profil abruti de Sieyès,
Et vous avez le goût de regarder sans cesse
En haut, bien au-dessus de vos fronts, la bassesse.

*

Savez-vous que je suis le métal souverain ?
Que j'ai mis sur Corinthe un quadrige d'airain,
Et que mes dieux, mes rois, mes victoires ailées,
Font de l'ombre sur vous du haut des Propylées ?
Savez-vous qu'autrefois j'étais sacré ? J'avais
L'impossibilité d'être vil et mauvais;
Et c'est pourquoi, vivants, je valais mieux que l'homme.
Je connaissais Athène et j'ignorais Sodome.
Les grecs disaient de moi : Le bronze est un héros.
J'étais Jupiter, Mars, Pallas, Diane, Eros;
On me voyait durer autant qu'un vers d'Eschyle;
Et j'étais pour les grecs la chair du grand Achille.
Ces populaces, foule aux yeux pleins de clarté,
Honoraient ma noirceur et ma virginité;
Les portefaix de Sparte et les marchandes d'herbes
Ne me regardaient point sans devenir superbes.
Et j'étais à tel point l'âme de la cité
Que les petits enfants bégayaient : Liberté!

Aujourd'hui, sur un socle, en vos places publiques
Pour qui le ciel n'a plus que des rayons obliques,
Vous mettez la statue énorme d'un pasquin
Qui devient un colosse et reste un mannequin,
D'un chenapan, d'un gueux qui prend un air d'archonte
Et qui se drape avec orgueil dans de la honte.
C'est de l'opprobre altier et qui se tient debout.
On monte au Panthéon par le trou de l'égout.
Les voilà tous, Magnan, puis Delangle, Espinasse,
Puis Troplong, ce qui rampe avec ce qui menace,
Spectres hideux qu'entoure, en plein air, au soleil,
Le brouhaha des voix inutiles, pareil
A l'agitation du vent dans les branchages.
Et je suis le complice! et les bardes, les sages,
Les vaillants, les martyrs à mourir acharnés,
Les grands hommes que j'ai tant de fois incarnés,
Ne m'ont pas défendu de cette ignominie
D'être pantin après avoir été génie!

Vous condamnez l'airain aux avilissements.

Comme vous, je trahis et, comme vous, je mens.
Je trahis la vertu, je trahis la durée;
Je trahis la colère, âpre muse azurée,
Qui rend et fait justice, et n'a pas d'autre soin;
Et devant Juvénal je suis un faux témoin.
Chute et deuil ! Je trahis le lever de l'étoile,
Qui dans l'ombre, à travers la nuit, son chaste voile,
Cherchant à l'horizon des bronzes radieux,
Aperçoit des bandits au lieu de voir des dieux !

Ma fournaise m'indigne, à mal faire occupée.
Ceux qui vendent la loi, ceux qui vendent l'épée,
Brumaire avec Leclerc, Décembre avec Morny,
Un tas d'ingrédients, faux droits, sceptre impuni,
Le vieil autel, le vieux billot, la vieille chaîne,
Auxquels on a mêlé la conscience humaine,
Tout cela dans la cuve obscure flotte et fond.
Et la statue en sort, vile.

Le Dieu profond
Vous donne les héros, les penseurs, les prophètes,
Et le bronze, et voilà, vous, ce que vous en faites.
Vous donnez le cachot à Christophe Colomb,
A Dante l'exil triste et sa chape de plomb,
A Jésus le calvaire et sa risée ingrate,
A Morus l'échafaud, la ciguë à Socrate,
Le bûcher à Jean Huss, et le bronze aux valets.

*

Je sais bien qu'on dira : Passez, méprisez-les.
Ce sont des gredins.

Soit. Mais ce sont des statues.
Mais ces indignités sont de splendeur vêtues.
Mais on croit tellement le bronze honnête, et sûr
Du bon choix des héros qu'il dresse dans l'azur,
On est si convaincu que lorsque, sous les arbres,
Au milieu des enfants rieurs, parmi les marbres,
Sur les degrés d'un temple ou sur l'arche d'un pont,
Le bronze montre au peuple un homme, il en répond;
Mais tous ces malfaiteurs, mais tous ces misérables,
Devenus au passant stupide vénérables,
Ont si profondément, de leurs pieds de métal,
Pris racine au granit puissant du piédestal;
J'ai mis sur leur bassesse une si grande armure,
Qu'en vain l'âpre aquilon sur leurs têtes murmure,
Ils sont là, fermes, froids, rayonnants, ténébreux,
L'heure, goutte du siècle, en vain tombe sur eux;
Et vienne la tempête et vienne la nuée,
La foudre et son éclair, la trombe et sa huée,

Qu'importe ? ils sont d'airain ; et l'airain jamais vieux
Rit des coups d'ongles noirs de l'hiver pluvieux.
Novembre a beau venir après juillet ; l'année,
Cette dent qui mord tout, les respecte, indignée !
L'ondée, en les rouillant, les conserve ; leurs fronts
Se dressent immortels, plus fiers sous plus d'affronts ;
Sur eux s'abattent neige, averse, givre, orage,
Et tout le tourbillon des bises, folle rage,
Et la grêle insultante et le soleil rongeur,
Et, sans qu'il leur en reste une ombre, une rougeur,
Tous les soufflets du temps, ils les ont sur la joue ;
De sorte que le bronze éternise la boue.

Tel homme, à quelque crime effroyable rêvant,
Et qu'on flétrira mort, vous l'adorez vivant ;
Vous le faites statue avant qu'il soit fantôme ;
Vous ne distinguez pas le géant de l'atome,
Vous ne distinguez pas le faux vainqueur du vrai ;
Un jour Tacite, un jour Salluste et Mézeray
Diront : Ce scélérat a trahi la patrie !
Et traîneront sa gloire abjecte à la voirie.
Vous l'avez déclaré sublime en attendant.
Moi sur qui vous mettez plus d'un masque impudent,
J'ai l'instinct qui vous manque, hélas ! et dans le reître
Qui vous semble un héros, souvent je sens un traître.

Ah ! fourmilière humaine ! il vous importe peu
Qu'un immonde stylite offense le ciel bleu.
Faire de la statue une prostituée !
Votre prunelle, au jour de cave habituée,
N'a plus d'éclairs, sourit au mal, se plaît à voir
L'ombre que du plateau d'un socle blanc ou noir
Jette le courtisan, le fripon, le transfuge,
Et l'aboiement du chien semble la voix d'un juge.
Les seuls dogues grondants protestent vaguement.

L'histoire ne peut plus me croire. Un monument
La déconcerte, ayant pour auréole un crime.
Pourtant j'étais jadis l'avertisseur sublime ;
Je suis l'apothéose ou bien le châtiment.
Mon immobilité vaut mon bouillonnement.
Ardent, je suis la lave, et, froid, je suis le bronze.

*

Quoi ! pas même un Néron ! pas même un Louis onze !
J'eusse rougi du maître, on me livre au laquais !
Dans les noirs carrefours, dans les parcs, sur les quais,
Je suis Dave ou Frontin, et j'indigne Pétrone !
Quoi ! pas même un opprobre avec une couronne !
Pas même une infamie ayant droit au laurier !

Oui, c'est Dupin, Dupin qu'on prend dans son terrier,
Et qu'on fait bronze ! Il a son temple, il est au centre.
Mort, il se tient droit, lui qui vécut à plat ventre !
Et lui, c'est moi ! L'airain moule, incarne et subit
Quiconque a retourné lestement son habit.
Oui, voyez, c'est bien lui, lourd fuyard, faux augure;
La honte le déforme, et je le transfigure !
Plus souillé qu'un haillon qu'on brocante au bazar,
J'en suis à regretter la face de César;
C'était du moins le monstre, à présent c'est le drôle.

Je ressuscite, ô lâche et misérable rôle,
Tel affreux gueux, qui n'est pas même un empereur !
Je me dresse, assombri, sous ce masque d'horreur,
Dans le forum, où nul, hélas ! ne délibère.
Honteux d'être Séjan, je me voudrais Tibère.
Il fut du moins auguste en même temps que vil.
Si de face il fut singe, il fut dieu de profil.
L'histoire le revêt d'une honte immortelle;
Et son abjection sans bornes n'est pas telle
Qu'on ne sente Troplong et Baroche au-dessous.

Oh ! vous me sauverez de ce bagne, gros sous !
Vous me délivrerez. Le peuple sur la claie
Traînera la statue émiettée en monnaie,
Et je serai joyeux que Chodruc et Vadé
Me jettent aux ruisseaux, moi le bronze évadé.
O penseur, deviens peuple ! O bronze, deviens cuivre !
Car c'est une façon superbe de revivre,
Et rien n'est plus sublime, et rien n'est plus charmant
Que de se disperser sur tous à tout moment,
Que d'être l'obole humble et de bienfaits remplie,
Le denier qui va, vient, court et se multiplie,
Et qui, chétif, obscur, trivial, triomphant,
Donne au vieillard la vie et la joie à l'enfant.
On méprisait ce bronze, et ce cuivre on l'estime.
Plutôt qu'être Troplong mieux vaut être un centime
Et, lorsqu'il fut Dupin aux yeux de tout Paris,
L'airain s'en débarbouille avec du vert-de-gris.

Donc, j'attends. Quelque jour j'aurai cette revanche.
Déjà le pavé tremble et le piédestal penche,
Car tout a ses retours. Le reflux est de droit.
Jamais le genre humain ne reste au même endroit.
De la main du hasard l'homme parfois accepte
On ne sait quels élus de la fortune inepte;
Il en fait des dieux; quitte, et je l'aime ainsi mieux
A faire des liards ensuite avec ces dieux !

FRANCE ET AME

Je m'étais figuré que lorsque cet Etna,
La Révolution, prit feu, s'ouvrit, tonna,
Rugit, fendit la terre, et cracha sur le monde
Sa lave alors terrible et maintenant féconde,
Que, lorsque, vierge altière et proclamant nos droits,
L'Idée offrit la guerre au groupe affreux des rois,
Lorsque apparut, hautaine, à travers les fumées,
Cette Diane, en laisse ayant quatorze armées,
Que lorsque Danton prit l'Europe corps à corps,
Que lorsqu'on entendit les meutes et les cors,
Quand la forêt laissa voir dans sa transparence
L'âpre chasse donnée aux tyrans par la France,
Moi, pensif, regardant Kléber et Mirabeau,
Jean-Jacques, ce tison, Voltaire, ce flambeau,
Je m'étais, je l'avoue, imaginé qu'en somme
L'écroulement des rois c'est le sacre de l'homme,
Que nous avions vaincu la matière et la mort,
Et que le résultat de cet illustre effort,
Le triomphe, l'orgueil, l'honneur, le phénomène,
C'était d'avoir grandi jusqu'aux cieux l'âme humaine;
C'était d'avoir montré dans l'aube qui sourit
L'homme beau par le glaive et plus beau par l'esprit;
C'était d'avoir prouvé que cet être qui change
Sur son épaule d'homme a des ailes d'archange,
Qu'il peut s'épanouir demi-dieu tout à coup,
Et que, lorsqu'il lui plaît de se dresser debout,
Son immense rayon mystérieux éclaire
Toutes les profondeurs de haine et de colère
Et leur verse l'aurore et les emplit d'amour;
J'avais pensé que c'est pour accroître le jour,
Pour embraser le cœur, pour incendier l'âme,
Pour tirer de l'esprit humain toute sa flamme,
Que nos pères, français plus grands que les romains,
Avaient pris et tordu le passé dans leurs mains,
Et jeté dans le feu de la forge profonde
Ce combustible utile et hideux, le vieux monde;

Je m'étais dit que l'homme avait soif, avait faim
D'être une âme immortelle, et qu'il avait enfin
Su montrer et prouver sa divinité fière
Par l'agrandissement subit de la lumière
Et par la délivrance auguste des vivants ;
J'ai dit que ni les rois, ni les flots, ni les vents,
Ne pouvaient désormais rien contre un tel prodige ;
Qu'on avait pour cela passé le Rhin, l'Adige,
Le Nil, l'Ebre, et crié sur les monts : Liberté !
Oui, j'avais cru pouvoir dire qu'une clarté
Sortait de ce grand siècle, et que cette étincelle
Rattachait l'âme humaine à l'âme universelle,
Qu'ici-bas, où le sceptre est un triste hochet,
La solidarité des hommes ébauchait
La solidarité des mondes, composée
De toute la bonté, de toute la pensée,
Et de toute la vie éparse dans les cieux ;
Oui, je croyais, les yeux fixés sur nos aïeux,
Que l'homme avait prouvé superbement son âme.

Aussi, lorsqu'à cette heure un allemand proclame
Zéro pour but final et me dit : — O néant,
Salut ! — j'en fais ici l'aveu, je suis béant ;
Et quand un grave anglais, correct, bien mis, beau linge,
Me dit : — Dieu t'a fait homme et moi je te fais singe ;
Rends-toi digne à présent d'une telle faveur ! —
Cette promotion me laisse un peu rêveur.

DÉNONCÉ A CELUI QUI CHASSA LES VENDEURS DU TEMPLE

La vieille en pleurs disait : — La misère en est cause,
Pour mon bon vieux défunt je n'aurai pas grand-chose,
Un seul cierge, un seul prêtre, et deux mots d'oraison
A la porte. On peut bien entrer dans la maison,
Avoir l'autel, avoir les saints, avoir les châsses,
Tout le clergé chantant des actions de grâces,
Des psaumes, des bedeaux, tout; mais il faut payer,
Hélas ! et moi qui dois trois termes de loyer,
Je n'ai pas de quoi faire enterrer mon pauvre homme. —

Ainsi parlait la veuve, et je songeais à Rome.
Quoi ! le riche et le pauvre ont des enterrements
Différents; l'un a droit aux embellissements,
L'autre pas; l'un descend chez les morts, l'autre y tombe,
Et l'un n'est pas l'égal de l'autre dans la tombe !

Quoi ! Dieu n'est pas gratis ! Quoi ! prêtres, le martyr,
Le saint, l'ange, ne veut de sa boîte sortir
Que pour de l'or; sinon vous refermez l'armoire
Sur le ciel, sur la Vierge et sa robe de moire,
Et sur l'enfant Jésus rose et couleur de chair !
Quoi ! votre crucifix coûte plus ou moins cher,
Selon qu'il va devant ou qu'il marche derrière !
Prêtres, vous mesurez au cercueil la prière;
Longue, si le cadavre est grand; courte, s'il n'est
Qu'un méchant pauvre mort — le prêtre s'y connaît —
Cloué dans une bière étroite et misérable !
Prêtres, le hêtre aux champs, l'aulne, l'ormeau, l'érable,
Versent l'ombre pour rien. Mai ne dit pas aux prés :
Les fleurs, c'est tant. Voyez mon tarif. Vous paierez
Tant pour la violette et tant pour la lavande !
Ah ! Dieu veut qu'on le donne et non pas qu'on le vende !
La mort fut toujours juste et toujours nivela;
Reconnaissez au moins cette égalité-là;

Respectez le cercueil sans mépriser la bière;
Faites le même accueil à la même poussière,
Sur le même silence ayez le même chant.
Quoi ! je cherche un apôtre et je trouve un marchand !
C'est d'un comptoir que part l'escalier de la chaire !
Que diraient-ils de voir leurs psaumes à l'enchère,
Ces hommes qui songeaient, pâles, dans le désert ?
Ah ! ce *De Profundis* superfin qui ne sert
Qu'aux riches, et qu'on met en musique, et qu'on brode,
Que Jésus n'aurait pas et qu'obtiendrait Hérode,
O terreur ! il n'en faut pas tant pour faire Dieu
Farouche, et pour changer en ciel noir le ciel bleu !
La prière vendue a l'accent du blasphème.
Hélas ! c'est de la nuit que dans les cœurs on sème;
L'ombre, au-dessus de vous, mages qui brocantez,
Efface brusquement toutes les vérités.
Quoi ! vous ne voyez pas l'éclipse formidable !
Vous qui savez combien l'abîme est insondable,
Vous vous faites vendeurs !

Prêtres, l'adossement
De l'échoppe suffit pour que le firmament
Epaississe au-dessus de l'église ses voiles;
La boutique retire au temple les étoiles.

LES ENTERREMENTS CIVILS

Oh ! certes, je sais bien, moi souffrant et rêvant,
Que tout cet inconnu qui m'entoure est vivant,
Que le néant n'est pas, et que l'Ombre est une Ame;
La cendre ne parvient qu'à me prouver la flamme;
Faire voir clairement le ciel, l'éternel port,
La vie enfin, c'est là le succès de la mort;
Oh ! certes, je voudrais qu'au ténébreux passage
Mon cercueil, esquif sombre, eût pour pilote un sage,
Un pontife, un apôtre, un auguste songeur,
Un mage, ayant au front l'attente, la rougeur
Et l'éblouissement de la profonde aurore;
Je voudrais qu'à la fosse où meurt le rien sonore
Un sénateur du vrai, du réel, un magnat
Du sépulcre, un docteur du ciel, m'accompagnât;
Oui, je réclamerais cette sainte prière !
Devant la formidable et noire fondrière,
Oui, je trouverais bon que pour moi, loin du bruit,
Une voix s'élevât et parlât à la nuit !
Car c'est l'heure où se fend du haut en bas le voile;
C'est dans cette nuit-là que se lève l'étoile !
Je le voudrais ! et rien ne me serait meilleur
Qu'une telle prière après un tel malheur,
Ma vie ayant été dure et funèbre, en somme.
Mais, ô Toi ! dis, réponds, parle. Est-ce que cet homme
Qui sait mal, et qui fait exprès de mal savoir,
Qui pour un dogme obscur déserte un clair devoir,
Qui prêche le miracle et rit du phénomène,
Mal penché sur l'angoisse et sur l'énigme humaine,
Qui, d'un côté bassesse et de l'autre fureur,
Flétrit l'escroc forçat et l'adore empereur,
Qui dit au genre humain : Malheur, si tu raisonnes !
Qui damne et ment, qui met l'abîme en trois personnes,
Qui rêve un univers petit, sinistre et noir,
Fait de notre seul globe, et qui ne veut pas voir
Luire en tous tes soleils toutes tes évidences,
Qui crèverait cet œil, l'astre où tu te condenses,

S'il pouvait, et ferait la nuit sur l'horizon,
Qui tarife l'autel, l'antienne, l'oraison,
Qui, par devant superbe et vendu par derrière,
Offre au riche et refuse au pauvre sa prière,
Si le pauvre ne peut le payer assez cher;
Est-ce que ce vivant à regret, que la chair
Indigne, et qui jadis nia l'âme des femmes,
Qui préfère à l'hymen, aux purs épithalames,
Aux nids, ce suicide affreux, le célibat;
Qui voudrait qu'à son gré le firmament tombât,
Qui devant Josué soufflette Galilée;
Qui dresse un noir bûcher dans ton ombre étoilée,
Et tâche d'éclipser l'aube au sommet du mont,
Torquemada là-bas, chez nous Laubardemont;
Qui, dans l'Inde, en Espagne, au Mexique, aux Cévennes,
Saigna l'humanité gisante aux quatre veines;
Qui voit la guerre, et chante un tedeum dessus;
Qui repaierait Judas et reclouerait Jésus,
Indulgent à qui règne et sévère à qui souffre,
Ayant sous lui l'erreur comme l'onde a le gouffre,
Sorte d'homme terrible où l'on peut naufrager;
Dis, est-ce que moi, pâle et flottant passager,
Qui veux la clarté vraie et non la lueur fausse,
Je dois faire appeler cet homme sur ma fosse ?
Est-ce que sur la tombe il est le bienvenu ?
Est-ce qu'il est celui qu'écoute l'Inconnu ?
Est-ce que sa voix porte au-delà de la terre ?
Est-ce qu'il a le droit de parler au mystère ?
Est-ce qu'il est ton prêtre ? Est-ce qu'il sait ton nom ?

Je vois Dieu dans les cieux faire signe que non.

VICTORIEUX OU MORT

Une telle promesse étant faite à l'abîme,
On attend la lueur d'une action sublime
Et, s'en croyant déjà vaguement éclairé,
Le peuple bat des mains. — Va donc, hélas ! — J'irai,
Dit-il, et reviendrai vainqueur ou mort.

La plaine
De tous les grondements de la bataille est pleine;
Soldats, sabres au vent ! histoire, sois témoin !
Dans la vaste fumée il disparaît au loin.
Et la journée est longue et la mêlée est noire.

Il revient ! Cueillez tous des palmes ! hurrah ! gloire !
Le peuple, à saluer les nobles têtes prompt,
Accourt. — France ! il revient, c'est un laurier au front,
Ou, comme Franceschi qu'on rapporta naguère,
Couché tout de son long sous son manteau de guerre !
C'est un grand nom de plus au livre d'or inscrit... —

Et la victoire pleure, et le sépulcre rit.

LE PRISONNIER

Cet homme a pour prison l'ignominie immense.

On pouvait le tuer, mais on fut sans clémence,
Il vit.

Il est dans l'âpre et lugubre prison
Invisible, toujours debout sur l'horizon,
L'opprobre.

Cette tour a la hauteur du songe.
Sa crypte jusqu'aux lieux ignorés se prolonge,
Ses remparts ont de noirs créneaux vertigineux,
Si vains qu'on n'y pourrait pendre une corde à nœuds,
Si terribles que rien jamais ne vous procure
Une échelle appliquée à la muraille obscure.
Aucun trousseau de clefs n'ouvre ce qui n'est plus.
On est captif. Dans quoi ? Dans de l'ombre. Et reclus;
Où ? dans son propre gouffre. On a sur soi le voile.
C'est fini. Deuil ! Jamais on ne verra l'étoile
Ni l'azur apparaître au plafond sidéral.
Là, rien qui puisse rendre à l'affreux général
Cette virginité, la France point trahie.
Sa mémoire est déjà de lui-même haïe.
Pas d'enceinte à ce bagne épars dans tous les sens,
Qui va plus loin que tous les nuages passants,
Car l'élargissement du déshonneur imite
Un rayonnement d'astre et n'a point de limite.
Pour bâtir la prison qui jamais ne finit
La loi ne se sert pas d'airain ni de granit;
C'est la fange qu'on prend, la fange étant plus dure;
Cette bastille-là toujours vit, toujours dure,
Pleine d'un crépuscule au pâle hiver pareil,
Brume où manque l'honneur comme aux nuits le soleil,
Oubliette où l'aurore est éteinte, où médite
Ce qui reste d'une âme après qu'elle est maudite.

Ce misérable est seul dans cette ombre; son front
Est plié, car la honte est basse de plafond,
Tant l'informe cerveau du fourbe est peu lucide,
Tant est lourd à porter le poids du parricide !

Si cet homme eût voulu, la France triomphait.
Il porte au cou ce noir carcan : ce qu'il a fait.
De la déroute affreuse il fut le vil ministre.
Sa conscience nue, indignée et sinistre,
Est près de lui, disant : L'abject sort du félon,
Ganelon de Judas et toi de Ganelon.
Sois le désespéré. Dors si tu peux, je veille. —
Il entend cette voix sans cesse à son oreille.
Morne, il n'a même plus cet espoir, un danger.
Il faut qu'il reste, il faut qu'il vive, pour songer
Aux vieilles légions de France prisonnières,
Pour qu'il soit souffleté par toutes nos bannières
Frémissantes, la nuit, dans ses rêves hideux.
D'ailleurs nos aïeux morts n'auraient au milieu d'eux
Pas voulu de ce spectre, et leur grand souffle sombre,
Certe, eût chassé d'abîme en abîme cette ombre,
Et fouetté, ramené, repris, poussé, traîné
Ce fuyard à la fuite à jamais condamné !
Car, grâce à lui, l'on peut cracher sur notre gloire,
Car c'est par toi, maudit, que nos preux, notre histoire,
Nos régiments, de tant de victoire étoilés,
Que Wagram, Austerlitz, Lodi, s'en sont allés
En prison, sous les yeux de l'anglais et du russe,
Le dos zébré du plat du sabre de la Prusse !
Inexprimable deuil !

Donc cet homme est muré
Au fond d'on ne sait quel mépris démesuré;
Le regard effrayant du genre humain l'entoure.
Il est la trahison comme Cid la bravoure.
Sa complice, la Peur, sa sœur, la Lâcheté,
Le gardent. Ce rebut vivant, ce rejeté,
Sous l'exécration de tous, sur lui vomie,
Râle, et ne peut pas plus sortir de l'infamie
Que l'écume ne peut sortir de l'océan.
L'opprobre, ayant horreur de lui, dirait : Va-t'en !
Les anges justiciers, secouant sur cette âme
Leur glaive où la lumière, hélas ! s'achève en flamme,
Crieraient : Sors d'ici ! rentre au néant qui t'attend !
Qu'il ne pourrait; aucune ouverture n'étant
Possible, ô cieux profonds, hors d'une telle honte !
Cet homme est le Forçat ! Qu'il descende ou qu'il monte,
Que trouve-t-il ? En bas l'abjection; en haut
L'abjection. Son cœur est brûlé du fer chaud.
Le criminel, eût-il plus d'or qu'il n'en existe,
Ne corrompra jamais son crime, geôlier triste.

Deux verrous ont fermé sa porte pour jamais,
L'un qu'on nomme Strasbourg, l'autre qu'on nomme [Metz.
Ah ! cet infâme a mis le pied sur la patrie.

Quand une âme ici-bas est à ce point flétrie,
Lorsqu'on l'a vue au fond des forfaits se vautrer,
L'honneur libre et vivant n'y peut pas plus rentrer
Que l'abeille ne vient sur une rose morte.
Ah ! le Spielberg est noir, la Bastille était forte,
Le Saint-Michel rempli de cages était haut,
Le vieux château Saint-Ange est un puissant cachot;
Mais aucun mur n'égale en épaisseur la honte.

Dieu tient ce prisonnier et lui demande compte.
Comment a-t-il changé notre armée en troupeau ?
Qu'a-t-il fait des canons, des soldats, du drapeau,
Du clairon réveillant les camps, de l'espérance,
De nous tous, et combien a-t-il vendu la France ?
Oh ! quelle ombre de tels coupables ont sur eux !
Cave et forêt ! rameaux croisés ! murs douloureux !
Stigmate ! abaissement ! chute ! dédains horribles !
Comment fuir de dessous ces branchages terribles ?
O chiens, qu'avez-vous donc dans les dents ? C'est son [nom.
Il habite la faute, éternel cabanon,
Labyrinthe aux replis monstrueux et funèbres,
Où les ténèbres sont derrière les ténèbres,
Geôle où l'on est captif tant qu'on est regardé.

Et qui donc maintenant dit qu'il s'est évadé ?

APRÈS LES FOURCHES CAUDINES

Rome avait trop de gloire, ô dieux, vous la punîtes
Par le triomphe énorme et lâche des samnites;
Et nous vîmes ce deuil, nous qui vivons encor.
Cela n'empêche pas l'aurore aux rayons d'or
D'éclore et d'apparaître au-dessus des collines.
Un champ de course est près des tombes Esquilines,
Et parfois, quand la foule y fourmille en tous sens,
J'y vais, l'œil vaguement fixé sur les passants.
Ce champ mène aux logis de guerre où les cohortes
Vont et viennent ainsi que dans les villes fortes;
Avril sourit, l'oiseau chante, et, dans le lointain,
Derrière les coteaux où reluit le matin,
Où les roses des bois entr'ouvrent leurs pétales,
On entend murmurer les trompettes fatales;
Et je médite, ému. J'étais aujourd'hui là.
Je ne sais pas pourquoi le soleil se voila;
Les nuages parfois dans le ciel se resserrent.
Tout à coup, à cheval et lance au poing, passèrent
Des vétérans aux fronts hâlés, aux larges mains;
Ils avaient l'ancien air des grands soldats romains;
Et les petits enfants accouraient pour les suivre;
Trois cavaliers, soufflant dans des buccins de cuivre,
Marchaient en tête, et comme, au front de l'escadron,
Chacun d'eux embouchait à son tour le clairon,
Sans couper la fanfare ils reprenaient haleine.
Ces gens de guerre étaient superbes dans la plaine;
Ils marchaient de leur pas antique et souverain.
Leurs boucliers portaient des méduses d'airain,
Et l'on voyait sur eux Gorgone et tous ses masques;
Ils défilaient, dressant les cimiers de leurs casques,
Dignes d'être éclairés par des soleils levants,
Sous des crins de lion qui se tordaient aux vents.
Que ces hommes sont beaux! disaient les jeunes filles.
Tout souriait, les fleurs embaumaient les charmilles,
Le peuple était joyeux, le ciel était doré.
Et, songeant que c'étaient des vaincus, j'ai pleuré.

PAROLES DANS L'ÉPREUVE

Les hommes d'aujourd'hui qui sont nés quand naissait
Ce siècle, et quand son aile effrayante poussait,
Ou qui, quatrevingt-neuf dorant leur blonde enfance,
Ont vu la rude attaque et la fière défense,
Et pour musique ont eu les noirs canons béants,
Et pour jeux de grimper aux genoux des géants;
Ces enfants qui jadis, traînant des cimeterres,
Ont vu partir, chantant, les pâles volontaires,
Et connu des vivants à qui Danton parlait,
Ces hommes ont sucé l'audace avec le lait.
La Révolution, leur tendant sa mamelle,
Leur fit boire une vie où la tombe se mêle,
Et, stoïque, leur mit dans les veines un sang
Qui, lorsqu'il faut sortir et couler, y consent.
Ils tiennent de l'austère et tragique nourrice
L'amour de la blessure et de la cicatrice,
Et, pour trembler, pour fuir, pour suivre qui fuirait,
L'impossibilité de plier le jarret.
Ils pensent que faiblir est chose abominable,
Que l'homme est au devoir, et qu'il est convenable
Que ceux à qui Dieu fit l'honneur de les choisir
Pour vivre dans un temps de risque et de désir,
Marchent, et, courant droit au but qui les réclame,
Désapprennent les pas en arrière à leur âme.
Ils veulent le progrès durement acheté,
Ne tiennent en réserve aucune lâcheté,
Jettent aux profondeurs leurs jours, leur cœur, leur joie,
Ne se rétractent point parce qu'un gouffre aboie,
Vont toujours en avant et toujours devant eux;
Ils ne sont pas prudents de peur d'être honteux;
Et disent que le pont où l'on se précipite,
Hardi pour l'abordage, est lâche pour la fuite.
Soi-même se scruter d'un regard inclément,
Etre abnégation, martyre, dévouement,
Bouclier pour le faible et pour le destin cible,
Aller, ne se garder aucun retour possible,

Ne jamais se servir pour s'évader d'en haut,
Pour fuir, de ce qui sert pour monter à l'assaut,
Telle est la loi; la loi du devoir, du Calvaire,
Qui sourit aux vaillants avec son front sévère.
Peuple, homme, esprit humain, avance à pas altiers !
Parmi tous les écueils et dans tous les sentiers,
Dans la société, dans l'art, dans la morale,
Partout où resplendit la lueur aurorale,
Sans jamais t'arrêter, sans hésiter jamais,
Des fanges aux clartés, des gouffres aux sommets,
Va ! la création, cette usine, ce temple,
Cette marche en avant de tout, donne l'exemple !
L'heure est un marcheur calme et providentiel;
Les fleuves vont aux mers, les oiseaux vont au ciel;
L'arbre ne rentre pas dans la terre profonde,
Parce que le vent souffle et que l'orage gronde;
Homme, va ! reculer, c'est devant le ciel bleu
La grande trahison que tu peux faire à Dieu.
Nous donc, fils de ce siècle aux vastes entreprises,
Nous qu'emplit le frisson des formidables brises,
Et dont l'ouragan sombre agite les cheveux,
Poussés vers l'idéal par nos maux, par nos vœux,
Nous désirons qu'on ait présent à la mémoire
Que nos pères étaient des conquérants de gloire.
Des chercheurs d'horizons, des gagneurs d'avenir,
Les amants du péril que savait retenir
Aux âcres voluptés de ses baisers farouches
La grande mort, posant son rire sur leurs bouches;
Qu'ils étaient les soldats qui n'ont pas déserté,
Les hôtes rugissants de l'antre liberté,
Les titans, les lutteurs aux gigantesques tailles,
Les fauves promeneurs rôdant dans les batailles !
Nous sommes les petits de ces grands lions-là.
Leur trace sur leurs pas toujours nous appela;
Nous courons; la souffrance est par nous saluée;
Nous voyons devant nous, là-bas, dans la nuée,
L'âpre avenir à pic, lointain, redouté, doux;
Nous nous sentons perdus pour nous, gagné pour tous;
Nous arrivons au bord du passage terrible;
Le précipice est là, sourd, obscur, morne, horrible;
L'épreuve à l'autre bord nous attend; nous allons,
Nous ne regardons pas derrière nos talons;
Pâles, nous atteignons l'escarpement sublime,
Et nous poussons du pied la planche dans l'abîme.

L

L'ÉLÉGIE DES FLÉAUX

L'ÉLÉGIE DES FLÉAUX

LE POÈTE

Tu ne l'as pourtant pas mérité, ma patrie !

LE CHŒUR

Oh ! quel acharnement sur la grande meurtrie !
La bataille a passé, chaos sombre et tonnant;
Voici la vision des vagues maintenant.
Une meute de flots terribles, des montagnes
D'eau farouche, l'horreur dans les pâles campagnes,
Et l'apparition des torrents forcenés !
L'auguste France, en proie aux chocs désordonnés,
Semble un titan ayant de l'eau jusqu'aux épaules;
Et l'on voit une fuite immense vers les pôles
De la pluie et de l'ombre et des brouillards mouvants,
Sous la cavalerie effroyable des vents;
La mort accourt avec la rumeur d'une foule;
Tout un peuple, sous qui l'effondrement s'écroule,
Crie et se tord les bras, prêt à couler à fond;
Comme un flocon de neige un toit s'efface et fond;
Une rivière, hier dans les prés endormie,
Gronde, et subitement devient une ennemie;
Le fleuve brusque et noir surprend l'homme inquiet,
Et trahit les hameaux auxquels il souriait;
Tout tombe, égalité des chaumes et des marbres;
Les mourants sont par l'eau tordus autour des arbres;
Rien n'échappe, et la nuit monte. Profonds sanglots !

LE POÈTE

Quoi ! deux invasions ! Après les rois, les flots !

LE CHŒUR

Deux inondations ! L'onde après les vandales !
Ce n'était pas assez d'avoir eu les sandales
D'on ne sait quel césar tudesque sur nos fronts;
Ce n'était pas assez d'avoir, sous les affronts,

Vu nos drapeaux hagards frissonner dans nos villes;
Ce n'était pas assez, lorsque les hordes viles
Marchaient sur nous, souillant ce que nous adorons,
De nous être bouché l'oreille à leurs clairons;
Le deuil succède au deuil, le ravage au ravage;
L'onde fatale arrive après le roi sauvage;
Et voilà de nouveau sous un noir tourbillon
L'écrasement des blés, du verger, du sillon !
O désastres ! ô chute ! où sera le refuge
Si l'eau fait un tel gouffre et l'homme un tel déluge ?
Jadis le sort frappa Rome et s'interrompit,
La laissant respirer; mais pour nous nul répit.

LE POÈTE

Deux supplices. Le nord, le sud. L'un après l'autre.

LE CHŒUR

Hier nous avions sur nous la bête qui se vautre
Cyniquement, au gré des rois épanouis,
La guerre, et des troupeaux de canons inouïs
Nous jetant l'aboiement de l'abîme; la France
Subissait, sous un ciel d'où fuyait l'espérance,
Le bombardement lâche et tortueux, crachant
L'éclair, et foudroyant le toit, le mur, le champ,
La forêt, la cité, l'homme, l'enfant, la femme;
L'eau sombre aujourd'hui vient au secours de la flamme;
Elle vient achever ce fier pays blessé;
Les fléaux avaient hâte, ils ont recommencé;
Après l'embrasement, le torrent nous accable;
A présent ce n'est plus sous l'obus implacable,
C'est dans les flots qu'on voit les villes succomber.
Dures heures de nuit que le temps fait tomber
Goutte à goutte sur nous de sa morne clepsydre !
Hier c'était le dragon, et maintenant c'est l'hydre.

LE POÈTE

Est-ce fini ? Pensif, je dis au gouffre : Après ?

LE CHŒUR

O France ! mourras-tu ? Non. Car, si tu mourais,
Le mal vivrait, l'effroi vivrait; cette fenêtre,
L'aube, se fermerait; on verrait la mort naître.
L'immense mort de tout. France, l'extinction
De Ninive, de Tyr, d'Athènes, de Sion,
Rome oubliant son nom, Thèbes perdant sa forme,
Ne seraient rien auprès de ton éclipse énorme.
Le passé monstrueux se dresserait debout.
Ce cadavre crierait : — J'existe. Eteignez tout. [morte ! —
Plus de flambeaux. Vivez, spectres. La France est
Alors, ô cieux profonds ! l'ombre ouvrirait sa porte;
On verrait revenir toute l'antique horreur,

Les larves, l'ancien pape et l'ancien empereur,
Tous les forfaits sacrés, toutes les basses gloires,
Les sanglants constructeurs des religions noires,
Arbuez, l'âme terrible où se réfugia
L'affreux dogme sorti de l'antre à Borgia,
Bossuet bénissant Montrevel, les bastilles
Faisant comme des dents grincer leurs sombres grilles;
Ces masques, Loyola, de Maistre, dont l'œil luit,
Tomberaient, laissant voir ce visage, la nuit;
Alors reparaîtraient Cisneros, Farinace,
Louvois, Maupeou, la vieille autorité tenace
Sous qui rampe la foule aux confuses rumeurs
Et ces lugubres lois, et ces lugubres mœurs
Qui livrent aux bûchers l'Italie et l'Espagne,
Jettent au cabanon Colomb, mettent au bagne
Des peuples tout entiers, juifs ou bohémiens,
Et qui font Louis quinze assassin de Damiens.

LE POÈTE

On reverrait ce Styx, le passé ! mornes rives !

LE CHŒUR

Non, France. L'Univers a besoin que tu vives.
Tu vivras. L'avenir mourrait sous ton linceul.

LE POÈTE

France, France, sans toi le monde serait seul.

LE CHŒUR

Tu vivras.

Cependant il ne faut pas qu'on dorme,
On sent derrière soi rôder la mort difforme,
On dirait qu'ennuyé d'attendre les vivants,
Le naufrage hideux, blême et battu des vents,
Sort de la mer et vient chercher l'homme sur terre.
Une lave nouvelle ouvre un nouveau cratère.

LE POÈTE

La France est prise en traître une seconde fois.

LE CHŒUR

L'eau perfide s'ajoute au guet-apens des rois.
D'où vient cette colère odieuse des fleuves ?
L'eau devient un suaire et tout meurt. Que de veuves !
Que d'orphelins ! Massacre inepte d'innocents !
L'horreur, du sombre amas des nuages pesants,
Pleut, comme si le ciel devenait haïssable;
La rose est sous la fange et l'épi sous le sable.
Le miasme impur flotte où flottait le parfum.
Cadavres qui passez, accusez-vous quelqu'un ?

O berceaux à vau-l'eau, que criez-vous dans l'ombre ?
Est-ce qu'il se pourrait que les forces sans nombre
Dont le balancement remplit l'immensité,
Eussent on ne sait quelle étrange volonté ?
Est-ce que quelque part la nature est maudite ?
Est-ce qu'un tel malheur, ciel noir, se prémédite ?
D'un astre qu'on ignore est-ce donc le lever ?
Et les hommes tremblants se sont mis à rêver.
Les écumes au sud, dans le nord les fumées !
Tout broyé, fleurs et fruits, moissons, peuples, armées,
Sous les chars de la nuit dont l'éclair est l'essieu !
Ruine et mort. Qui donc fait tout cela ?

LE PRÊTRE

C'est Dieu.

LE POÈTE

Prêtre, que dis-tu là ? Dieu serait le coupable !

LE CHŒUR

Quoi ! de tant de forfaits ce Dieu serait capable ?
Quoi ! Dieu viendrait marcher sur nous comme un géant ?

LE POÈTE

Quoi ! prêtres ! ce chaos, ce hasard, ce néant
Promenant son niveau sur la foule innocente,
Ces désastres faisant ensemble leur descente,
Ce serait l'action de ce maître hagard ?
Quoi ! cet aveuglement, ce serait son regard ?
Quoi ! la Fatalité serait la Providence ?
Quoi ! dans cette noirceur c'est Dieu qui se condense ?
C'est là votre façon d'adorer ? Taisez-vous !
Cela fait frissonner, le blasphème à genoux !
Horreur ! jusqu'à l'affront pousser l'idolâtrie !
Hélas ! nous le savons, qu'en la fauve Syrie
On aille réveiller Baal, qu'on aille au Nil
Fouiller les dieux d'Egypte au fond de leur chenil,
Du Moloch de granit au Jupiter de bronze
Qu'on rôde, interrogeant le flamine et le bonze,
Ceux de Dodone, ceux de Tyr, ceux de Membré,
Hélas ! on trouvera Dieu toujours adoré,
Et l'on constatera toujours, dans tous les cultes,
Le même amour prouvé par les mêmes insultes !
Synagogue ou wigwam, syringe ou parthénon,
Pas un temple ne sait nommer Dieu par son nom;
Leur ignorance à voir l'invisible s'obstine.
O triste erreur ! Védas, croix grecque, croix latine,
Coran, talmud, tous font par Dieu même, *a Deo*,
Commettre ce forfait qu'on appelle un fléau !
Ah ! qui que vous soyez, vous qui, dans la mosquée,
Accouplant à l'erreur la vérité masquée,
Offrant tantôt de l'ombre et tantôt des rayons,

Vendez ce Dieu, sachez ceci, nous y croyons !
Et nous ne voulons pas qu'on l'outrage ! O misère !
Quoi ! lui le paternel, quoi ! lui le nécessaire,
Il serait sans raison, sans loi, sans cœur, sans yeux !
Il tomberait du ciel, stupide et furieux,
Comme un caillou roulant d'un mont, comme une pierre !
Et quand l'homme dirait en le voyant à terre :
Quel est ce projectile imbécile au milieu
De ce ravage atroce ? il reconnaîtrait Dieu !

LE PRÊTRE

Courbez vos fronts. C'est juste et même salutaire;
Il faut bien que le ciel punisse enfin la terre.
Le châtiment descend des éternels sommets.

LE POÈTE

Châtier ! punir ! Quoi ? nos crimes ? Soit. J'admets
Qu'il se fait ici-bas bien des actions viles;
Il est des fronts souillés; il est des cœurs serviles;
L'homme est souvent hideux. Soit. Eh bien, supposons
L'impossible, entassons l'Ossa des trahisons
Sur l'abject Pélion des lâchetés; qu'on rêve,
Comme à perte de vue un flot sur une grève,
Toute la faute et tout le crime, et le frisson
De la honte emplissant le livide horizon;
Oui, supposons l'absurde, imposture ou démence,
Le culte de l'agneau produisant l'inclémence,
Un pontife quelconque, indou, juif ou romain,
Essayant d'arrêter Dieu dans l'esprit humain,
Et ne comprenant rien au foudroyant mystère
Qui fait surgir, après Torquemada, Voltaire;
Imaginons, quoi ? Tout ! Qu'on en vienne à bâtir
Dans ce Paris qui fut soldat, qui fut martyr,
Devant le Panthéon sublime, une pagode;
Qu'on mette Messaline et Tartuffe à la mode;
Qu'on fasse le mensonge évêque ou sénateur,
Si bien que la bassesse ait droit à la hauteur;
Supposons ce qu'on n'a jamais vu, la chimère;
Un faussaire escroquant l'empire; notre mère,
La France, violée et tombant tout en pleurs
Du bivouac des héros dans l'antre des voleurs;
Supposons que trahir devienne une devise;
Que le juge indigné d'un crime se ravise
Et lui prête serment, puis, sur la loi monté,
Fasse de la justice une fidélité
A ce crime, toujours infâme, mais auguste;
Supposons que le vrai soit faux, le juste injuste,
Le scélérat sacré, l'honnête homme puni;
Et que le prêtre mente et devienne infini
Dans l'opprobre, à ce point de donner pour exemple
Le mal, et d'ébranler les colonnes du temple

Par de prodigieux Tedeums bénissant
La griffe impériale encor rouge de sang !
Tout ce que vous voudrez d'attentats, de folies;
Soit. Rêvez des horreurs sans mesure accomplies
Par n'importe quel roi, n'importe quel sénat !
Eh bien, je ne crois pas que cela me donnât
Le droit d'amonceler des gouffres de nuées,
D'appeler les autans poussant d'aigres huées
Au-dessus d'un logis paisible, et de noyer
L'humble nouveau-né, joie et rayon du foyer,
Qui dans son petit lit chante, rit, jase et cause
En tâchant de baiser le bout de son pied rose !

Non, je ne pense pas que tous ces forfaits-là,
Même en multipliant Judas par Attila,
Même en mêlant Bismarck et Bonaparte au crime,
Pourraient à quelque Dieu que ce soit dans l'abîme
Donner, dans l'ombre affreuse où le jour s'engloutit,
Le droit de se ruer sur ce pauvre petit,
Et de faire, en versant sur lui l'ombre ou la flamme,
Rouler le doux berceau dans le sépulcre infâme !

LE CHŒUR

Ainsi ces deux fléaux ne sont point, l'un, l'erreur
De la science, et l'autre, un crime d'empereur,
Des coteaux mal boisés, des villes mal gardées;
Non, c'est le châtiment, de quoi ? De nos idées,
Et des pas en avant que fait le genre humain !

LE POÈTE

C'est pour venir jeter dans notre dur chemin
Cette explication sourde, bigote, athée,
Que tu te couronnais d'une mitre argentée,
Prêtre, et que d'un camail sacré tu t'empourprais !
La France est accablée, et Dieu l'a fait exprès !

LE PRÊTRE

Oui.

LE POÈTE

Quoi ! l'assassinat des villes et des plaines,
Quoi ! la peste exhalant ses infectes haleines,
Quoi ! le silence affreux mêlé d'un affreux bruit,
Quoi ! toute cette ombre éparse dans la nuit,
Immense, noyant l'homme et la terre féconde,
Et délayant la mort pour engloutir un monde,
Quoi ! ces horribles flots lâchement triomphants,
Quoi ! ces vieux laboureurs, quoi ! ces petits enfants,
Ces nouveau-nés cherchant des seins, trouvant des fosses,
Quoi ! ces mères pleurant leurs fils, ces femmes grosses
Qui flottent, l'œil fermé, dans le gouffre écumant,
Et dont le ventre mort apparaît par moment

Sous le glissement noir de cette transparence,
Quoi ! toute cette horreur, toute cette souffrance,
L'eau jetée au hasard comme on jette les dés,
Quoi ! la brutalité des fleuves débordés,
Ce serait lui ! ce Dieu ferait ces catastrophes !
Lui qu'adore le rêve obscur des philosophes,
Lui devant qui l'on sent tressaillir la forêt,
Lui, que l'uléma chante au haut du minaret
Et que l'évêque loue en élevant sa crosse,
Lui, ce père ! il serait cette bête féroce !

Ah ! si vous disiez vrai, myopes de l'autel,
Si ce prodigieux et sublime Immortel
Avait de tels accès, et s'il était possible
Qu'ainsi qu'un archer sombre il eût l'homme pour cible,
S'il pouvait être pris dans ce flagrant délit,
S'il chassait les torrents farouches de leur lit,
S'il tuait, fou lugubre, en croyant qu'il se venge,
Alors la Justice, âpre et formidable archange,
Se dresserait devant le pâle Créateur,
Questionnerait l'être immense avec hauteur,
Et le menacerait, elle, cette éternelle,
De fuir et d'emporter l'aurore dans son aile,
Et rien ne serait plus sinistre, ô gouffre bleu,
Que le balbutiement épouvanté de Dieu !

Non ! non ! non ! Je vous plains. J'ai l'horreur infinie
De voir comment un dogme avorte en calomnie,
Mais je vous absous. L'ombre est dans vos tristes murs;
L'obscurité n'est pas la faute des obscurs.
Plus qu'ils ne le voudraient les prêtres sont funèbres;
Votre âme est la noyée informe des ténèbres
Et flotte évanouie au fond des préjugés.
Je vous plains. Mettez-vous à genoux, et songez.

LE CHŒUR

Et nous, les survivants, secourons ceux qui meurent.
Au-dessus des grands deuils les grands devoirs demeurent.
Donnons ! donnons ! vidons le reste du sac d'or.
Les barbares n'ont pas tout pris. Donnons encor !
Les rois sont les plus forts et les cieux les tolèrent;
Mais qu'importe ? faisons rougir ceux qui volèrent
Cette France, toujours prête à tout secourir.
Soyons le cœur profond que rien ne peut tarir;
La France a toujours eu la bonté pour génie;
Donnons, et penchons-nous sur la vaste agonie.
Donnons ! La France, hélas ! en est à ne plus voir
Que des bras suppliants dans un horizon noir;
Cette nuit qu'on nous fait, ce n'est pas notre crime,
Et nous la subissons. Soit. Le peuple est sublime
Qui n'éteint pas l'amour quand l'ombre emplit le ciel,

Et devient ténébreux, mais reste fraternel.
Des misères sont là, nos âmes leur sont dues.
Ah ! que des mains vers nous soient vainement tendues,
Cela ne se peut pas ! Donnons ! donnons ! donnons !
Qu'au moins le désespoir nous ait pour compagnons;
Que pas un affamé ne demeure livide,
Et que pas une main ne se referme vide.
Donnons. Surtout gardons l'espoir. L'espoir est beau;
Nous sommes dans le deuil, mais non dans le tombeau.

LE POÈTE

Nous sommes un pays désemparé qui flotte,
Sans boussole, sans mâts, sans ancre, sans pilote,
Sans guide, à la dérive, au gré du vent hautain,
Dans l'ondulation obscure du destin;
L'abîme, où nous roulons comme une sombre sphère,
Murmure, comme s'il cherchait ce qu'il va faire
De ce radeau chargé de pâles matelots;
Délibération orageuse des flots.
Mais, ô peuple, ayons foi. La vie est où nous sommes.
Je le redis, la France est un besoin des hommes;
Après sa chute comme avant qu'elle tombât,
L'immense cœur du monde en sa poitrine bat.
Nous vivons. Nous sentons plus que jamais notre âme.
Ah ! ce que nous a fait le destin est infâme,
Et j'en suis indigné, moi qui songe la nuit !
Hélas ! Strasbourg s'éclipse et Metz s'évanouit;
Faut-il donc renoncer au Rhin, notre frontière ?
Non. Nous ne voulons pas. Et la volonté fière,
Avec l'accroissement de nos ongles, suffit.
Ce que le sort fait mal, toujours Dieu le défit;
Espérons. Il serait en effet bien étrange
Que le peuple qui va vers l'aurore, et dérange
Le vieil ordre du mal rien qu'en se remuant,
Aigle, fût désormais captif du chat-huant,
Que le libérateur du monde fût esclave,
Et que ce vaste Etna vît se figer sa lave
Sous des bouches soufflant on ne sait quels venins,
Et que ce géant fût garrotté par des nains !
Il serait inouï que cette altière France
Par qui s'est envolé l'archange Délivrance,
Après avoir sonné les sublimes beffrois,
Et mis les nations hors du cachot des rois,
Et déployé pour tous les peuples sa bannière,
Fût de la liberté des autres prisonnière,
Et livrée aux geôliers par ceux dont elle a fait
La force, en ces grands jours où le droit triomphait !
Cela ne sera pas ! Quelle que soit l'injure,
Quelque affreuse que semble être cette gageure
Du funeste Aujourd'hui contre le fier Demain,
Nous sommes les vivants profonds du droit humain;

Ayons foi. Ces fléaux et ces rois d'un autre âge
Passeront. Quels que soient l'affront, le deuil, l'outrage,
L'énigme et la noirceur apparente du sort,
On cesse de haïr la nuit quand l'aube en sort !
Et, France, tu vaincras, ô prêtresse, ô guerrière,
Les tyrans par l'épée et Dieu par la prière !
Oui, prêtres, nous prions. Je crois, sachez-le bien.
Comme le vert palmier craint l'autan libyen,
Nous craignons pour nos fils votre enseignement triste;
Ah ! vous ébranlez tout, prêtres. Mais Dieu résiste.
Nous l'avons dans nos cœurs, et pas déraciné.
Je veux mourir en lui; car en lui je suis né;
Et je sens dans mon âme où tout l'aime et le nomme
Que c'est du droit de Dieu qu'est fait le droit de l'homme.

LE CHŒUR

Une fois que le vrai s'est mis en marche, il va
Droit au but, et toujours l'avenir arriva.

LE POÈTE

Esprit humain, nul vent ne te cassera l'aile,
Jamais rien ne pourra troubler le parallèle
Entre l'ordre céleste et l'humaine raison;
L'aurore frémirait derrière l'horizon
Des propositions que lui ferait l'abîme.
L'enchaînement sans fin suit une loi sublime;
Toute ombre est une fuite, et toujours le moment
Superbe, où blanchira le bas du firmament,
Vient quand il doit venir, et jamais la Chaldée
Ni l'Inde aux yeux rêveurs n'ont vu l'aube attardée;
Nul souffle au fond du ciel n'éteint l'éternel feu ;
L'infini conscient que nous appelons Dieu
Soutient tout ce qui penche, entend tout ce qui pleure;
Aucun fléau ne peut demeurer passé l'heure;
Nulle calamité n'a droit de s'arrêter,
Dieu ne permettra pas à la nuit de rester.
Dieu ne laissera pas continuer le crime.
Croit-on que le soleil manquerait à la cime
Qui l'attend, lui, le grand visage souriant ?
Comprendrait-on l'étoile oubliant l'orient ?
Le devoir de l'obstacle est de se laisser vaincre.
Demain nous appartient; rien ne pourra convaincre
Le jour qu'il ne doit pas se lever du côté
Du droit, de la justice et de la vérité.
Dieu supprime le mal, les fléaux, les désastres,
Par la fidélité formidable des astres.

LE CHŒUR

France, songe au devoir. Sois grande, c'est ta loi.

LE POÈTE

Et fais de ta mémoire un redoutable emploi
En y gardant toujours les villes arrachées.
Enseignons à nos fils à creuser des tranchées,
A faire comme ont fait les vieux dont nous venons,
A charger des fusils, à rouler des canons,
A combattre, à mourir, et lisons-leur Homère.
Et tu nous souriras, quoique tu sois leur mère,
Car tu sais que des fils qui meurent fièrement
Sont l'orgueil de leur mère et son contentement.
France, ayons l'ennemi présent à la pensée,
Comme les grands troyens qui, sur la porte Scée,
S'asseyaient et suivaient des yeux les assiégeants.
Ces rois heureux autour de nous sont outrageants;
Aimons les peuples, mais n'oublions pas les princes.
En même temps restons penchés sur ces provinces
Qui sanglotent, en proie aux fléaux jamais las.
Soyons amers et doux. La question, hélas!
Est toute dans ce mot sans fond : les misérables;
Ceux-ci sont monstrueux; ceux-là sont vénérables;
Réprimons ceux d'en haut; secourons ceux d'en bas;
Prodiguons l'aide immense en songeant aux combats.
Peuple, il est deux trésors, l'un clarté, l'autre flamme,
Qu'il ne faut pas laisser décroître dans notre âme,
Et qui sont de nos cœurs chacun une moitié,
C'est la sainte colère et la sainte pitié.

LI

LES HOMMES DE PAIX AUX HOMMES DE GUERRE

LES HOMMES DE PAIX
AUX HOMMES DE GUERRE

— O conquérants, guerriers, héros, faiseurs de cendres,
Vous les Nemrods, chasseurs géants, les Alexandres,
Vous qu'on nomme Alaric, Cyrus, Gengis, Timour,
Vous que la mort berça, petits, avec amour,
Et qui, grands, et marchant dans les apothéoses,
Ainsi qu'avril fait naître autour de lui des roses,
Avez fait sous vos pas éclore des tombeaux;
Vous que l'homme, par vous dévoré, trouve beaux;
Nous qu'il trouve hideux, et qui sommes vos frères,
Nous qui sommes les noirs bénisseurs funéraires,
Les prêtres, nous avons à vous dire ceci.
Ecoutez.
Notre gîte auguste fut saisi,
Comme le vôtre, hélas, par la raison humaine;
Nous avions, comme vous, les peuples pour domaine,
Et nous rôdions sur eux, puissants, l'œil en arrêt,
Vainqueurs, toute la terre étant notre forêt;
Et nous disions à Dieu : C'est par nous que tu frappes !
Car vous êtes les rois, mais nous sommes les papes;
Vous êtes Attila, nous sommes Borgia.
Nous avons la madone et la panagia,
L'idole, comme, vous, vous avez la bataille;
Princes, nous n'avons pas tout à fait votre taille,
Nous sommes le danger qui se met à genoux,
Vous grondez plus que nous, nous rampons mieux que vous;
On sent notre velours, pire que votre griffe;
Nous sommes Anitus, Torquemada, Caïphe.
Une grande tiare est sur nos fronts étroits.
Urbain huit, Sixte quint, Paul trois, Innocent trois,
Gerbert, l'âme livrée aux sombres aventures,
Dicatus, inventant les quatorze tortures,
Judas buvant le sang que Jésus-Christ suait,
La ruse, Loyola, la haine, Bossuet,
L'autodafé, l'effroi, le cachot, la bastille,

C'est nous; et notre pourpre effrayante pétille
Par moments, et s'allume, et devient flamboiement.

Nous étions, comme vous, des dieux; mais brusquement
La révolution nous mit des muselières.
La France mania de ses mains familières
Nos gueules, et, mordue et souriant, nous prit,
Fière, et, sans même avoir de plaie, étant l'esprit,
Elle nous a jetés dans une basse-fosse,
Moi prêtre, et toi tyran; elle a déclaré fausse
Ma caverne la foi, la guerre ton palais;
Elle a d'altiers dompteurs, Mirabeau, Rabelais,
Molière, Diderot, Rousseau, Danton, Voltaire.
Maintenant nous voilà, nous qui tenions la terre,
Tenus à notre tour par la France.

Eh bien, non !
A travers les barreaux de notre cabanon,
Frères, nous vous crions une bonne nouvelle :
L'orbe du soleil noir revient, et se révèle
Par un blêmissement farouche et triomphant;
Le passé, pour la terre épouvantable enfant,
Pour nous espoir, râlant d'une voix vengeresse,
Renaît, et ce cadavre en son berceau se dresse.
Son berceau c'est la tombe et son aube est la nuit.
La fleur noire du sombre autel s'épanouit
Pleine d'ombre, et promet le fruit plein de poussière.
Rome fatale vient de lever sa visière,
Dit à l'homme : Tais-toi ! dit à Dieu : Le jour ment !
Et reprend la parole et le rugissement.

Encore un peu de temps, ce qui n'est que l'écorce
Tombera; le droit mort laissera voir la force;
Partout le joug, partout Pierre, partout César;
Et l'église tout bas tutoiera le bazar;
Les trônes reprendront leurs vastes équilibres,
Et les peuples seront esclaves, et nous libres.
A faire le gibet nous emploierons la croix.
Tout redeviendra guerre et vous serez les rois.
Tout redeviendra dogme et nous serons les maîtres.
Vous tyrans, étant chefs, nous bourreaux, étant prêtres,
Nous aurons de nouveau le monde sous nos pieds.
Et la terre verra puissamment copiés
Par des spectres nouveaux tous les anciens fantômes;
Et nous arrondirons les ténèbres en dômes
Au-dessus du grand temple où nous mettrons l'Erreur
Ayant le pape à droite, à gauche l'empereur.

Dans notre obscurité toute la terre plonge
Par degrés. Et déjà, d'un ongle qui s'allonge,
Par l'âme de l'enfant nous tenons l'avenir.

Chez nous, exterminer fait semblant de bénir;
La goutte de sang pleut du goupillon terrible;
Votre hache, ô guerriers, ne vaut pas notre bible;
Notre foudre est énorme, et votre quantité
De tonnerre est vraiment peu de chose à côté.
La Saint-Barthélemy sonne une sombre cloche;
Et cette cloche sainte aujourd'hui se rapproche,
Et cette cloche jette une plus grande voix
Que toute la bataille éparse autour des rois;
Car c'est derrière nous que le vrai deuil se lève;
Nous sommes le linceul, vous n'êtes que le glaive;
Vous pouvez tout au plus sur les hommes marcher,
Nous, nous leur commençons l'enfer par le bûcher.
C'est égal, vous soldats, nous prêtres, tous ensemble
Nous vaincrons; nous allons tout ravoir. Déjà tremble
La grille qu'on a mise entre le peuple et nous.
Satan en a tiré doucement les verrous.
Nous allons nous ruer sur les âmes sans nombre,
Nous allons ressaisir la terre. —

Ainsi, dans l'ombre,
Pendant que nous rêvons et que nous oublions,
La cage aux tigres parle à la cage aux lions.

LII

LES PAUVRES GENS

LES PAUVRES GENS

I

Il est nuit. La cabane est pauvre, mais bien close.
Le logis est plein d'ombre, et l'on sent quelque chose
Qui rayonne à travers ce crépuscule obscur.
Des filets de pêcheur sont accrochés au mur.
Au fond, dans l'encoignure où quelque humble vaisselle
Aux planches d'un bahut vaguement étincelle,
On distingue un grand lit aux longs rideaux tombants.
Tout près, un matelas s'étend sur de vieux bancs,
Et cinq petits enfants, nid d'âmes, y sommeillent.
La haute cheminée où quelques flammes veillent
Rougit le plafond sombre, et, le front sur le lit,
Une femme à genoux prie, et songe et pâlit.
C'est la mère. Elle est seule. Et dehors, blanc d'écume,
Au ciel, aux vents, aux rocs, à la nuit, à la brume,
Le sinistre océan jette son noir sanglot.

II

L'homme est en mer. Depuis l'enfance matelot,
Il livre au hasard sombre une rude bataille.
Pluie ou bourrasque, il faut qu'il sorte, il faut qu'il aille,
Car les petits enfants ont faim. Il part le soir,
Quand l'eau profonde monte aux marches du musoir.
Il gouverne à lui seul sa barque à quatre voiles.
La femme est au logis, cousant les vieilles toiles.
Remmaillant les filets, préparant l'hameçon,
Surveillant l'âtre où bout la soupe de poisson,
Puis priant Dieu sitôt que les cinq enfants dorment.
Lui seul, battu des flots qui toujours se reforment,
Il s'en va dans l'abîme et s'en va dans la nuit.

Dur labeur ! tout est noir, tout est froid; rien ne luit.
Dans les brisants, parmi les lames en démence,
L'endroit bon à la pêche, et, sur la mer immense,
Le lieu mobile, obscur, capricieux, changeant,
Où se plaît le poisson aux nageoires d'argent, [chambre.
Ce n'est qu'un point; c'est grand deux fois comme la
Or, la nuit, dans l'ondée et la brume, en décembre,
Pour rencontrer ce point sur le désert mouvant,
Comme il faut calculer la marée et le vent !
Comme il faut combiner sûrement les manœuvres !
Les flots le long du bord glissent, vertes couleuvres;
Le gouffre roule et tord ses plis démesurés
Et fait râler d'horreur les agrès effarés.
Lui songe à sa Jeannie, au sein des mers glacées,
Et Jeannie en pleurant l'appelle; et leurs pensées
Se croisent dans la nuit, divins oiseaux du cœur.

III

Elle prie, et la mauve au cri rauque et moqueur
L'importune, et, parmi les écueils en décombres,
L'océan l'épouvante, et toutes sortes d'ombres
Passent dans son esprit, la mer, les matelots
Emportés à travers la colère des flots.
Et dans sa gaine, ainsi que le sang dans l'artère,
La froide horloge bat, jetant dans le mystère,
Goutte à goutte, le temps, saisons, printemps, hivers;
Et chaque battement, dans l'énorme univers,
Ouvre aux âmes, essaims d'autours et de colombes,
D'un côté les berceaux et de l'autre les tombes.

Elle songe, elle rêve, — et tant de pauvreté !
Ses petits vont pieds nus l'hiver comme l'été.
Pas de pain de froment. On mange du pain d'orge.
— O Dieu ! le vent rugit comme un soufflet de forge,
La côte fait le bruit d'une enclume, on croit voir
Les constellations fuir dans l'ouragan noir
Comme les tourbillons d'étincelles de l'âtre.
C'est l'heure où, gai danseur, minuit rit et folâtre
Sous le loup de satin qu'illuminent ses yeux,
Et c'est l'heure où minuit, brigand mystérieux,
Voilé d'ombre et de pluie et le front dans la bise,
Prend un pauvre marin frissonnant et le brise
Aux rochers monstrueux apparus brusquement. —
Horreur ! l'homme dont l'onde éteint le hurlement,
Sent fondre et s'enfoncer le bâtiment qui plonge;
Il sent s'ouvrir sous lui l'ombre et l'abîme, et songe
Au vieil anneau de fer du quai plein de soleil !

Ces mornes visions troublent son cœur, pareil
A la nuit. Elle tremble et pleure.

IV

O pauvres femmes
De pêcheurs ! c'est affreux de se dire : Mes âmes,
Père, amant, frères, fils, tout ce que j'ai de cher,
C'est là, dans ce chaos ! mon cœur, mon sang, ma chair ! —
Ciel ! être en proie aux flots, c'est être en proie aux bêtes.
Oh ! songer que l'eau joue avec toutes ces têtes,
Depuis le mousse enfant jusqu'au mari patron,
Et que le vent hagard, soufflant dans son clairon,
Dénoue au-dessus d'eux sa longue et folle tresse
Et que peut-être ils sont à cette heure en détresse,
Et qu'on ne sait jamais au juste ce qu'ils font,
Et que pour tenir tête à cette mer sans fond,
A tous ces gouffres d'ombre où ne luit nulle étoile,
Ils n'ont qu'un bout de planche avec un bout de toile !
Souci lugubre ! on court à travers les galets.
Le flot monte, on lui parle, on crie : Oh ! rends-nous-les !
Mais, hélas ! que veut-on que dise à la pensée
Toujours sombre la mer toujours bouleversée ?

Jeannie est bien plus triste encor. Son homme est seul !
Seul dans cette âpre nuit ! seul sous ce noir linceul !
Pas d'aide. Ses enfants sont trop petits. — O mère !
Tu dis : S'ils étaient grands ! leur père est seul ! — Chimère !
Plus tard, quand ils seront près du père et partis,
Tu diras en pleurant : Oh ! s'ils étaient petits !

V

Elle prend sa lanterne et sa cape. — C'est l'heure
D'aller voir s'il revient, si la mer est meilleure,
S'il fait jour, si la flamme est au mât du signal.
Allons ! — Et la voilà qui part. L'air matinal
Ne souffle pas encor. Rien. Pas de ligne blanche
Dans l'espace où le flot des ténèbres s'épanche.
Il pleut. Rien n'est plus noir que la pluie au matin;
On dirait que le jour tremble et doute, incertain,
Et qu'ainsi que l'enfant l'aube pleure de naître.
Elle va. L'on ne voit luire aucune fenêtre.

Tout à coup à ses yeux qui cherchent le chemin,
Avec je ne sais quoi de lugubre et d'humain

Une sombre masure apparaît décrépite;
Ni lumière, ni feu; la porte au vent palpite;
Sur les murs vermoulus branle un toit hasardeux;
La bise sur ce toit tord des chaumes hideux,
Jaunes, sales, pareils aux grosses eaux d'un fleuve.

— Tiens ! je ne pensais plus à cette pauvre veuve,
Dit-elle; mon mari, l'autre jour, la trouva
Malade et seule; il faut voir comment elle va.

Elle frappe à la porte, elle écoute; personne
Ne répond. Et Jeannie au vent de mer frissonne.
— Malade ! Et ses enfants ! comme c'est mal nourri !
Elle n'en a que deux, mais elle est sans mari. —
Puis, elle frappe encore. Hé ! voisine ! Elle appelle.
Et la maison se tait toujours. — Ah ! Dieu ! dit-elle,
Comme elle dort, qu'il faut l'appeler si longtemps ! —
La porte, cette fois, comme si, par instants,
Les objets étaient pris d'une pitié suprême,
Morne, tourna dans l'ombre et s'ouvrit d'elle-même.

VI

Elle entra. Sa lanterne éclaira le dedans
Du noir logis muet au bord des flots grondants.
L'eau tombait du plafond comme des trous d'un crible.

Au fond était couchée une forme terrible;
Une femme immobile et renversée, ayant
Les pieds nus, le regard obscur, l'air effrayant;
Un cadavre; — autrefois, mère joyeuse et forte; —
Le spectre échevelé de la misère morte;
Ce qui reste du pauvre après un long combat.
Elle laissait, parmi la paille du grabat,
Son bras livide et froid et sa main déjà verte
Pendre, et l'horreur sortait de cette bouche ouverte
D'où l'âme en s'enfuyant, sinistre, avait jeté
Ce grand cri de la mort qu'entend l'éternité !

Près du lit où gisait la mère de famille,
Deux tout petits enfants, le garçon et la fille,
Dans le même berceau souriaient endormis.

La mère, se sentant mourir, leur avait mis
Sa mante sur les pieds et sur le corps sa robe,
Afin que, dans cette ombre où la mort nous dérobe,
Ils ne sentissent plus la tiédeur qui décroît,
Et pour qu'ils eussent chaud pendant qu'elle aurait froid.

VII

Comme ils dorment tous deux dans le berceau qui tremble !
Leur haleine est paisible et leur front calme. Il semble
Que rien n'éveillerait ces orphelins dormant,
Pas même le clairon du dernier jugement;
Car, étant innocents, ils n'ont pas peur du juge.

Et la pluie au dehors gronde comme un déluge.
Du vieux toit crevassé, d'où la rafale sort,
Une goutte parfois tombe sur ce front mort,
Glisse sur cette joue et devient une larme.
La vague sonne ainsi qu'une cloche d'alarme.
La morte écoute l'ombre avec stupidité.
Car le corps, quand l'esprit radieux l'a quitté,
A l'air de chercher l'âme et de rappeler l'ange;
Il semble qu'on entend ce dialogue étrange
Entre la bouche pâle et l'œil triste et hagard :
— Qu'as-tu fait de ton souffle ? — Et toi, de ton regard ?

Hélas ! aimez, vivez, cueillez les primevères,
Dansez, riez, brûlez vos cœurs, videz vos verres.
Comme au sombre océan arrive tout ruisseau,
Le sort donne pour but au festin, au berceau,
Aux mères adorant l'enfance épanouie,
Aux baisers de la chair dont l'âme est éblouie,
Aux chansons, au sourire, à l'amour frais et beau,
Le refroidissement lugubre du tombeau !

VIII

Qu'est-ce donc que Jeannie a fait chez cette morte ?
Sous sa cape aux longs plis qu'est-ce donc qu'elle emporte ?
Qu'est-ce donc que Jeannie emporte en s'en allant ?
Pourquoi son cœur bat-il ? Pourquoi son pas tremblant
Se hâte-t-il ainsi ? D'où vient qu'en la ruelle
Elle court, sans oser regarder derrière elle ?
Qu'est-ce donc qu'elle cache avec un air troublé
Dans l'ombre, sur son lit ? Qu'a-t-elle donc volé ?

IX

Quand elle fut rentrée au logis, la falaise
Blanchissait; près du lit elle prit une chaise
Et s'assit toute pâle; on eût dit qu'elle avait
Un remords, et son front tomba sur le chevet,
Et, par instants, à mots entrecoupés, sa bouche
Parlait pendant qu'au loin grondait la mer farouche.

— Mon pauvre homme ! ah ! mon Dieu ! que va-t-il dire ?
Déjà tant de souci ! Qu'est-ce que j'ai fait là ? [Il a
Cinq enfants sur les bras ! ce père qui travaille !
Il n'avait pas assez de peine; il faut que j'aille
Lui donner celle-là de plus. — C'est lui ? — Non. Rien.
— J'ai mal fait. — S'il me bat, je dirai : Tu fais bien.
— Est-ce lui ? — Non. — Tant mieux. — La porte bouge
[comme
Si l'on entrait. — Mais non. — Voilà-t-il pas, pauvre
[homme,
Que j'ai peur de le voir rentrer, moi, maintenant ! —
Puis elle demeura pensive et frissonnant,
S'enfonçant par degrés dans son angoisse intime,
Perdue en son souci comme dans un abîme,
N'entendant même plus les bruits extérieurs,
Les cormorans qui vont comme de noirs crieurs,
Et l'onde et la marée et le vent en colère.

La porte tout à coup s'ouvrit, bruyante et claire,
Et fit dans la cabane entrer un rayon blanc;
Et le pêcheur, traînant son filet ruisselant,
Joyeux, parut au seuil, et dit : C'est la marine !

X

— C'est toi ! cria Jeannie, et contre sa poitrine
Elle prit son mari comme on prend un amant,
Et lui baisa sa veste avec emportement,
Tandis que le marin disait : — Me voici, femme !
Et montrait sur son front qu'éclairait l'âtre en flamme
Son cœur bon et content que Jeannie éclairait.
— Je suis volé, dit-il; la mer, c'est la forêt.
— Quel temps a-t-il fait ? — Dur. — Et la pêche ? —
Mais, vois-tu, je t'embrasse et me voilà bien aise. [Mauvaise.
Je n'ai rien pris du tout. J'ai troué mon filet.

Le diable était caché dans le vent qui soufflait.
Quelle nuit ! Un moment, dans tout ce tintamarre,
J'ai cru que le bateau se couchait, et l'amarre
A cassé. Qu'as-tu fait, toi, pendant ce temps-là ? —
Jeannie eut un frisson dans l'ombre et se troubla.
— Moi ? dit-elle. Ah ! mon Dieu ! rien, comme à l'ordinaire,
J'ai cousu. J'écoutais la mer comme un tonnerre,
J'avais peur. — Oui, l'hiver est dur, mais c'est égal. —
Alors, tremblante ainsi que ceux qui font le mal,
Elle dit : — A propos, notre voisine est morte.
C'est hier qu'elle a dû mourir, enfin, n'importe,
Dans la soirée, après que vous fûtes partis.
Elle laisse ses deux enfants, qui sont petits.
L'un s'appelle Guillaume et l'autre Madeleine;
L'un qui ne marche pas, l'autre qui parle à peine.
La pauvre bonne femme était dans le besoin.

L'homme prit un air grave, et, jetant dans un coin
Son bonnet de forçat mouillé par la tempête :
— Diable ! diable ! dit-il en se grattant la tête,
Nous avions cinq enfants, cela va faire sept.
Déjà, dans la saison mauvaise, on se passait
De souper quelquefois. Comment allons-nous faire ?
Bah ! tant pis ! ce n'est pas ma faute. C'est l'affaire
Du bon Dieu. Ce sont là des accidents profonds.
Pourquoi donc a-t-il pris leur mère à ces chiffons ?
C'est gros comme le poing. Ces choses-là sont rudes.
Il faut pour les comprendre avoir fait ses études.
Si petits ! on ne peut leur dire : Travaillez.
Femme, va les chercher. S'ils se sont réveillés,
Ils doivent avoir peur tout seuls avec la morte.
C'est la mère, vois-tu, qui frappe à notre porte;
Ouvrons aux deux enfants. Nous les mêlerons tous,
Cela nous grimpera le soir sur les genoux.
Ils vivront, ils seront frère et sœur des cinq autres.
Quand il verra qu'il faut nourrir avec les nôtres
Cette petite fille et ce petit garçon,
Le bon Dieu nous fera prendre plus de poisson.
Moi, je boirai de l'eau, je ferai double tâche,
C'est dit. Va les chercher. Mais qu'as-tu ? Ça te fâche ?
D'ordinaire, tu cours plus vite que cela.

— Tiens, dit-elle en ouvrant les rideaux, les voilà !

LIII

LE CRAPAUD

LE CRAPAUD

Que savons-nous ? qui donc connaît le fond des choses ?
Le couchant rayonnait dans les nuages roses;
C'était la fin d'un jour d'orage, et l'occident
Changeait l'ondée en flamme en son brasier ardent;
Près d'une ornière, au bord d'une flaque de pluie,
Un crapaud regardait le ciel, bête éblouie;
Grave, il songeait; l'horreur contemplait la splendeur.
(Oh ! pourquoi la souffrance et pourquoi la laideur ?
Hélas ! le bas-empire est couvert d'Augustules,
Les Césars de forfaits, les crapauds de pustules,
Comme le pré de fleurs et le ciel de soleils !)
Les feuilles s'empourpraient dans les arbres vermeils;
L'eau miroitait, mêlée à l'herbe, dans l'ornière;
Le soir se déployait ainsi qu'une bannière;
L'oiseau baissait la voix dans le jour affaibli;
Tout s'apaisait, dans l'air, sur l'onde; et, plein d'oubli,
Le crapaud, sans effroi, sans honte, sans colère,
Doux, regardait la grande auréole solaire.
Peut-être le maudit se sentait-il béni;
Pas de bête qui n'ait un reflet d'infini;
Pas de prunelle abjecte et vile que ne touche
L'éclair d'en haut, parfois tendre et parfois farouche;
Pas de monstre chétif, louche, impur, chassieux,
Qui n'ait l'immensité des astres dans les yeux.
Un homme qui passait vit la hideuse bête,
Et, frémissant, lui mit son talon sur la tête;
C'était un prêtre ayant un livre qu'il lisait;
Puis une femme, avec une fleur au corset,
Vint et lui creva l'œil du bout de son ombrelle;
Et le prêtre était vieux, et la femme était belle.
Vinrent quatre écoliers, sereins comme le ciel.
— J'étais enfant, j'étais petit, j'étais cruel; —
Tout homme sur la terre, où l'âme erre asservie,
Peut commencer ainsi le récit de sa vie.
On a le jeu, l'ivresse et l'aube dans les yeux,
On a sa mère, on est des écoliers joyeux,

De petits hommes gais, respirant l'atmosphère
A pleins poumons, aimés, libres, contents; que faire,
Sinon de torturer quelque être malheureux ?
Le crapaud se traînait au fond du chemin creux.
C'était l'heure où des champs les profondeurs s'azurent.
Fauve, il cherchait la nuit; les enfants l'aperçurent
Et crièrent : — Tuons ce vilain animal,
Et, puisqu'il est si laid, faisons-lui bien du mal ! —
Et chacun d'eux, riant, — l'enfant rit quand il tue, —
Se mit à le piquer d'une branche pointue,
Elargissant le trou de l'œil crevé, blessant
Les blessures, ravis, applaudis du passant;
Car les passants riaient; et l'ombre sépulcrale
Couvrait ce noir martyr qui n'a pas même un râle,
Et le sang, sang affreux, de toutes parts coulait
Sur ce pauvre être ayant pour crime d'être laid;
Il fuyait; il avait une patte arrachée;
Un enfant le frappait d'une pelle ébréchée;
Et chaque coup faisait écumer ce proscrit
Qui, même quand le jour sur sa tête sourit,
Même sous le grand ciel, rampe au fond d'une cave;
Et les enfants disaient : Est-il méchant ! Il bave !
Son front saignait; son œil pendait; dans le genêt
Et la ronce, effroyable à voir, il cheminait;
On eût dit qu'il sortait de quelque affreuse serre.
Oh ! la sombre action, empirer la misère !
Ajouter de l'horreur à la difformité !
Disloqué, de cailloux en cailloux cahoté,
Il respirait toujours; sans abri, sans asile,
Il rampait; on eût dit que la mort, difficile,
Le trouvait si hideux qu'elle le refusait;
Les enfants le voulaient saisir dans un lacet,
Mais il leur échappa, glissant le long des haies;
L'ornière était béante, il y traîna ses plaies
Et s'y plongea sanglant, brisé, le crâne ouvert,
Sentant quelque fraîcheur dans ce cloaque vert,
Lavant la cruauté de l'homme en cette boue;
Et les enfants, avec le printemps sur la joue,
Blonds, charmants, ne s'étaient jamais tant divertis.
Tous parlaient à la fois, et les grands aux petits
Criaient : Viens voir ! dis donc, Adolphe, dis donc, Pierre,
Allons pour l'achever prendre une grosse pierre !
Tous ensemble, sur l'être au hasard exécré,
Ils fixaient leurs regards, et le désespéré
Regardait s'incliner sur lui ces fronts horribles.
— Hélas ! ayons des buts, mais n'ayons pas de cibles;
Quand nous visons un point de l'horizon humain,
Ayons la vie, et non la mort, dans notre main. —
Tous les yeux poursuivaient le crapaud dans la vase;
C'était de la fureur et c'était de l'extase;
Un des enfants revint, apportant un pavé

Pesant, mais pour le mal aisément soulevé,
Et dit : — Nous allons voir comment cela va faire. —
Or, en ce même instant, juste à ce point de terre,
Le hasard amenait un chariot très lourd
Traîné par un vieux âne éclopé, maigre et sourd;
Cet âne harassé, boiteux et lamentable,
Après un jour de marche approchait de l'étable;
Il roulait la charrette et portait un panier;
Chaque pas qu'il faisait semblait l'avant-dernier;
Cette bête marchait, battue, exténuée;
Les coups l'enveloppaient ainsi qu'une nuée;
Il avait dans ses yeux voilés d'une vapeur
Cette stupidité qui peut-être est stupeur;
Et l'ornière était creuse, et si pleine de boue
Et d'un versant si dur, que chaque tour de roue
Etait comme un lugubre et rauque arrachement;
Et l'âne allait geignant et l'ânier blasphémant;
La route descendait et poussait la bourrique;
L'âne songeait, passif, sous le fouet, sous la trique,
Dans une profondeur où l'homme ne va pas.

Les enfants, entendant cette roue et ce pas,
Se tournèrent bruyants et virent la charrette :
— Ne mets pas le pavé sur le crapaud. Arrête !
Crièrent-ils. Vois-tu, la voiture descend
Et va passer dessus, c'est bien plus amusant.

Tous regardaient.

Soudain, avançant dans l'ornière
Où le monstre attendait sa torture dernière,
L'âne vit le crapaud, et, triste, — hélas ! penché
Sur un plus triste, — lourd, rompu, morne, écorché,
Il sembla le flairer avec sa tête basse;
Ce forçat, ce damné, ce patient, fit grâce;
Il rassembla sa force éteinte, et, roidissant
Sa chaîne et son licou sur ses muscles en sang,
Résistant à l'ânier qui lui criait : Avance !
Maîtrisant du fardeau l'affreuse connivence,
Avec sa lassitude acceptant le combat,
Tirant le chariot et soulevant le bât,
Hagard il détourna la roue inexorable,
Laissant derrière lui vivre ce misérable;
Puis, sous un coup de fouet, il reprit son chemin.

Alors, lâchant la pierre échappée à sa main,
Un des enfants — celui qui conte cette histoire —
Sous la voûte infinie à la fois bleue et noire,
Entendit une voix qui lui disait : Sois bon !

Bonté de l'idiot ! diamant du charbon !

Sainte énigme ! lumière auguste des ténèbres !
Les célestes n'ont rien de plus que les funèbres,
Si les funèbres, groupe aveugle et châtié,
Songent, et, n'ayant pas la joie, ont la pitié.
O spectacle sacré ! l'ombre secourant l'ombre,
L'âme obscure venant en aide à l'âme sombre,
Le stupide, attendri, sur l'affreux se penchant,
Le damné bon faisant rêver l'élu méchant !
L'animal avançant lorsque l'homme recule !
Dans la sérénité du pâle crépuscule,
La brute par moments pense et sent qu'elle est sœur
De la mystérieuse et profonde douceur;
Il suffit qu'un éclair de grâce brille en elle
Pour qu'elle soit égale à l'étoile éternelle;
Le baudet qui, rentrant le soir, surchargé, las,
Mourant, sentant saigner ses pauvres sabots plats,
Fait quelques pas de plus, s'écarte et se dérange
Pour ne pas écraser un crapaud dans la fange,
Cet âne abject, souillé, meurtri sous le bâton,
Est plus saint que Socrate et plus grand que Platon.
Tu cherches, philosophe ? O penseur, tu médites ?
Veux-tu trouver le vrai sous nos brumes maudites ?
Crois, pleure, abîme-toi dans l'insondable amour !
Quiconque est bon voit clair dans l'obscur carrefour;
Quiconque est bon habite un coin du ciel. O sage,
La bonté, qui du monde éclaire le visage,
La bonté, ce regard du matin ingénu,
La bonté, pur rayon qui chauffe l'inconnu,
Instinct qui dans la nuit et dans la souffrance aime,
Est le trait d'union ineffable et suprême
Qui joint, dans l'ombre, hélas ! si lugubre souvent,
Le grand ignorant, l'âne, à Dieu le grand savant.

LIV

LA VISION DE DANTE

LA VISION DE DANTE

Dante m'est apparu. Voici ce qu'il m'a dit :

I

Je dormais sous la pierre où l'homme refroidit.
Je sentais pénétrer, abattu comme l'arbre,
L'oubli dans ma pensée et dans mes os le marbre.
Tout en dormant je crus entendre à mon côté
Une voix qui parlait dans cette obscurité,
Et qui disait des mots étranges et funèbres.
Je m'écriai : Qui donc est là dans les ténèbres ?
Et j'ajoutai, frottant mes yeux noirs et pesants :
Combien ai-je dormi ? La voix dit : Cinq cents ans;
Tu viens de t'éveiller pour finir ton poème
Dans l'an cinquante-trois du siècle dix-neuvième.

Et je me réveillai tout à fait; je n'avais
Plus rien autour de moi; la tombe aux durs chevets
S'était évanouie avec sa voûte sombre,
Et j'étais hors du temps, de la forme et du nombre;
Debout sans savoir où ni sans savoir sur quoi.
Enfin un peu de jour arriva jusqu'à moi,
Mes prunelles s'étant à l'ombre habituées;
Alors je distinguais deux portes de nuées,
L'une au fond, devant moi, l'autre en bas, au-dessous
D'un brouillard composé des éléments dissous,
Comme un puits qu'on verrait dans les eaux. La première,
Splendide, semblait faite avec de la lumière;
C'était un trou de feu dans un nuage d'or;
Quelqu'un, celui qui parle aux sibylles d'Endor,
Pour construire cet arc, splendide météore,
Avait pris et courbé les rayons de l'aurore;
Du moins je le pensai, non sans frémissement.

Cette porte, où luisaient l'astre et le diamant,
Brillait au plus profond de l'espace livide
Comme un point lumineux et posait sur le vide;
On voyait au-dessous le libre éther flotter,
Car nul mont n'eût osé s'offrir pour la porter,
Et, sous les saints piliers de cette arche vivante,
Le Sinaï lui-même eût croulé d'épouvante.
L'autre porte à mes pieds montrait son cintre obscur
Noir comme une fumée, et ridé comme un mur
Vaguement aperçu dans des épaisseurs mornes,
Mêlant ses bords confus aux profondeurs sans bornes,
Espèce d'antre informe en ténèbres construit,
Cratère fait de bronze et couronnant la nuit.
Cette porte semblait la bouche des abîmes.

Songeant à tous les maux qu'ici-bas nous subîmes,
Mon esprit, où la crainte accompagne l'espoir,
Du portail rayonnant allait au porche noir,
Et, me ressouvenant de ce qu'on fait sur terre,
J'entrevis que c'étaient les portes du mystère.

Soudain tout s'éclipsa, brusquement obscurci.

II

Et je sentis mes yeux se fermer, comme si,
Dans la brume, à chacun des cils de mes paupières
Une main invisible avait lié des pierres.
J'étais comme est un prêtre au seuil du saint parvis,
Songeant, et, quand mes yeux se rouvrirent, je vis
L'ombre; l'ombre hideuse, ignorée, insondable,
De l'invisible Rien vision formidable,
Sans forme, sans contour, sans plancher, sans plafond,
Où dans l'obscurité l'obscurité se fond;
Point d'escalier, de pont, de spirale, de rampe;
L'ombre sans un regard, l'ombre sans une lampe;
Le noir de l'inconnu, d'aucun vent agité;
L'ombre, voile effrayant du spectre éternité.
Qui n'a point vu cela n'a rien vu de terrible.
C'est l'espace béant, l'étendue impossible,
Quelque chose d'affreux, de trouble et de perdu
Qui fuit dans tous les sens devant l'œil éperdu,
La cécité glacée et plus qu'un marbre lourde,
Une tranquillité muette, aveugle et sourde,
L'horrible intérieur d'un sépulcre infini.
Cependant un reflet sur mon cercueil jauni
Me fit tressaillir, mais tout restait immobile;
Et je vis dans cette ombre une lueur tranquille,

Un flamboiement profond, fixe, silencieux,
Pareil à la clarté que ferait à nos yeux
Derrière un rideau noir une torche allumée;
Et nul bruit ne sortait de l'ombre inanimée;
Car, sachez-le, vivants, hors du clair firmament,
L'affreuse immensité se tait lugubrement.
Cette clarté semblait, à la fois vie et flamme,
Regarder comme un œil et penser comme une âme;
Ce n'était cependant qu'un voile, et l'on sentait
Derrière la lueur quelqu'un qui méditait.

III

Ce flamboiement flottant sur les nuits éternelles
Entrait de plus en plus dans mes vagues prunelles :
Je compris où j'étais et j'eus un tremblement;
Car soudain j'aperçus, dans ce rayonnement
Semblable aux visions que voyaient les prophètes,
Les sept anges pensifs qui tiennent sept trompettes;
La clarté se mêlait à leurs cheveux vermeils,
Ils étaient là, debout les yeux baissés, pareils
Aux sept géants qui sont sur le palais Farnèse,
Et, comme lorsqu'on est devant une fournaise,
Ils étaient noirs, ayant derrière eux la clarté.
L'abîme obscur, hagard, funèbre, illimité,
Semblait plein de terreur devant cette lumière.
J'essayai de prier, mais en vain; la prière
Rentra dans mon esprit comme un oiseau qui fuit
Et rentre au nid, tremblant, parce qu'il fait trop nuit;
Et je restai glacé devant la clarté blême,
Comme si j'eusse été quelque abîme moi-même.
Et je me dis : Voici qu'on va juger quelqu'un.
Cette ombre, des forfaits c'est le gouffre commun;
Ce feu, c'est la clarté de la face du juge.
Et j'eus peur.

IV

O sentence ! ô peine sans refuge !
Tomber dans le silence et la brume à jamais !
D'abord quelque clarté des lumineux sommets
Vous laisse distinguer vos mains désespérées.
On tombe, on voit passer des formes effarées,
Bouches ouvertes, fronts ruisselants de sueur,
Des visages hideux qu'éclaire une lueur.
Puis on ne voit plus rien. Tout s'efface et recule,

La nuit morne succède au sombre crépuscule.
On tombe. On n'est pas seul dans ces limbes d'en bas;
On sent frissonner ceux qu'on ne distingue pas;
On ne sait si ce sont des hydres ou des hommes;
On se sent devenir les larves que nous sommes;
On entrevoit l'horreur des lieux inaperçus,
Et l'abîme au-dessous, et l'abîme au-dessus.
Puis tout est vide ! On est le grain que le vent sème.
On n'entend pas le cri qu'on a poussé soi-même;
On sent les profondeurs qui s'emparent de vous;
Les mains ne peuvent plus atteindre les genoux;
On lève au ciel les yeux et l'on voit l'ombre horrible;
On est dans l'impalpable, on est dans l'invisible;
Des souffles par moments passent dans cette nuit.
Puis on ne sent plus rien. — Pas un vent, pas un bruit,
Pas un souffle; la mort, la nuit; nulle rencontre;
Rien, pas même une chute affreuse ne se montre.
Et l'on songe à la vie, au soleil, aux amours,
Et l'on pense toujours, et l'on tombe toujours !
Et le froid du néant lentement vous pénètre !
Vivants ! tomber, tomber, et tomber, sans connaître
Où l'on va, sans savoir où les autres s'en vont !
Une chute sans fin dans une nuit sans fond,
Voilà l'enfer.

V

Pendant que je songeais, l'espace
Vibra comme un vitrail quand un chariot passe,
Et je vis apparaître un ange surprenant.
C'était un être ailé, sévère et rayonnant.
Comme Jésus du front passait les douze apôtres,
Ce bel archange était plus grand que tous les autres,
Il avait la hauteur de deux stades romains;
Il tenait les morceaux d'un glaive dans ses mains;
Il portait sur sa tête ingénue et superbe
Ce mot des cieux, ce mot qui contient tout le verbe :
— JUSTICE. — On le pouvait lire distinctement.
Chaque lettre du mot était un diamant.

Justice ! O mot profond que les gouffres vénèrent !

Quand l'archange parut, les trompettes sonnèrent.

Et l'archange cria : — Trépassés ! trépassés !
Levez-vous, accourez, venez, comparaissez !
Voici l'instant où l'aigle aura peur des colombes.
O victimes ! sortez des nuits, sortez des tombes,
Sortez de terre en foule, à la hâte, à la fois !

Venez du fond des mers, venez du fond des bois,
Venez, celui qui saigne avec celui qui pleure !
Car le juge est assis pour punir, et c'est l'heure
Où les clairons du ciel sonnent aux quatre vents,
Et Dieu veut que les morts lui parlent des vivants.

Et quand l'ange eut fini, les ténèbres s'émurent.

VI

Un bruit, pareil au bruit des mouches qui murmurent,
Eclata tout à coup dans le gouffre muet,
Et je vis quelque chose en bas qui remuait.
C'était comme un point noir, puis comme une fumée,
Puis comme la poussière où s'avance une armée,
Puis comme une île d'ombre au sein des nuits flottant,
Et cet amas sinistre et lourd, vers nous montant,
Triste, livide, énorme, ayant un air de rage,
Venait et grandissait, poussé d'un vent d'orage.
Ce bloc était confus comme un brouillard du soir.
Quand il fut près de nous, je me penchai pour voir.

C'était une nuée et c'était une foule.
Cela voguait, courait, roulait comme une houle;
Et puis cela faisait un bruit mystérieux.
Dans cette ombre on voyait des faces et des yeux.
Je leur criai : — Quels sont les noms dont on vous nomme ?
O spectres, comme vous j'étais jadis un homme,
Vous êtes maintenant des spectres comme moi. —
Ils n'entendirent point et passèrent. L'effroi
Et la stupeur glaçaient ce noir tourbillon d'ombres.
Les uns étaient assis sur d'informes décombres;
D'autres, je les voyais quoiqu'un vent les chassât,
Terribles, agitaient des vestes de forçat;
D'autres étaient au joug liés comme des bêtes;
D'autres étaient des corps qui n'avaient pas de têtes;
Des femmes sur leur sein montraient les clous du fouet;
Des enfants morts tenaient encore leur jouet,
Et leur crâne entr'ouvert laissait voir leurs cervelles;
D'autres gisaient en tas ainsi que des javelles;
D'autres avaient au cou la corde du gibet;
D'autres traînaient des fers; un autre se courbait,
L'affreux plafond trop bas d'un cachot solitaire
Ayant ployé sa tête à jamais vers la terre;
Des vieillards, dont le sang coulait à longs ruisseaux,
Tiraient avec leurs mains des balles de leurs os;
D'autres touchaient leurs yeux crevés par les mitrailles.
D'autres avec leurs mains soutenaient leurs entrailles;

Innombrables, meurtris, pâles, échevelés,
Tous, dans la nuit farouche affreusement mêlés,
Dressaient leur front, et ceux qui n'avaient pas de têtes
Elevaient leurs deux poings, et le vent des tempêtes
Soufflait, et derrière eux, accroupis, accablés,
On voyait un monceau de fantômes voilés,
Muets et noirs; c'étaient les veuves et les mères.
La rumeur qui sortait de ces ombres amères
Ressemblait au bruit sourd que les grands arbres font;
Et, devant la clarté qui flamboyait au fond,
Joignant leurs mains, tordant leurs bras, ils s'arrêtèrent.
Et, comme tous sortaient de la fosse, ils ôtèrent
La terre de leur bouche, et crièrent : Seigneur !

A ce grand mot qui dit gloire, amour et bonheur,
L'abîme qui n'a plus, sous la verge inflexible,
Le droit de prononcer ce nom inaccessible
Poussa dans la nuit triste un long gémissement.

VII

Ils reprirent : Seigneur ! Ce fut un noir moment.
Les cris d'enfant surtout venaient à mon oreille;
Car, dans cette nuit-là, gouffre où l'équité veille,
La voix des innocents sur toute autre prévaut,
C'est le cri des enfants qui monte le plus haut,
Et le vagissement fait le bruit du tonnerre.

— « Seigneur ! Seigneur ! Seigneur ! Justice pour la terre !
« Nous sommes les martyrs, nous sommes l'équité,
« La loi sainte, l'honneur, la foi, la liberté;
« Chassés par les brigands que là-haut on encense,
« Nous sommes la vertu, nous sommes l'innocence,
« Que Satan forgeron frappe à coups de marteau.
« Nous sommes ceux qu'on a liés au vil poteau,
« Ceux qu'égorgea le sabre et que perça l'épée;
« Nous sommes le sang tiède et la tête coupée;
« Nous sommes ceux qu'on jette aux chiens, ceux que la dent
« Déchire, ceux qu'on brise et qu'on foule, pendant
« Que les vices lascifs et les crimes énormes
« Au-dessus de leurs fronts chantent, géants difformes,
« Nous crions vers vous, père ! O Dieu bon, punissez !
« Car vous êtes l'espoir de ceux qu'on a chassés,
« Car vous êtes patrie à celui qu'on exile,
« Car vous êtes le port, la demeure et l'asile;
« Les oiseaux ont le nid et les hommes ont Dieu.
« Là-haut le meurtre seul est libre; c'est un jeu
« D'égorger les vivants; le droit n'a plus de base,

« Et le bien et le mal, comme l'eau dans un vase,
« Sont mêlés, et le monde est en proie à la mort.
« Au sud on tue, on pend, on extermine; au nord
« On élargit le bagne, on élargit les fosses;
« On coupe à coups de knout le ventre aux femmes grosses;
« Le glaive a reparu, hideux, comme jadis.
« Dans Brescia, dans Milan, on a vu des bandits
« Ecraser du talon le sein des vierges mortes;
« Des vieillards aux fronts blancs, massacrés sur leurs portes
« Imprimaient à leur seuil leurs doigts ensanglantés;
« Et les petits enfants, du haut des toits jetés,
« Etaient reçus en bas sur les pointes des piques.
« Les mines de Tobolsk, les cachots des tropiques,
« Cayenne, Lambessa, le Spielberg, les pontons
« Sont pleins de nos douleurs ! Seigneur, nous en sortons.
« Nous nous nommons le peuple, et sommes une plaie.
« Le genre humain saignant est traîné sur la claie.
« Nous venons de l'exil, nous venons du tombeau,
« Et nous vous rapportons l'âme, notre flambeau !
« O Dieu juste, il est temps que votre bras nous venge ! »

— Quels sont vos meurtriers, et vos bourreaux ? dit l'ange.

Et d'une seule voix ils dirent : — Les soldats.

VIII

Jean à Pathmos, Manou rêvant sur les védas,
N'ont rien vu de pareil à ce que je raconte.

Comme après un nuage un autre brouillard monte,
Je vis alors monter de l'abîme obscurci
Un autre amas informe, et l'ange dit : Ici !

Et ce groupe arriva, confus comme une ville,
Devant la clarté sombre et toujours immobile.
C'étaient des millions d'hommes bardés de fer,
Comme Bordeaux en vit du temps de Gaïfer,
Cavaliers, fantassins, multitudes fatales,
Au cri rauque, au pas lourd, aux statures brutales,
A l'œil stupide, ayant des chiffres sur le front.
Quelques-uns ressemblaient aux hiboux à l'œil rond,
D'autres au léopard hurlant dans sa tanière.
Ils étaient tous vêtus de la même manière;
Ils étaient teints de sang, des cheveux aux talons;
Noirs, pressés, ils venaient, sauvages bataillons;
Leurs armes m'étonnaient et m'étaient inconnues.
Ils surgissaient en foule et par mille avenues.

C'étaient des légions et puis des légions,
Flot d'hommes inondant ces mornes régions,
Chaos, têtes sans nombre au loin diminuées;
Les croupes des chevaux se mêlaient aux nuées;
Ils traînaient après eux des chariots d'airain
Avec le roulement d'un foudre souterrain.
Un grand vautour doré les guidait comme un phare.
Tant qu'ils étaient au fond de l'ombre, la fanfare,
Comme un aigle agitant ses bruyants ailerons,
Chantait claire et joyeuse au front des escadrons.
Trompettes et tambours sonnaient, et des centaures
Frappaient des ronds de cuivre entre leurs mains sonores;
Mais, dès qu'ils arrivaient devant le flamboiement,
Les clairons effarés se taisaient brusquement,
Tout ce bruit s'éteignait. Reculant en désordre,
Leurs chevaux se cabraient et cherchaient à les mordre,
Et la lance et l'épée échappaient à leur poing.
En voyant la lueur qu'ils ne comprenaient point,
Ils s'arrêtaient, courbant leurs faces étonnées;
Ils avaient ce front bas des bêtes enchaînées
Quand, le loup étant pris au piège et garrotté,
L'air terrible fait place à l'air épouvanté.

O spectacle de voir la force au pied de l'être!
De voir s'évanouir le gendarme et le reître,
Hommes, glaives, chevaux, clairons, férocité,
Tout le sombre ouragan, devant cette clarté!

IX

L'ange dit : — Qu'êtes-vous ?

— Nous sommes les armées.

Alors, pâles, debout, les ombres ranimées
Crièrent, écartant les linceuls de leurs seins :

— Malheur! malheur! malheur à tous ces assassins!

Et l'ange dit, levant les bras pour les confondre :

— Vous avez entendu. Qu'avez-vous à répondre ?

Et les morts répétaient : — Malheur aux assassins!

— Répondez, cria l'ange.

Alors ces lourds essaims,

Ces soldats plus nombreux que les épis des plaines,
Dirent :

— Ce n'est pas nous, ce sont nos capitaines.
Nous dûmes obéir à leur ordre inhumain;
Nous n'étions que le glaive, eux, ils étaient la main.
C'est sur eux, non sur nous, que le crime retombe. —

L'ange, vers la lueur calme comme une tombe,
Leva, grave et pensif, son œil fixe aux cils blonds,
Puis, se tournant, il fit un signe aux aquilons.

Les vents ayant soufflé, ces hommes disparurent.

X

Puis au fond de la nuit les aquilons coururent
Et revinrent, poussant une nuée encor.
Et ce nuage était plein de fantômes d'or.

Il s'ouvrit devant l'ange avec un sourd tonnerre.

Je vis des commandants sur leurs chevaux de guerre,
L'épée au flanc, la plume au front, l'air irrité,
Debout sur la nuée avec autorité,
Des flammes dans leurs yeux et du sang dans leurs bouches;
Triomphants, quelques-uns très vieux, et plus farouches
Que les durs Teutatès et les noirs Irmensuls.
Ils tenaient des bâtons comme font les consuls.

Et l'ange leur cria : — C'est vous les capitaines ?

— C'est nous. Que nous veux-tu ?

— Silence aux voix hautaines !
Regardez cet oiseau qui dort, et taisez-vous !
Dit l'ange; et, dérangeant sa robe avec courroux,
Il leur montra la foudre en son sein endormie.

Il reprit : — Vous avez ainsi qu'une ennemie
Traité la race humaine; où vous avez passé
Tout est mort, l'herbe a crû ; vous avez écrasé
Les femmes, les enfants, les vieillards aux fronts chauves,
Et lâché vos soldats comme des bêtes fauves;
Vous avez relevé le glaive et l'échafaud,
Brisé la loi d'en bas, bravé la loi d'en haut;
Vous êtes devant Dieu; qu'avez-vous à répondre ?

Comme devant la braise on voit la cire fondre,
Ces noirs victorieux tombèrent à genoux,
Et, criant et pleurant, dirent :

— Ce n'est pas nous !
Ce n'est pas nous, Seigneur ! Seigneur, ce sont les juges.
Après les châtiments, les fléaux, les déluges,
Les hommes ont assis sur des sièges sacrés
D'autres hommes savants, austères, vénérés,
Pour être au milieu d'eux comme la loi vivante.
Seigneur, quand nous frappions, tous ces juges qu'on vante
Disaient : — Vous faites bien. Tuez. Versez le sang.
Ceci, c'est le coupable. — Or c'était l'innocent.
Nous ne le savions pas. Nous, troupe au mal poussée,
Nous n'étions que le bras, ils étaient la pensée;
Nous n'étions que la force, eux, ils étaient l'esprit.
Nos meurtres sont leur crime !

Et l'archange reprit :

— Allez ! —

Tout s'effaça comme un flocon d'écume.

XI

L'ange leva le doigt, et je vis, dans la brume,
Monter et croître au fond des brouillards épaissis
Une espèce de cirque, et là, muets, assis,
Un tas d'hommes vêtus d'hermine et de simarres,
Et je vis à leurs pieds du sang en larges mares,
Des billots, des gibets, des fers, des piloris.
Ces hommes regardaient l'ange d'un air surpris :
Comme, en lettres de feu, rayonnait sur sa face
Son nom, Justice, entre eux ils disaient à voix basse :
— Que veut dire ce mot qu'il porte sur son front ?

L'ange cria :

— Malheur à ceux qui mentiront !
Vos noms ? parlez ! —

Et tous semblaient vouloir se taire.

— Vous êtes, dit l'esprit, les juges de la terre.
De vous tous qui teniez le livre de la loi
Pas un ne me connaît, mais je vous connais, moi.
Ecoutez. Vous avez trahi le droit auguste,
Absous les scélérats, condamné l'homme juste,

Et lié l'innocence aux pieds du crime heureux.
Quand le massacre, ouvrant ses ongles ténébreux,
Planait sur la cité qui lutte et qui s'effraie,
Vous avez comme un aigle adoré cette orfraie;
Quand les soldats noyaient dans le meurtre les lois,
A leurs cris furieux vous mêliez votre voix,
Vous mettiez votre bouche à leurs clairons de cuivre;
C'est vous qui, de la loi tenant toujours le livre,
Des martyrs aux brigands partagiez les habits;
C'est vous qui livriez aux tigres les brebis;
C'est vous qui des héros traîniez les agonies
Du carcan au gibet, du bagne aux gémonies,
Juges; et le bourreau d'épouvante vêtu,
Voyant qu'on lui disait d'égorger la vertu,
Pensait dans son esprit : Ces hommes-là se trompent.
Vous vous êtes assis aux festins qui corrompent,
Vous avez applaudi le mal, ri du remords,
Et vous avez craché sur la face des morts.
O juges, ce sont là des choses exécrables.
Qu'avez-vous à répondre ?

Alors ces misérables,
Tombant hors de leur siège et se prosternant tous,
Tremblant et gémissant, dirent :

— Ce n'est pas nous.

— Mais qui donc est coupable alors ?

— Ce sont les princes.
La terre est par les rois divisée en provinces.
Nous renvoyons aux rois toutes nos actions.
Les princes commandaient; nous leur obéissions,
Seigneur, car de tout temps les prêtres et les mages
Nous ont dit que les rois, ô Dieu, sont vos images.

L'ange dit : — Amenez les images de Dieu.

Des êtres monstrueux parurent.

XII

Du milieu
De l'abîme on les vit surgir dans l'ombre impure.
L'un ressemblait au meurtre et l'autre à la luxure,
L'autre à la fraude, l'autre à l'orgueil, celui-ci
Au mensonge, et d'horreur je demeurai saisi,
Car ils avaient du mal toutes les ressemblances.

A travers cette nuit, les brouillards, les silences,
Dans ce gouffre sans fond de toutes parts béant,
Dans ces immensités qu'emplissait le néant,
Ils se dressaient, le sceptre appuyé sur l'épaule;
Les uns, Molochs blanchis par les neiges du pôle,
D'autres ayant au front un reflet du midi,
Tous habillés de pourpre et d'or, l'œil engourdi,
L'air superbe, l'épée au flanc, couronne en tête,
Globe en main; chacun d'eux était seul sur le faîte
D'un trône, comme un roi d'Edom ou d'Issachar,
Et chaque trône était porté sur un grand char.
Devant chaque fantôme, en la brume glacée,
Ayant le vague aspect d'une croix renversée
Venait un glaive nu, ferme et droit dans le vent,
Qu'aucun bras ne tenait et qui semblait vivant.
Les vapeurs au-dessous flottaient basses et lentes.
Les chars étaient traînés par des bêtes volantes,
Monstres inconnus même au gouffre sans clarté;
Attelages impurs ! L'un était emporté
Par des tigres ailés au pied large, aux yeux mornes,
L'autre par des griffons, l'autre par des licornes,
L'autre par des vautours à deux têtes, ayant
Des diadèmes d'or sur leur front flamboyant.
Tous ces monstres poussaient des cris, battaient de l'aile,
Tantôt mêlés, tantôt en ligne parallèle.
Les trônes approchaient sous ces lugubres cieux;
On entendait gémir autour des noirs essieux
La clameur de tous ceux qu'avaient broyés leurs roues;
Ils venaient, ils fendaient l'ombre comme des proues;
Sous un souffle invisible ils semblaient se mouvoir;
Rien n'était plus étrange et plus farouche à voir
Que ces chars effrayants tourbillonnant dans l'ombre.
Dans le gouffre tranquille où l'humanité sombre,
Ces trônes de la terre apparaissaient hideux.

Le dernier qui venait, horrible au milieu d'eux,
Etait à chaque marche encombré de squelettes
Et de cadavres froids aux bouches violettes,
Et le plancher rougi fumait, de sang baigné;
Le char qui le portait dans l'ombre était traîné
Par un hibou tenant dans sa griffe une hache.
Un être aux yeux de loup, homme par la moustache,
Au sommet de ce char s'agitait étonné,
Et se courbait furtif, livide et couronné.
Pas un de ces césars à l'allure guerrière
Ne regardait cet homme. A l'écart, et derrière,
Vêtu d'un noir manteau qui semblait un linceul,
Espèce de lépreux du trône, il venait seul;
Il posait les deux mains sur sa face morose
Comme pour empêcher qu'on y vît quelque chose;
Quand parfois il ôtait ses mains en se baissant,

En lettres qui semblaient faites avec du sang
On lisait sur son front ces trois mots : Je le jure.

Quoiqu'ils fussent encore au fond de l'ombre obscure,
Hommes hideux, de traits et d'âge différents,
Je les distinguais tous, car ils étaient très grands.
Je crus voir les titans de l'antique nature.
Mais ces géants brumeux décroissaient à mesure
Qu'ils s'éloignaient du point dont ils étaient partis,
Et, plus ils approchaient, plus ils étaient petits.
Ils rentraient par degrés dans la stature humaine;
La clarté les fondait ainsi qu'une ombre vaine;
Eux que j'avais crus hauts plus que les Apennins,
Quand ils furent tout près de moi, c'étaient des nains.
Et l'ange, se dressant dans la brume indécise,
Etait penché sur eux comme la tour de Pise.

XIII

Et les glaives s'étaient éclipsés.

L'ange dit :

— Qu'êtes-vous ?

Et le groupe à ses pieds répondit :

— Rois, et maîtres de tout, du droit de nos ancêtres.

— Rois ! vous êtes les rois, vous n'êtes pas les maîtres,
Dit l'ange. Allons, venez, c'est l'heure, arrivez tous.
Vous voilà donc enfin, princes ! D'où sortez-vous ?
O princes, vous sortez, et je vais vous le dire,
Des forfaits, des fureurs, du meurtre et du délire,
Des deuils, des faux serments dont l'homme est éperdu,
Et du sang innocent à grands flots répandu.
Vous sortez des palais qu'habite la démence,
Des fortins, des charniers, et de la plainte immense
Du monde entier criant vers le haut firmament !
Rois ! l'homme n'est pas fait pour votre amusement.
Rois ! la terre est un temple et non pas une étable.
Le tyran, dans l'orgie, accoudé sur la table,
Commande au crime, et Dieu commande au châtiment.
Princes, avant que Dieu regarde froidement
Tout le sang qui ruisselle autour de vos armures,
Les astres tomberont comme des figues mûres
Qui tombent d'un figuier secoué par le vent.
O rois, qui massacrez sous l'œil du Dieu vivant,

La voix du genre humain contre vos fronts s'élève.
Plus nombreux que les flots gémissant sur la grève,
Les morts auprès de Dieu, rois, vous ont précédés.
Otez votre couronne, accusés, répondez.
Tous ces crimes abjects, mêlés au vice immonde,
Les avez-vous commis ?

Et ces maîtres du monde
Tremblèrent comme l'arbre au vol des ouragans,
Et l'ange regardait pâlir ces arrogants;
Et chacun d'eux, pareil au renard qui s'échappe,
Criait :

— Ce n'est pas nous !

— Et qui donc ?

— C'est le pape.
Seigneur, vous aviez mis parmi nous ce docteur.
Il était le semeur, il était le pasteur,
Il enseignait d'en haut comme votre vicaire.
Nos trônes faisaient cercle autour de cette chaire.
Nous écoutions son verbe ainsi que votre voix.
Il nous disait : « Je suis celui qui parle aux rois;
« Quiconque me résiste et me brave est impie.
« Ce qu'ici-bas j'écris, là-haut Dieu le copie.
« L'église, mon épouse, éclose au mont Thabor,
« A fait de la doctrine une cage aux fils d'or,
« Et comme des oiseaux j'y tiens toutes les âmes.
« Seul je suis le mystère et seul j'ai les dictames.
« Rois, obéissez-moi selon qu'il est écrit.
« Quand vous me regardez, vous voyez Jésus-Christ.
« Je fais et je défais la loi quand je la touche,
« Et l'explication de tout est dans ma bouche;
« Je suis l'homme-justice et l'homme-vérité. »
Or, quand nous abattions droit, peuple, liberté,
Quand nous eûmes tué le tribun et l'apôtre,
Nous étions d'un côté, les morts étaient de l'autre,
Nous lui dîmes : — Quels sont les bons et les pervers ?
Et cet homme leva la main, et l'univers
Vit descendre, Seigneur, de cette main suprême
Sur nous l'apothéose et sur eux l'anathème;
Quand nous exterminions l'aïeul aux pas tremblants,
Ce vieillard nous criait : Malheur aux cheveux blancs !
Quand nous percions l'enfant au ventre de sa mère,
Il nous criait, debout au fond du sanctuaire,
Devant la mère froide et devant l'enfant mort :
L'enfant était coupable et la mère avait tort !
Il faisait, pour punir quiconque pense et rêve,
Jaillir des crucifix sous les éclairs du glaive !
Sa main, plus que nos bras, multipliait les coups.

Répondez, Pazzoli, Simoncelli, vous tous !
Cet homme interrompait la messe à l'offertoire,
Ce prêtre rejetait la gorgée au ciboire,
Seigneur, pour faire signe au bourreau de frapper,
Et lui montrer du doigt les têtes à couper.
Sa ceinture servait de corde à nos potences.
Il liait de ses mains l'agneau sous nos sentences;
Et quand on nous criait : Grâce ! il nous criait : Feu !
C'est à lui que le mal revient. Voilà, grand Dieu,
Ce qu'il a fait; voilà ce qu'il nous a fait faire.
Cet homme était le pôle et l'axe de la sphère;
Il est le responsable et nous le dénonçons !
Seigneur, nous n'avons fait que suivre ses leçons,
Seigneur, nous n'avons fait que suivre son exemple.
Nos forfaits sous ses pieds sont nés dans votre temple;
Il nous a mis l'enfer dans l'âme au lieu du ciel.
Lui seul porte le poids du crime universel !

Et l'archange cria :

— Faites venir cet homme !

Alors les sept clairons dirent :

— Pape de Rome !
Mastaï ! Mastaï ! nous t'appelons sept fois.
Viens rapporter à Dieu les peuples et les rois,
Car l'Eternel t'attend, assis sur les nuées.

Toutes les profondeurs frémirent, remuées.

Un vieillard blanc et pâle apparut dans la nuit.

XIV

Debout, morne, il tremblait comme un homme qui fuit,
Et des mains le tenaient au collet dans la brume.
Vêtu de lin plus blanc qu'un encensoir qui fume,
Il avait, spectre blême aux idoles pareil,
Les baisers de la foule empreints sur son orteil,
Dans sa droite un bâton comme l'antique archonte,
Sur son front la tiare, et dans ses yeux la honte.
De son cou descendait un long manteau doré,
Et dans son poignet gauche il tenait, effaré,
Comme un voleur surpris par celui qu'il dérobe,
Des clefs qu'il essayait de cacher sous sa robe.
Il était effrayant à force de terreur.

Quand surgit ce vieillard, on vit dans la lueur
L'ombre et le mouvement de quelqu'un qui se penche.
A l'apparition de cette robe blanche,
Au plus noir de l'abîme un tonnerre gronda.
L'archange, tout à coup terrible, regarda,
De cet œil flamboyant que vit luire Sodome,
L'ombre profonde, et dit :

— Connaissez-vous cet homme ?

Alors, de tous les points de ces immensités,
Tous, — car je m'aperçus que tous étaient restés, —
Des flancs de la nuée et du bord des abîmes,
De toutes parts, en haut, en bas, tyrans, victimes,
Mères, enfants, vieillards, les juges, les jugés,
Les égorgeurs mêlés avec les égorgés,
Les grands et les petits, les obscurs, les célèbres,
Tous ceux que j'avais vus passer dans les ténèbres,
Avançant leur front triste, ouvrant leur œil terni.
Fourmillement affreux qui peuplait l'infini,
Tous ces spectres vivant, parlant, riant naguère,
Martyrs, bourreaux, et gens du peuple et gens de guerre,
Regardant l'homme blanc d'épouvante ébloui,
Elevèrent la main et crièrent : C'est lui.

Et pendant qu'ils criaient, sa robe devint rouge.

Au fond du gouffre où rien ne tressaille et ne bouge
Un écho répéta : — C'est lui ! — Les sombres rois
Dirent : — C'est lui ! c'est lui ! c'est lui ! voilà sa croix !
Les clefs du paradis sont dans ses mains fatales. —
Et l'homme-loup, debout sur les cadavres pâles
Dont le sang tiède encor tombait dans l'infini,
Cria d'une voix rauque et sourde : — Il m'a béni !

Et la lueur soudain grandit, funèbre et pure,
Et devint formidable ainsi qu'une figure.
Il semblait que ce fût le jour qui se levait.

XV

L'ange, pareil au lys que la candeur revêt,
Dit au vieillard :

— Ecoute et vois. Le juge est proche.
Tu sais pourquoi tu viens et ce qu'on te reproche,
Réponds. —

Lui se tourna vers l'ange en frissonnant,
Et je vis le spectacle horrible et surprenant
D'un homme qui vieillit pendant qu'on le regarde.
L'agonie éteignit sa prunelle hagarde,
Sa bouche bégaya, son jarret se rompit,
Ses cheveux blanchissaient sur son front décrépit,
Ses tempes se ridaient comme si les années
S'étaient subitement sur sa face acharnées,
Ses yeux pleuraient, ses dents claquaient comme au gibet
Les genoux d'un squelette, et sa peau se plombait,
Et, stupide, il baissait, à chaque instant plus pâle,
Sa tête qu'écrasait la tiare papale.

L'ange dit :

— Comprends-tu, vieillard, ce que tu vois ?

Il frappa sa poitrine et demeura sans voix,
Et je vis, ô terreur ! qu'il vieillissait encore.
Farouche, il regardait cette lugubre aurore
Et la robe de sang dont il était vêtu.

L'ange reprit :

— Voyons, défends-toi, parle; as-tu,
Pour lui jeter ta faute et pour qu'il en réponde,
Au-dessus de ta tête un être dans ce monde ?

Et l'homme répondit :

— Je n'ai que vous, mon Dieu !

Alors je crus voir luire un rayon du ciel bleu,
Des sept anges rêveurs les clairons se baissèrent,
Le gouffre, que les nuits insondables enserrent,
Frémit comme frémit l'oiseau pris au lacet,
Et l'espace entendit une voix qui disait :

XVI

« Les vivants sous le ciel tremblent, souffrent et pleurent;
« La vertu, la raison et la sagesse meurent;
« Le crime est couronné.
« L'homme récolte ici ce que là-bas il sème.
« Mastaï, Mastaï, Pie appelé neuvième,
« Approche, infortuné !

« Nul ne s'évade. Ici les choses sont connues,
« Les os sont transparents et les âmes sont nues;

« Ici tout est clartés;
« L'ombre de l'homme prend la forme de sa vie,
« La justice affamée ici n'est assouvie
« Que de réalités.

« Quand les princes foulaient aux pieds les multitudes,
« Transformaient des pays vivants en solitudes,
« Dressaient les échafauds,
« Et marchaient sur le peuple, affreux, vainqueurs, superbes,
« Comme le moissonneur à grands pas dans les herbes
« Marche avec une faulx;

« Tandis que l'orphelin pleurait avec la veuve,
« Et que l'humanité gémissait comme un fleuve,
« Et qu'eux étaient joyeux,
« Et qu'ils pillaient le peuple avec leurs économes,
« Tandis que tous ces rois versaient le sang des hommes
« Comme moi l'eau des cieux;

« Tandis que des couteaux ils aiguisaient les pointes,
« Toi, tu les bénissais; tu tombais les mains jointes
« A genoux sous un dais,
« Et tu me rendais grâce, à moi, souverain maître,
« Ne t'imaginant pas que j'existais, ô prêtre,
« Et que je t'entendais !

« Me voici. Vois ma face; et sache que j'existe.
« O malheureux, regarde en toi-même et sois triste.
« Une main t'a saisi;
« Comme une vision rappelle-toi le monde;
« Ceci c'est ma clarté; le reste est nuit profonde;
« C'est moi qui suis ici !

« Sache que c'était moi qui t'avais mis au faîte.
« Le jour où, proclamé roi, pontife et prophète,
« Joyeux, tu te courbas,
« Tandis qu'on t'enivrait d'un hymne de victoire,
« Et que tout l'univers te chantait dans ta gloire,
« Je t'ai parlé tout bas;

« Je t'ai dit : — Mastaï, je te charge des hommes.
« Voici la clef du coffre et le compte des sommes
« Qu'il faudra rendre un jour.
« Sois le gardien sublime et le grand solitaire.
« C'est toi qui veilleras au centre de la terre
« Sur le haut de ma tour.

« Je t'ai dit : — Mastaï, travaille en ma présence,
« Remets de la vertu dans l'âme où l'innocence
« Lentement se détruit;
« C'est toi qui verseras de l'huile dans ma lampe,

« Pour qu'en l'esprit de l'homme, où le mal parfois rampe,
« Il ne soit jamais nuit.

« Je t'ai dit : — Mastaï, chasse Satan, s'il entre.
« Tous les crimes hideux, rôdant hors de leur antre
« Guettant l'homme éprouvé,
« Te trouveront debout sur leur route, ô pontife,
« Et fermeront leur gueule et baisseront leur griffe
« Devant ton doigt levé.

« Or, le monde t'a vu, toi le saint, toi l'auguste,
« Dire au crime : courage ! et la porte du juste
« A tremblé sur ses gonds,
« Tu louas les bourreaux vainqueurs, toi mon ministre;
« Tu pris sur tes genoux, magicien sinistre,
« La tête des dragons.

« Devant le créateur, devant les créatures,
« Tu mis sur les tyrans, tu mis sur les parjures,
« Sur le vol effronté,
« Sur le meurtre ivre et fou qui dans le sang se plonge,
« Tu mis sur cet amas d'horreur et de mensonge
« Mon sceau de vérité.

« Chien du troupeau, tu fus un loup comme les autres !
« O rois, ses attentats amnistiaient les vôtres;
« Si bien, pape romain,
« Qu'aujourd'hui dans le trouble et dans l'inquiétude,
« Pas un abri lointain, pas une certitude
« Ne reste au genre humain !

« Pure étoile éclairant les vivants dans leurs routes,
« La vérité brillait au fond des sombres voûtes
« Où l'œil de l'homme atteint,
« Je t'avais, comme Aron et comme Zoroastre,
« Mis si haut que toi seul pouvais souffler sur l'astre;
« Prêtre, tu l'as éteint !

« J'avais entre tes mains déposé la justice,
« De peur que l'homme n'erre et ne se pervertisse
« Comme au temps de Japhet,
« Des âmes des vivants j'avais fait ton domaine,
« Je t'avais confié la conscience humaine.
« Réponds, qu'en as-tu fait ? »

XVII

L'homme resta béant, et, sans cri, sans prière
Et sans souffle, il tomba les deux mains en arrière,
Comme s'il eût été poussé par la clarté.
Je sentis tressaillir l'obscure éternité.

—

Et, comme je fuyais, dans la nuée ardente
Une face apparut et me cria : Mon Dante,
Prends ce pape qui fit le mal et non le bien,
Mets-le dans ton enfer, je le mets dans le mien.

LV

LES GRANDES LOIS

Je ne me sentais plus vivant; je me retrouve,
Je marche, je revois le but sacré. J'éprouve
Le vertige divin, joyeux, épouvanté,
Des doutes convergeant tous vers la vérité;
Pourtant je hais le dogme, un dogme c'est un cloître.
Je sens le sombre amour des précipices croître
Dans mon sauvage cœur, saignant, blessé, banni,
Calme, et de plus en plus épars dans l'infini.
Si j'abaisse les yeux, si je regarde l'ombre,
Je sens en moi, devant les supplices sans nombre,
Les bourreaux, les tyrans, grandir à chaque pas
Une indignation qui ne m'endurcit pas,
Car s'indigner de tout, c'est tout aimer en somme,
Et tout le genre humain est l'abîme de l'homme.

Le philosophe plane et rêve sur ces flots
De douleurs, de tourments, d'angoisses, de sanglots,
Où partout quelque esquif lutte, chavire et sombre;
Ainsi qu'une hirondelle au-dessus d'une eau sombre,
Dans ce monde qui semble au hasard châtié,
L'âme tournoie autour d'un gouffre, la pitié.

★

Que croire ? — La pitié me prend, m'emplit, m'enivre,
Me donne le dégoût formidable de vivre,
Me porte à des excès étranges, secourir,
Au hasard, à tâtons, ceux que je vois souffrir,
Etre indulgent, pensif, tendre, clément, stupide;
Si bien que par moments la foule me lapide.
C'est bien fait, certe. — Amis, je rentre en tout cela,
J'étais absent, j'arrive, et je dis : me voilà !

Prendre garde à ce peuple obscur sur qui l'on marche,
Aimer mieux me jeter aux flots qu'entrer dans l'arche,
N'avoir jamais le mal des autres pour souhait,

Plaindre la haine, même en celui qui nous hait,
Je reviens à mon œuvre. Et j'offre à cette bouche
Qui s'ouvre obscurément dans toute âme farouche,
Aux noirs désespérés errant sans feu ni lieu,
Un peu de vie à boire, et ce verre d'eau, Dieu.

Ecoute; — nous vivrons, nous saignerons, nous sommes
Faits pour souffrir parmi les femmes et les hommes;
Et nous apercevrons devant nos yeux, vois-tu,
Comme des monts, travail, honneur, devoir, vertu,
Et nous gravirons l'une après l'autre ces cimes;
Quand nous serons en bas, loin des sommets sublimes,
Nous dresserons nos fronts; mais, en haut, nos genoux
Ploieront; les passions viendront rugir en nous,
Et nous leur servirons d'antres et de repaires;
Nous pleurerons nos fils, nous pleurerons nos pères,
Nous verrons le cercueil germer dans le berceau;
Dans nos soifs, nous boirons à Dieu, comme au ruisseau;
Nous deviendrons, après nos deuils et nos attentes,
Des âmes sur le bord du tombeau palpitantes,
Car, pour l'homme ici-bas marqué d'un divin sceau,
Vivre, pleurer, souffrir, c'est devenir oiseau,
Et toutes les douleurs sont les plumes de l'aile;
Nous suivrons la puissance, au néant parallèle,
Ou, plus sages, l'amour qui fuit au fond des bois;
Nous aurons nos espoirs, nos terreurs, nos abois;
Nous nous emplirons d'ombre ou d'azur la prunelle...

Et nous nous en irons vers l'étoile éternelle !

IRE, NON AMBIRE

Sachons mener à bout, sans égoïsme vain,
Notre travail humain sous le travail divin;
Si l'orgueil vient, broyons du pied cette couleuvre;
L'homme est l'outil, Dieu seul est l'ouvrier de l'œuvre,
Donc servons pour servir, avec simplicité.
Sans avoir pris de grade à l'université
Et sans être nommé recteur par le ministre,
Le blond soleil dissout l'ignorance sinistre,
Eclairons comme lui, non pour nous, mais pour tous,
Et faisons gravement ce que Dieu fait pour nous.
Je crois; cela vaut-il qu'on m'adore ? Je pense;
Cela mérite-t-il aucune récompense ?
Je vois; mais c'est déjà posséder tout que voir !
Hommes, jusqu'au martyre acceptons le devoir;
Souffrons, aimons; soyons l'apôtre, soyons l'ange;
Et ne demandons rien, pas même une louange.
La nature adoucit l'homme par ses rayons;
Elle brille dans l'aigle et dans les alcyons,
Dans l'onde où boit l'oiseau, dans l'herbe où l'agneau bêle,
Et ne tend pas la main quand on dit : qu'elle est belle !
Mai, sans être payé, combat l'hiver qui fuit;
Le lys n'a pas besoin qu'on le décore, il luit;
La lavande embaumée où l'abeille se pose
Ne lui vend pas le miel; quand il produit la rose,
Le rosier fait gratis cette action d'éclat;
L'astre a-t-il attendu jamais qu'on l'appelât
Et que quelque Lindor chantât une romance,
Pour venir de sa flamme éblouir l'ombre immense ?

Dieu fait les questions pour que l'enfant réponde.

— Les deux bêtes les plus gracieuses du monde,
Le chat et la souris, se haïssent. Pourquoi ?
Explique-moi cela, Jeanne. — Non sans effroi
Devant l'énormité de l'ombre et du mystère,
Jeanne se mit à rire. — Eh bien ? — Petit grand-père,
Je ne sais pas. Jouons. — Et Jeanne repartit :
— Vois-tu, le chat c'est gros, la souris c'est petit.
— Eh bien ? — Et Jeanne alors, en se grattant la tête,
Reprit : — Si la souris était la grosse bête,
A moins que le bon Dieu là-haut ne se fâchât,
Ce serait la souris qui mangerait le chat.

Par-dessus le marché je dois être ravi.
Quoi ! des vivisecteurs, à la fois, à l'envi,
Des chimistes, anglais, allemands, tous ensemble,
Loupe et scalpel en main, m'affirment qu'il leur semble
Certain, démontré presque et probable à peu près
Qu'entre l'homme d'Athène et le loup des forêts,
Qu'entre un essaim d'égout et le peuple de France,
Le total fait, il n'est aucune différence;
Qu'on trouve, en les traitant par les mêmes réchauds,
La même quantité de phosphate de chaux
Dans le plus affreux chien que dans le plus grand homme;
Que par conséquent Sparte est égale à Sodome;
Que mon droit pèse autant qu'un souffle aérien,
Et que, fussé-je Eschyle ou Christ, je ne suis rien,
Rien, l'éclair, la vapeur de la locomotive.
Je dois être enchanté de cette perspective;
Sinon, je suis vraiment bien difficile.

Ah çà !

Consultez Don Quichotte ou bien Sancho Pança,
Depuis quand un marcheur, qui pour sa longue route
N'a rien, est-il tenu d'aimer la banqueroute ?
Depuis quand, grand, petit, satrape ou chevrier,
L'homme qui cherche femme et veut se marier,
L'espérant belle, est-il heureux de l'avoir laide ?
Exigerez-vous donc que les juifs de Tolède
Soient contents d'être cuits tout vivants dans des fours,
Et qu'on me voie errer parmi les carrefours,
Triomphant, plein de joie et d'extase électrique,
Parce que vous m'aurez promis des coups de trique ?

Examinons.

*

Sortir de l'immortalité;
Etre un orang-outang qui, par ancienneté
Ou par faveur, obtient le grade de jocrisse;
Avoir l'énorme nuit des bêtes pour nourrice;
Etre de l'ombre après avoir été du bruit;
Suivre d'Argens, qui suit la Beaumelle, qui suit

Locke, qui suit Pyrrhon, qui suivait Epicure;
Me remettre à tourner dans cette roue obscure;
Recommencer la vieille aventure d'Isis;
Epousseter ce tas de systèmes moisis
Qui tuaient le scrupule et mettaient au service
De Borgia le crime et de Néron le vice;
Nier la dignité des hommes au profit
Des despotes à qui le vil troupeau suffit;
Ne point savoir si rien de ce qu'on pense existe,
Et pourtant affirmer la négation triste;
Croire qu'aucun soleil n'a jamais vraiment lui;
Entre deux doutes prendre avec amour celui
Qui m'abaisse et m'emplit de cendre et non de flamme,
Et vouloir être brute ayant le choix d'être âme!

Avoir dans l'infini besoin d'être zéro!

Eh bien non.

Non!

Je puis tirer un numéro,
Dites-vous, dans ce sac, la nature profonde,
Dans cette loterie insondable, le monde,
Où rien n'a commencé puisque rien ne finit,
Où tout est vie et gouffre, où l'étoile au zénith
Luit comme une paillette aux plis d'une basquine;
Eh bien, je ne suis point charmé d'avoir ce quine :
Gorille. Et j'aime mieux rester tout bêtement
L'homme, et sentir en moi vivre le firmament
Quand vous venez me dire : — Un creuset, c'est tout l'homme;
Le destin est un feu, la fumée est la somme;
Tout aboutit au même abîme universel;
La vertu, c'est du sucre, et le crime est du sel;
Au fond, nulle action n'est mauvaise ni bonne;
Le droit, c'est un journal et l'on s'y désabonne;
Aujourd'hui pour, demain contre; pas de mépris
Aux méchants, pas de culte aux bons! — je suis surpris,
J'entends des cris en moi. Quoi! c'est votre programme!
L'homme est dans un flot sombre une inutile rame!
Quoi! ni devoir ni droit! rien n'est vrai, rien n'est faux!
Quoi! saluer Bismarck sous les arcs triomphaux!
Avoir été la France et devenir province!
Quand Poërio meurt dans le bagne du prince,
Trouver sage le prince et fou Poërio!
Vrai, je suis peu tenté par ce scénario.

★

A vous en croire, l'homme au fond est sur la terre
Juste autant que le bœuf, l'onagre et la panthère;

Dans le premier venu des tigres l'homme est né;
L'homme est un léopard, mais perfectionné;
L'homme est parmi les ours la brute aristocrate !

★

Certe, Aristote est grand, mais j'aime mieux Socrate.
Ah ! la science est belle et sublime, et je hais
Quiconque met obstacle à ses profonds souhaits;
Elle prend dans le piège auguste de ses règles
Les vérités au vol comme on prendrait des aigles;
Elle sonde le fait, le chiffre, l'élément;
Elle est vaste à ce point qu'il semble par moment
Que son puissant compas fait le tour de l'espace.
Mais pourtant quelque chose en l'homme la dépasse,
C'est la vertu. Quelqu'un est plus grand qu'elle, et va
Où jamais le calcul le plus haut n'arriva,
Quelqu'un sait mieux trouver l'or que roule le fleuve,
Quelqu'un voit mieux, quelqu'un prouve plus que la preuve,
C'est toi, Zénon, qui luis; c'est toi, Baudin, qui meurs !
Par la sérénité superbe de ses mœurs
Sparte fait plus qu'aucun docteur par sa doctrine.
Quoi ! c'est zéro ce cœur qui bat dans ma poitrine !
Quoi ! la chimie est tout ! Quand j'ai mon résidu,
Un peu de cendre, un peu d'ombre, rien ne m'est dû !
La statique prouvant, non le droit, mais la force,
Le droit n'est pas ! John Brown, Spartacus, Wilberforce,
Demeurent interdits si Biot ne les secourt !
Quoi ! devant Gay-Lussac Mazzini reste court !
Garibaldi ne sait que dire à Lamettrie !
Quoi ! tout, hormis l'algèbre et la géométrie,
Tout, excepté Poinsot, tout, excepté Bezout,
Excepté deux et deux font quatre, se dissout !
Quoi ! le martyre est vain ! l'héroïsme est stupide !
Brutus, brute ! On te jette au gouffre, on te lapide,
Pour avoir défendu, quoi ? ton pays ? niais !
Tibère est fort, donc juste; et tu calomniais
Tibère. Le scalpel fouille tout fibre à fibre
Sans rien voir qui ressemble à ceci, l'homme libre;
Donc l'homme libre, ami, n'est pas. L'homme est du vent.

★

Vous m'offrez de ramper ver de terre savant;
Eh bien, non. J'aime mieux l'ignorance étoilée
De Platon, de Pindare, âme et clarté d'Elée,
Et de ce Dante errant qui baisse factieux
Son œil farouche où tremble une lueur des cieux.
L'homme est par eux aussi lumineux qu'il puisse être.
J'ai lu monsieur Leuret, le sage de Bicêtre,
Et je n'ignore pas qu'un poète est un fou;
Je sais que Planche crie à Milton : casse-cou !

Qu'avoir fait l'Iliade est auprès de Nonotte,
Et du bon abbé Gaume, une mauvaise note,
Et qu'au nom du bon sens, du bon goût et de l'art,
Shakspeare est dédaigné par monsieur Baculard;
Je sais cela, j'en suis tremblant, et pourtant j'ose
Trouver dans tout ce tas de songeurs quelque chose;
Je vois ce qu'ils ont vu, je crois ce qu'ils ont cru;
Le visage du vrai là-haut m'est apparu,
Splendide, et ma prunelle en demeure éblouie.
Ils ont affirmé l'âme; et tous mes sens, l'ouïe,
Les yeux, rendent chez moi témoignage pour eux.
Sans doute il est bien doux d'être fort malheureux
Et de traîner des fers pendant beaucoup d'années,
Et de se dire : Après les dures destinées,
Après avoir souffert, après avoir pleuré,
Après avoir été de griffes effleuré
Et souffleté par l'aile obscure de l'envie,
Après avoir été juste toute ma vie,
Après avoir au front porté comme un cimier
La probité, j'aurai l'honneur d'être fumier,
Et je serai l'égal dans le sépulcre infâme
De Nisard comme esprit et de Judas comme âme.
Là s'efface l'immense et vaine vision;
Et tous les hommes, ceux de Tyr, ceux de Sion,
Ceux de Gomorrhe, ceux de Paris, ceux de Rome,
Marc-Aurèle, du sang des peuples économe,
Nemrod, tigre accablant la terre de ses bonds,
Ceux qu'on nomme méchants, ceux qu'on appelle bons,
Tous, l'homme de douceur, l'homme de violence,
Et le juge effrayant qui vendit la balance,
Quoi que chacun ait fait, mêlant les pas aux voix,
Tous dans la vaste nuit reçoivent à la fois
Cette absolution sinistre, la poussière.
La mort, spectre masqué, n'a rien sous sa visière.
Le gouffre, où le destin se résout et s'absout,
Arrive à l'innocence effroyable de tout;
Le bourreau vaut autant que le martyr; l'asile
S'ouvre à Sforce joyeux comme à Dante imbécile;
Avec Caligula Jésus est acquitté;
La justice pourrit avec l'iniquité;
Et Thersite, Caton, Davus gai, Bacchus sombre,
Font le même néant pêle-mêle dans l'ombre.
Matière, éclipse, songe, oubli. Tout est passé.

Eh bien, soyez surpris, oui, je suis insensé
Jusqu'à ne point vouloir de cette offre. Elle est belle,
Certes. Oui, les vivants, vague troupeau qui bêle,
Mordus toute la route et jusqu'à l'abattoir,
Saignent, et je suis un de ceux que le ciel noir
Frappe et n'empêche pas de lutter; nous subîmes
Toute la vaste pluie engouffrée aux abîmes,

Le sort nous meurtrit tous sans jamais dire assez,
Et je dois convenir que vous me proposez
Pour consolation et salaire une place
Dans le cloaque avec tous les rois, populace,
A côté du faussaire, et, près de l'assassin,
La pourriture avec Baroche pour voisin.
Eh bien non, j'aime mieux, après tant de désastres,
Etre avec ce rêveur d'Homère dans les astres.
J'aime mieux croire au bien, au juste, but final,
Avec Tacite, avec Dante, avec Juvénal.
La certitude d'être un miasme me laisse
Vraiment froid, et je pousse à ce point la faiblesse
Que je n'ai nulle joie à penser que je vais
Etre on ne sait plus quoi d'obscur qui sent mauvais !
Troppmann ne me fait point plaisir quand il m'avoue
Que je serai sa fange et qu'il sera ma boue;
Il faut me pardonner ma pauvreté d'esprit,
Mais je ne puis trouver Dupin égal au Christ,
Deutz égal à Bayard, et j'entends le tonnerre
Gronder si je mets Hoche auprès de Lacenaire.
Non, je ne jette point dans le même panier
Ferdinand sept geôlier et Riégo prisonnier.
Je voudrais démolir les deux tours d'injustice,
Celle où Latude expire, et l'aveugle bâtisse
Des rhéteurs confondant Caïn avec Abel.
Renverser la Bastille et détruire Babel.
Quoi donc ! boire, manger, jouir, voilons nos faces,
C'est tout ? Alors, pourvu que tu te satisfasses
Et que je me contente, et que, rois, histrions,
Scribes, juges, soldats, prêtres, nous digérions
Nos crimes devenus nos festins et nos joies,
Pourvu que, fiers et fous, vautours parmi les oies,
Nous ayons sous nos pieds les peuples, rions d'eux
Et de nous, cela seul est réel; et, hideux,
Nous sommes sages, tout étant vide; alors, hommes,
Quoi qu'il fasse, celui qui, dans l'ombre où nous sommes,
Veut jouir, qui trahit pour jouir, qui meurtrit
Sa patrie, et qui vend sa ville, a de l'esprit.
Et celui qui, romain, meurt dans l'exil pour Rome,
Et qui, français, défend la France, est un pauvre homme;
Telle est la vérité que vos calculs nous font.

Ah ! si c'est là le but, ah ! si c'est là le fond,
Si c'est la vérité seule vraie, affirmée
Par Walpole, et par toi, sénateur Mérimée,
Je la déclare fausse, ô sacrés firmaments !
Et je crache dessus, et je lui dis : Tu mens !
A cette vérité qui, vile, atroce, obscène,
Donne tort à Barbès et raison à Bazaine !

Non ! non ! non ! je l'ai dit et le dirai cent fois,

Ce n'est point pour cela qu'on a brisé les rois
Et fait entrer le jour dans les profonds repaires !
Non ! non ! non ! ce n'est point pour cela que nos pères
Ont fait cette conquête altière, l'avenir !
Qu'ils poussaient leurs chevaux et les faisaient hennir
De Memphis à Berlin, de l'Ebre à la Thuringe !
Non ! j'ai les droits de l'homme et non les droits du singe.

Je comprends qu'on se penche avec fraternité
Vers les êtres qui sont hors de l'humanité,
Qu'on éclaire leur nuit; mais qu'on s'y précipite,
Non. Je veux, de ce gouffre où la bête palpite,
Faire monter, labeur superbe et hasardeux,
Les monstres jusqu'à nous, et non tomber près d'eux,
Je veux être pour eux non l'égal, mais l'archange,
Et leur donner mon âme et non prendre leur fange.

*

Etes-vous la science après tout ? question.
Non, vous ne l'êtes pas. Vous doutez. Montyon
Donne un prix de vertu, Troplong un prix de crime;
Garibaldi délivre et Bonaparte opprime;
Où vont-ils ? au néant ? à Dieu ? Tout le destin,
Si l'on vous en croit, flotte et ment, rien n'est certain.
L'énigme n'offre au loin que des plages désertes;
Vous êtes les premiers à tout ignorer; certes,
Votre doute est complet et vous le confessez;
Vous ne voyez qu'un mur fermé de noirs fossés,
C'est vous qui l'avouez; et nul ne peut conclure
Du présent l'avenir, du front la chevelure;
Nul ne voit l'autre aspect du destin, le trépas;
Nul ne sait rien. Alors j'ai le choix, n'est-ce pas ?
J'ai mon goût, vous le vôtre; après tant de souffrance;
Le désespoir vous plaît, moi je prends l'espérance;
Et puisque selon vous rien n'est clair, rien n'est sûr,
Vous choisissez la cendre et je choisis l'azur.

*

Je veux être ici-bas libre, ailleurs responsable,
Je suis plus qu'un brin d'herbe et plus qu'un grain de sable;
Je me sens à jamais pensif, ailé, vivant.

*

Ce n'est point vers la nuit que je crie en avant !
Mourir n'est pas finir, c'est le matin suprême.
Non ! je ne donne pas à la mort ceux que j'aime !
Je les garde, je veux le firmament pour eux,
Pour moi, pour tous, et l'aube attend les ténébreux;

L'amour en nous, passants qu'un rayon lointain dore,
Est le commencement auguste de l'aurore;
Mon cœur, s'il n'a ce jour divin, se sent banni,
Et, pour avoir le temps d'aimer, veut l'infini;
Car la vie est passée avant qu'on ait pu vivre.
C'est l'azur qui me plaît, c'est l'azur qui m'enivre,
L'azur sans nuit, sans mort, sans noirceur, sans défaut;
C'est l'empyrée immense et profond qu'il me faut,
La terre n'offrant rien de ce que je réclame,
L'heure humaine étant courte et sombre, et, pour une âme
Qui vous aime, parents, enfants, toi ma beauté,
Le ciel ayant à peine assez d'éternité !

Le géant Soleil parle à la naine Etincelle :

— O néant, feu follet, ver que l'ombre recèle,
Lueur qui disparaît sitôt qu'elle a flotté,
Contemple-moi ! je suis l'abîme de clarté.
Vois, dans mon flamboiement les mondes vont et viennent;
Mes rayons sont les fils effrayants qui les tiennent;
Sans moi le firmament ne serait qu'un linceul;
Je ne suis pas bien sûr de ne pas être seul;
Toute l'immensité, depuis l'aube première,
Me regarde effarée, ivre de ma lumière. —

Ainsi parla le gouffre éblouissant du feu.
L'atome écouta l'astre, et lui répondit : Dieu.

LVI

RUPTURE AVEC CE QUI AMOINDRIT

RUPTURE AVEC CE QUI AMOINDRIT

Trêve à toutes ces vaines choses !
Vous êtes dans l'ombre, sortons.
Sans vous brouiller avec les roses,
Evadez-vous des Jeannetons.

Enfuyez-vous de ces drôlesses.
Derrière ces bonheurs changeants
Se dressent de pâles vieillesses
Qui menacent les jeunes gens.

Crains Manon qui te tend son verre;
Crains le grenier où l'on est bien.
Perse, à l'alcôve de Néère,
Préférait l'autan libyen.

Ami, ta vie est mansardée;
A ce petit ciel bas, plafond
De la volupté sans idée,
Les âmes se heurtent le front.

Le temps déforme la jeunesse
Comme un vieux décor d'opéra.
Gare à vous ! c'est par l'ivrognesse
Que la bacchante finira.

L'églogue serait indignée,
Dans vos noirs galetas sans jour,
De voir des toiles d'araignée
Au bout des ailes de l'Amour.

Le houx sacré, frère du lierre,
Que cueillait Plaute au fond des bois,
A Margoton trop familière
Eût dans l'ombre piqué les doigts.

L'antique muse tiburtine
Baisait les fleurs, le jasmin pur,

Le lys, et n'était libertine
Qu'avec les rayons, dans l'azur.

Vous avez autre chose à faire
Que d'engloutir votre raison
Dans la chanson qu'Anna préfère
Et dans le vin que boit Suzon.

Il est temps d'avoir d'autres fièvres
Que de voir se coiffer, le soir,
Lise, une épingle entre les lèvres,
Eblouissement d'un miroir.

Frère, l'heure folle est passée.
Debout, frère ! il est peu séant
D'attarder l'œil de sa pensée
A la figure du néant.

Laisse là Fanchon et Fanchette !
Fermons les jours faux et charmants.
L'honneur d'être un homme s'achète
Par ces graves renoncements.

Les amourettes énervantes
Fatiguent, sans les émouvoir,
Les âmes, ces grandes servantes
De la justice et du devoir.

Viens aux champs ! les champs sont sévères
Et pensifs plus que tu ne crois;
Les monts font songer aux calvaires,
Les arbres font songer aux croix.

Oublions les soupers, les veilles,
Le vin, le brelan, l'écarté !
Viens noyer ton cœur aux merveilles
De l'immense sérénité !

Fuyez; prenez votre volée.
Un peu plus et nous traînerons
Notre rauque idylle éculée
Dans le ruisseau des Porcherons.

Ouvrez les ailes de vos âmes;
Enfoncez le toit s'il le faut;
Les révélations, les flammes,
Et les ouragans sont là-haut.

Levez vos cœurs, levez vos têtes.
Allez où l'on a sur le front
Le vaste espace, les tempêtes,
Les étoiles, et pas d'affront.

Vous êtes faits comme les lyres,
Et pleins d'altiers frémissements;
De profonds et vagues sourires
Vous appellent aux firmaments.

Viens, nous lirons les livres sombres
Des penseurs et des combattants,
Pendant que Dieu fera des ombres
Et des clartés dans le printemps.

Nous scruterons les maux, les guerres,
Et le creux fatal qu'a laissé
Le pied tragique de nos pères
Dans l'âpre fange du passé.

Nous examinerons les songes,
L'autel, les corans, les clergés,
Les sceptres mêlés aux mensonges,
Les dieux mêlés aux préjugés.

Molière, au fourbe ôtant sa guimpe,
Mina Bossuet comme il put;
Pascal frappa; Swift à l'Olympe
Offrit ce miroir, Lilliput.

Nous regarderons sur la terre
Ce tas d'erreurs que Beaumarchais,
Rabelais, Diderot, Voltaire,
Ont remué de leurs crochets.

Nous saluerons ces Diogènes
De la raison et du bon sens;
Nous entendrons tomber les chaînes
Derrière ces divins passants.

O France, grâce à ces sceptiques,
Tu voyais le fond; tu trouvais
Des ordures sous les portiques
Et sous les dogmes des forfaits.

Ces puissants balayeurs d'étable
Ont fait un lion d'un baudet;
Dans leur cynisme redoutable
Un tonnerre profond grondait.

Sur l'homme dans l'ignominie
Ils jetaient leur rude gaîté,
Sachant que c'est à l'ironie
Que commence la liberté.

Dieu fait précéder, quand il change
En victime, hélas, le bourreau,

L'effrayant glaive de l'archange
Par le rasoir de Figaro.

La comédie amère et saine
Fait entrer Méduse en sortant;
Quand Beaumarchais est sur la scène,
Danton dans la coulisse attend.

Les railleurs sous leur joug lugubre
Consolent les âges de fer;
Leur éclat de rire salubre
Déconcerte l'antique enfer.

Ils ont fait l'interrogatoire
Farouche, à travers le bâillon,
Des religions par l'histoire,
De la pourpre par le haillon.

Durs au bigot, fatals au cuistre,
Ils promènent à petit bruit
Une lueur gaie et sinistre
Dans le grand bagne de la nuit.

Escobar est le chat qui rôde
Et fuit, mais Voltaire est le lynx.
Ils font, sans pitié pour la fraude,
Rire la Gaule au nez du sphinx.

Ces douteurs ont frayé nos routes,
Et sont si grands sous le ciel bleu
Qu'à cette heure, grâce à leurs doutes,
On peut enfin affirmer Dieu !

Leur rouge lanterne nous mène.
Ces contemplateurs du pavé,
En fouillant la guenille humaine,
Cherchaient le peuple, et l'ont trouvé.

Ils ont, dans la nuit où nous sommes,
Retrouvé la raison, les droits,
L'égalité volée aux hommes,
En vidant les poches des rois.

Ils ont fait, moqueurs nécessaires
Et plus exacts que Mézeray,
De la torsion des misères
Tomber goutte à goutte le vrai.

Ils ont nié la vieille bible;
Ces guérisseurs, ces factieux
Ont fait cette chose terrible :
L'ouverture de tous les yeux.

Ils ont, sur la cime vermeille,
Montré l'aurore au genre humain;
Ils ont été la grande veille
Du formidable lendemain.

La révolution française
C'est le salut, d'horreur mêlé.
De la tête de Louis seize,
Hélas ! la lumière a coulé.

LVII

LES PETITS

GUERRE CIVILE

La foule était tragique et terrible; on criait :
A mort ! Autour d'un homme altier, point inquiet,
Grave ! et qui paraissait lui-même inexorable,
Le peuple se pressait : A mort le misérable !
Et lui, semblait trouver toute simple la mort.
La partie est perdue, on n'est pas le plus fort,
On meurt, soit. Au milieu de la foule accourue,
Les vainqueurs le traînaient de chez lui dans la rue.
— A mort l'homme ! — On l'avait saisi dans son logis;
Ses vêtements étaient de carnage rougis;
Cet homme était de ceux qui font l'aveugle guerre
Des rois contre le peuple, et ne distinguent guère
Scévola de Brutus, ni Barbès de Blanqui;
Il avait tout le jour tué n'importe qui;
Incapable de craindre, incapable d'absoudre,
Il marchait, laissant voir ses mains noires de poudre.
Une femme le prit au collet : — A genoux !
C'est un sergent de ville. Il a tiré sur nous !
— C'est vrai, dit l'homme. — A bas ! à mort ! qu'on le fusille !
Dit le peuple. — Ici ! Non ! Plus loin ! A la Bastille !
A l'arsenal ! Allons ! Viens ! Marche ! — Où vous voudrez,
Dit le prisonnier. — Tous, hagards, les rangs serrés,
Chargèrent leurs fusils. — Mort au sergent de ville !
Tuons-le comme un loup ! — Et l'homme dit, tranquille :
— C'est bien, je suis le loup, mais vous êtes les chiens.
— Il nous insulte ! A mort ! — Les pâles citoyens
Croisaient leurs poings crispés sur le captif farouche;
L'ombre était sur son front et le fiel dans sa bouche;
Cent voix criaient : — A mort ! A bas ! Plus d'empereur ! —
On voyait dans ses yeux un reste de fureur
Remuer vaguement comme une hydre échouée;
Il marchait poursuivi par l'énorme huée,
Et, calme, il enjambait, plein d'un superbe ennui,
Des cadavres gisants, peut-être faits par lui.
Le peuple est effrayant lorsqu'il devient tempête;
L'homme sous plus d'affronts levait plus haut la tête;
Il était plus que pris, il était envahi.
Dieu ! comme il haïssait ! comme il était haï !
Comme il les eût, vainqueur, fusillés tous ! — Qu'il meure !

Il nous criblait encor de balles tout à l'heure !
A bas cet espion, ce traître, ce maudit !
A mort ! c'est un brigand ! — Soudain on entendit
Une petite voix qui disait : — C'est mon père !
Et quelque chose fit l'effet d'une lumière.
Un enfant apparut. Un enfant de six ans.
Ses deux bras se dressaient suppliants, menaçants.
Tous criaient : — Fusillez le mouchard ! Qu'on l'assomme !
Et l'enfant se jeta dans les jambes de l'homme,
Et dit, ayant au front le rayon baptismal :
— Père, je ne veux pas qu'on te fasse de mal !
Et cet enfant sortait de la même demeure.
Les clameurs grossissaient : — A bas l'homme ! Qu'il meure !
A bas, finissons-en avec cet assassin !
Mort ! — Au loin le canon répondait au tocsin.
Toute la rue était pleine d'hommes sinistres.
— A bas les rois ! A bas les prêtres, les ministres,
Les mouchards ! Tuons tout ! c'est un tas de bandits !
Et l'enfant leur cria : — Mais puisque je vous dis
Que c'est mon père ! — Il est joli, dit une femme,
Bel enfant ! — On voyait dans ses yeux bleus une âme ;
Il était tout en pleurs, pâle, point mal vêtu.
Une autre femme dit : — Petit, quel âge as-tu ?
Et l'enfant répondit : — Ne tuez pas mon père !
Quelques regards pensifs étaient fixés à terre,
Les poings ne tenaient plus l'homme si durement.
Un des plus furieux, entre tous inclément,
Dit à l'enfant : — Va-t'en ! — Où ? — Chez toi. — Pourquoi faire ?
— Chez ta mère. — Sa mère est morte, dit le père.
— Il n'a donc plus que vous ? — Qu'est-ce que cela fait ?
Dit le vaincu. Stoïque et calme, il réchauffait
Les deux petites mains dans sa rude poitrine,
Et disait à l'enfant : — Tu sais bien, Catherine ?
— Notre voisine ? — Oui. — Va chez elle. — Avec toi ?
— J'irai plus tard. — Sans toi je ne veux pas. — Pourquoi ?
— Parce qu'on te ferait du mal. — Alors le père
Parla tout bas au chef de cette sombre guerre :
— Lâchez-moi le collet. Prenez-moi par la main,
Doucement. Je vais dire à l'enfant : A demain !
Vous me fusillerez au détour de la rue,
Ailleurs, où vous voudrez. — Et, d'une voix bourrue :
— Soit, dit le chef, lâchant le captif à moitié.
Le père dit : — Tu vois. C'est de bonne amitié.
Je me promène avec ces messieurs. Sois bien sage,
Rentre. — Et l'enfant tendit au père son visage,
Et s'en alla, content, rassuré, sans effroi.
— Nous sommes à notre aise à présent, tuez-moi,
Dit le père aux vainqueurs ; où voulez-vous que j'aille ? —
Alors, dans cette foule où grondait la bataille,
On entendit passer un immense frisson,
Et le peuple cria : Rentre dans ta maison !

PETIT PAUL

Sa mère en le mettant au monde s'en alla.
Sombre distraction du sort. Pourquoi cela ?
Pourquoi tuer la mère en laissant l'enfant vivre ?
Pourquoi par la marâtre, ô deuil ! la faire suivre ?
Car le père était jeune, il se remaria.
Un an, c'est bien petit pour être paria;
Et le bel enfant rose avait eu tort de naître.
Alors un vieux bonhomme accepta ce pauvre être;
C'était l'aïeul. Parfois ce qui n'est plus défend
Ce qui sera. L'aïeul prit dans ses bras l'enfant
Et devint mère. Chose étrange, et naturelle.
Sauver ce qu'une morte a laissé derrière elle,
On est vieux, on n'est plus bon qu'à cela; tâcher
D'être le doux passant, celui que vont chercher,
D'instinct, les accablés et les souffrants sans nombre,
Et les petites mains qui se tendent dans l'ombre;
Il faut bien que quelqu'un soit là pour le devoir;
Il faut bien que quelqu'un soit bon sous le ciel noir,
De peur que la pitié dans les cœurs ne tarisse;
Il faut que quelqu'un mène à l'enfant sans nourrice
La chèvre aux fauves yeux qui rôde au flanc des monts;
Il faut quelqu'un de grand qui fasse dire : Aimons !
Qui couvre de douceur la vie impénétrable,
Qui soit vieux, qui soit jeune, et qui soit vénérable;
C'est pour cela que Dieu, ce maître du linceul,
Remplace quelquefois la mère par l'aïeul,
Et fait, jugeant l'hiver seul capable de flamme,
Dans l'âme d'un vieillard éclore un cœur de femme.

Donc l'humble petit Paul naquit, fut orphelin,
Eut son grand œil bleu d'ombre et de lumière plein,
Balbutia les mots de la langue ingénue,
Eut la fraîche impudeur de l'innocence nue,
Fut cet ange qu'est l'homme avant d'être complet;
Et l'aïeul, par les ans pâli, le contemplait
Comme on contemple un ciel qui lentement se dore.

Oh ! comme ce couchant adorait cette aurore !

Le grand-père emporta l'enfant dans sa maison,
Aux champs, d'où l'on voyait un si vaste horizon
Qu'un petit enfant seul pouvait l'emplir. Les plaines
Etaient vertes, avec toutes sortes d'haleines
Qui sortaient des forêts et des eaux; la maison
Avait un grand jardin, et cette floraison,
Ces prés, tous ces parfums et toute cette vie
Caressèrent l'enfant; les fleurs n'ont pas d'envie.

Dans ce jardin, croissaient le pommier, le pêcher,
La ronce; on écartait les branches pour marcher;
Des transparences d'eau frémissaient sous les saules;
On voyait des blancheurs qui semblaient des épaules,
Comme si quelque nymphe eût été là; les nids
Murmuraient l'hymne obscur de ceux qui sont bénis;
Les voix qu'on entendait étaient calmes et douces;
Les sources chuchotaient doucement dans les mousses;
A tout ce qui gazouille, à tout ce qui se tait,
Le remuement confus des feuilles s'ajoutait;
Le paradis, ce chant de la lumière gaie,
Que le ciel chante, en bas la terre le bégaie;
En été, quand l'azur rayonne, ô pur jardin !
Paul étant presque un ange, il fut presque un éden;
Et l'enfant fut aimé dans cette solitude,
Hélas ! et c'est ainsi qu'il en prit l'habitude.
Un jardin, c'est fort beau, n'est-ce pas ? Mettez-y
Un marmot; ajoutez un vieillard; c'est ainsi
Que Dieu fait. Combinant ce que le cœur souhaite
Avec ce que les yeux désirent, ce poète
Complète, car au fond la nature c'est l'art,
Les roses par l'enfant, l'enfant par le vieillard.
L'enfant voisine avec les fleurs, c'est de son âge;
Et l'aïeul vient, sachant qu'il est du voisinage;
Et comme c'est exquis de rire au mois d'avril !
Un nouveau-né vermeil, et nu jusqu'au nombril,
Couché sur l'herbe en fleur c'est aimable, ô Virgile !
Hélas ! c'est tellement divin que c'est fragile !
Paul est d'abord bien frêle et bien chétif. Qui sait ?
Vivra-t-il ? Un vent noir, lorsqu'il naquit, passait,
Souffle traître; et sait-on si cette bise amère
Ne viendra pas chercher l'enfant après la mère ?
Il faut allaiter Paul; une chèvre y consent.
Paul est frère de lait du chevreau bondissant;
Puisque le chevreau saute, il sied que l'homme marche,
Et l'enfant veut marcher. Et l'aïeule patriarche
Dit : C'est juste ! marchons. Oh ! les enfants, cela
Tremble, un meuble est Charybde, une pierre est Scylla,
Leur front penche, leur pied fléchit, leur genou ploie,
Mais ce frémissement n'ôte rien à leur joie.

Frémir n'empêche pas la branche de fleurir.
Un an, c'est l'âge fier; croître, c'est conquérir;
Paul fait son premier pas, il veut en faire d'autres.
(Mères, vous le voyez en regardant les vôtres.)
Frais spectacle ! l'enfant est suivi par l'aïeul.
— Prends garde de tomber, c'est cela. Va tout seul. —
Paul est brave, il se risque, hésite, appelle, espère,
Et tout à coup se met en route, et le grand-père
L'entoure de ses mains que les ans font trembler,
Et, chancelant lui-même, il l'aide à chanceler.
Et cela s'achevait par un éclat de rire.
Oh ! pas plus qu'on ne peut peindre un astre, ou décrire
La forêt éblouie au soleil se chauffant,
Nul n'ira jusqu'au fond du rire d'un enfant;
C'est l'amour, l'innocence auguste, épanouie,
C'est la témérité de la grâce inouïe,
La gloire d'être pur, l'orgueil d'être debout,
La paix, on ne sait quoi d'ignorant qui sait tout.
Ce rire, c'est le ciel prouvé, c'est Dieu visible.

L'aïeul, grave figure à mettre en une bible,
Mage que sur l'Horeb Moïse eût tutoyé,
N'était rien qu'un bon vieux grand-père extasié;
Il ne résistait pas au charme, et, sans défense,
Honorait, consultait et vénérait l'enfance;
Il regardait le jour se faire en ce cerveau.
Paul avait chaque mois un bégaiement nouveau,
Effort de la pensée à travers la parole,
Sorte d'ascension lente du mot qui vole,
Puis tombe, et se relève avec un gai frisson,
Et ne peut être idée et s'achève en chanson.
Paul assemblait des sons, leur donnait la volée,
Scandait on ne sait quelle obscure strophe ailée,
Jasait, causait, glosait, sans se taire un instant,
Et la maison était ravie en l'écoutant.
Il chantait, tout riait, et la paix était faite;
On eût dit qu'il donnait le signal de la fête;
Et les arbres parlaient de cet enfant entre eux;
Et Paul était heureux; c'est charmant d'être heureux !

Avec l'autorité profonde de la joie
Paul régnait; son grand-père était sa douce proie;
L'aïeul obéissait, comme il sied. — Père, attends.
Il attendait. — Non. Viens. — Il venait. Le printemps
A sur le vieil hiver tous les droits du jeune âge.
Comme ils faisaient ensemble un bon petit ménage,
Ce petit-fils tyran, ce grand-père opprimé !
Comme janvier cherchait à plaire au mois de mai,
Comme, au milieu des nids chantant à leurs oreilles,
Erraient gaîment ces deux naïvetés pareilles,
Dont l'une avait deux ans et l'autre quatrevingt !

Un jour l'un oublia, mais l'autre se souvint;
Ce fut l'enfant. La nuit pour eux n'était point noire.
L'aïeul faisait penser Paul, qui le faisait croire.
On eût dit qu'échangeant leur âme en ce beau lieu,
Chacun montrait à l'autre un des côtés de Dieu.
Ils mêlaient tout, le jour leurs jeux, la nuit leurs sommes.
Oh ! quel céleste amour entre ces deux bonshommes !
Ils n'avaient qu'une chambre, ils ne se quittaient pas;
Le premier alphabet, comme le premier pas,
Quelles occasions divines de s'entendre !
Le grand-père n'avait pas d'accent assez tendre
Pour faire épeler l'ange attentif et charmé,
Et pour dire : O mon doux petit Paul bien-aimé !
Dialogues exquis ! murmures ineffables !
Ainsi les oiseaux bleus gazouillent dans les fables.
— Prends garde, c'est de l'eau. Pas si loin. Pas si près.
Vois, Paul, tu t'es mouillé les pieds. — Pas fait exprès.
— Prends garde aux cailloux. — Oui, grand-père. — Va [dans l'herbe.
Et le ciel était pur, pacifique et superbe,
Et le soleil était splendide et triomphant
Au-dessus du vieillard baisant au front l'enfant.

Le père, ailleurs, vivait avec son autre femme.
C'est en vain qu'une morte en sa tombe réclame,
Quand une nouvelle âme entre dans la maison.
De sa seconde femme il avait un garçon,
Et Paul n'en savait rien. Qu'importe ? Heureux, prospère,
Gai, tranquille, il avait pour lui seul son grand-père !
Le reste existait-il ?
                                        Le grand-père mourut.

*

Quand Sem dit à Rachel, quand Booz dit à Ruth :
Pleurez, je vais mourir ! Rachel et Ruth pleurèrent;
Mais le petit enfant ne sait pas; ses yeux errent,
Son front songe. L'aïeul, parfois, se sentant las,
Avait dit : — Paul ! je vais mourir. Bientôt, hélas !
Tu ne le verras plus, ton pauvre vieux grand-père
Qui t'aimait. — Rien n'éteint cette douce lumière,
L'ignorance, et l'enfant, plein de joie et de chants,
Continuait de rire.
                                        Une église des champs,
Pauvre comme les toits que son clocher protège,
S'ouvrit. Je me souviens que j'étais du cortège,
Le prêtre, murmurant une vague oraison,
Les amis, les parents, vinrent dans la maison
Chercher le doux aïeul pour l'aller mettre en terre.
La plaine fut riante autour de ce mystère;

On dirait que les fleurs aiment ces noirs convois;
De bonnes vieilles gens priaient, mêlant leurs voix;
On suivit un chemin, creux comme une tranchée;
Au bord de ce chemin, une vache couchée
Regardait les passants avec maternité;
Les paysans avaient leurs bourgerons d'été;
Et le petit marchait derrière l'humble bière.
On porta le vieillard au prochain cimetière,
Enclos désert, muré d'un mur croulant, auprès
De l'église, âpre et nu, point orné de cyprès,
Ni de tombeaux hautains, ni d'inscriptions fausses;
On entrait dans ce champ plein de croix et de fosses,
Lieu sévère où la mort dort si Dieu le permet,
Par une grille en bois que la nuit on fermait;
Aux barreaux s'ajoutait le croisement d'un lierre;
Le petit enfant, chose obscure et singulière,
Considéra l'entrée avec attention.

Le sort pour les enfants est une vision;
Et la vie à leurs yeux apparaît comme un rêve.
Hélas ! la nuit descend sur l'astre qui se lève.

Paul n'avait que trois ans.

— Vilain petit satan !
Méchant enfant ! Le voir m'exaspère ! Va-t'en !
Va-t'en ! je te battrais ! Il est insupportable.
Je suis trop bonne encor de le souffrir à table.
Il m'a taché ma robe, il a bu tout le lait.
A la cave ! Au pain sec ! Et puis il est si laid ! —
A qui donc parle-t-on ? A Paul. Pauvre doux être !
Hélas ! après avoir vu l'aïeul disparaître,
Paul vit dans la maison entrer un inconnu,
C'était son père ! puis une femme au sein nu,
Allaitant un enfant; l'enfant était son frère.

La femme l'abhorra sur-le-champ. Une mère
C'est le sphinx; c'est le cœur inexorable et doux,
Blanc du côté sacré, noir du côté jaloux,
Tendre pour son enfant, dur pour l'enfant d'une autre.
Souffrir, sachant pourquoi, martyr, prophète, apôtre,
C'est bien; mais un enfant, fantôme aux cheveux d'or,
Etre déjà proscrit n'étant pas homme encor !
L'épine de la ronce après l'ombre du chêne !
Quel changement ! l'amour remplacé par la haine !
Paul ne comprenait plus. Quand il rentrait le soir,
Sa chambre lui semblait quelque chose de noir;
Il pleura bien longtemps. Il pleura pour personne.
Il eut le sombre effroi du roseau qui frissonne.
Ses yeux en s'éveillant regardaient étonnés.
Ah ! ces pauvres petits, pourquoi donc sont-ils nés ?

La maison lui semblait sans jour et sans fenêtre,
Et l'aurore n'avait plus l'air de le connaître.
Quand il venait : — Va-t'en ! Délivrez-moi de ça !
Criait la mère. Et Paul lentement s'enfonça
Dans de l'ombre. Ce fut comme un berceau qu'on noie.
L'enfant, qui faisait tout joyeux, perdit la joie;
Sa détresse attristait les oiseaux et les fleurs;
Et le doux boute-en-train devint souffre-douleurs.
— Il m'ennuie ! il est sale ! il se traîne ! il se vautre ! —
On lui prit ses joujoux pour les donner à l'autre.
Le père laissait faire, étant très amoureux.
Après avoir été l'ange, être le lépreux !
La femme, en voyant Paul, disait : Qu'il disparaisse !

Et l'imprécation s'achevait en caresse.
Pas pour lui.

— Viens, toi ! Viens, l'amour ! viens, mon
J'ai volé le plus beau de vos anges, Seigneur, [bonheur.
Et j'ai pris un morceau du ciel pour faire un lange,
Seigneur, il est l'enfant, mais il est resté l'ange.
Je tiens le paradis du bon Dieu dans mes bras.
Voyez comme il est beau ! Je t'aime. Tu seras
Un homme. Il est déjà très lourd. Mais c'est qu'il pèse
Presque autant qu'un garçon qui marcherait ! Je baise
Tes pieds, et c'est de toi que me vient la clarté ! —
Et Paul se souvenait, avec la quantité
De mémoire qu'auraient les agneaux et les roses,
Qu'il s'était entendu dire les mêmes choses.

Il prenait dans un coin, à terre, ses repas.
Il était devenu muet, ne parlait pas,
Ne pleurait plus. L'enfance est parfois sombre et forte.

Souvent il regardait lugubrement la porte.

Un soir on le chercha partout dans la maison;
On ne le trouva point; c'était l'hiver, saison
Qui nous hait, où la nuit est traître comme un piège;
Dehors des petits pas s'effaçaient dans la neige...

On retrouva l'enfant le lendemain matin.
On se souvint des cris perdus dans le lointain;
Quelqu'un même avait ri, croyant, dans les nuées,
Entendre, à travers l'ombre où flottent des huées,
On ne sait quelle voix du vent crier : Papa !
Papa ! Tout le village, ému, s'en occupa,
Et l'on chercha; l'enfant était au cimetière.
Calme comme la nuit, blême comme la pierre,
Il était étendu devant l'entrée, et froid;
Comment avait-il pu jusqu'à ce triste endroit

Venir, seul dans la plaine où pas un feu ne brille ?
Une de ses deux mains tenait encor la grille;
On voyait qu'il avait essayé de l'ouvrir.
Il sentait là quelqu'un pouvant le secourir;
Il avait appelé dans l'ombre solitaire,
Longtemps; puis il était tombé mort sur la terre,
A quelques pas du vieux grand-père, son ami.
N'ayant pu l'éveiller, il s'était endormi.

FONCTION DE L'ENFANT

Les hommes ont la force, et tout devant eux croule;
Ils sont le peuple, ils sont l'armée, ils sont la foule;
Ils ont aux yeux la flamme, ils ont au poing le fer;
Ils font les dieux; ils sont les dieux; ils sont l'enfer;
Ils sont l'ombre et la guerre; on les entend bruire,
Rugir et triompher; ils peuvent tout détruire,
Et, plus hauts et plus sourds que le sphinx nubien,
Fouler aux pieds le vrai, le faux, le mal, le bien,
Les uns au nom des droits, d'autres au nom des bibles;
Ils sont victorieux, formidables, terribles; —
Mais les petits enfants viennent à leur secours.

L'enfant ne suit pas l'homme, ayant les pas trop courts,
Heureusement; il rit quand nous pleurons, il pleure
Quand nous rions; son aile en tremblant nous effleure,
Et rien qu'en nous touchant nous transforme, et, sans bruit,
Met du jour dans nos cœurs pleins d'orage et de nuit.
Notre hautaine voix n'est qu'un clairon superbe;
C'est dans la bouche rose et tendre qu'est le verbe;
Elle seule peut vaincre, avertir, consoler;
Dans l'enfant qui bégaie on entend Dieu parler;
L'enfant parfois défend son père, et, dans la ville
Frémissante de haine et de guerre civile,
Il le sauve; et le peuple, apaisé, rayonnant,
Dit : Lequel doit la vie à l'autre maintenant ?
Il suffit quelquefois de ce doux petit être,
Plus brave qu'un soldat et plus pensif qu'un prêtre,
Pour rallumer soudain, sous son vol d'alcyon,
Dans une populace un cœur de nation,
Pour que la multitude aveugle ait des prunelles,
Pour qu'on voie accourir des sphères éternelles
La raison, la pitié, l'amour, la vérité,
Et pour que, sur les flots d'un noir peuple irrité,
La Justice, euménide effrayante et sans voile,
Se dresse, ayant au front le pardon, cette étoile !
Il arrive parfois, dans les temps convulsifs,

Quand tout un peuple écume et bat les durs récifs,
Qu'un enfant brusquement, dans cette haine amère,
Blond, pâle, accourt, surgit, voit son père ou sa mère,
Fait un pas, pousse un cri, tend les bras, et, soudain,
Vainqueurs pleins de courroux, vaincus pleins de dédain,
Hésitent, sont hagards, comprennent qu'ils se trompent,
Sentent une secousse obscure, et s'interrompent,
Les vainqueurs de tuer, les vaincus de mourir;
Cette fragilité, faite pour tout souffrir,
Vient nous protéger tous, eux, dans leur ombre noire,
Contre leur chute, et nous contre notre victoire;
Les hommes stupéfaits sont bons; l'enfant le veut.
Sainte intervention ! Cette tête s'émeut
Au moindre vent, elle est frissonnante, elle tremble,
Cette joue est vermeille et délicate, il semble
Que des souffles d'avril elle attend le baiser,
Un papillon viendrait sur ce front se poser,
C'est charmant; tout à coup cela devient auguste
Et terrible; arrêtez ! l'innocent, c'est le juste !
Eblouissement ! l'ombre est vaincue; on dirait
Qu'au ciel une nuée entr'ouverte apparaît
Et jette sur la terre une lueur énorme;
Tout s'éclaire; le bien, le vrai, reprend sa forme;
Et les cœurs terrassés sentent subitement
Se calmer ce qui mord, se taire ce qui ment,
Et s'effacer la haine et la nuit se dissoudre.

On croit voir une fleur d'où sort un coup de foudre.

QUESTION SOCIALE

O détresse du faible ! ô naufrage insondable !
Un jour j'ai vu passer un enfant formidable,
Une fille ; elle avait cinq ans ; elle marchait
Au hasard, elle était dans l'âge du hochet,
Du bonbon, des baisers, et n'avait pas de joie ;
Elle avait l'air stupide et profond de la proie
Sous la griffe et d'Atlas que le monde étouffait
Et semblait dire à Dieu : Qu'est-ce que je t'ai fait ?
Dieu. Non. Elle ignorait ce mot. Le penseur creuse,
L'enfant souffre. Elle était en haillons, pâle, affreuse,
Jolie, et destinée aux sinistres attraits ;
Elle allait au milieu de nous, passants distraits,
Toute petite avec un grand regard farouche.
Le pli d'angoisse était aux deux coins de sa bouche ;
Tout son être exprimait Rien, l'absence d'appui,
La faim, la soif, l'horreur, l'ombre, et l'immense ennui.
Quoi ! l'éternel malheur pèse sur l'éphémère !

On entendait quelqu'un rire, c'était sa mère ;
Cette femme, une fille au fond d'un cabaret,
N'avait pas même l'air de savoir qu'on errait
Dehors, là, dans la rue, en grelottant, sans gîte,
Sous le givre et la pluie, et qu'on était petite,
Et que ce pauvre enfant tragique était le sien.
Cette mère, pas plus qu'on ne remarque un chien,
N'apercevait cet être et sa sombre guenille,
Sorte de rose infâme ignorant sa chenille.

Elle-même jadis avait été cela.

Maintenant, Margoton changée en Paméla,
Elle offrait aux passants des faveurs mal venues,
Chantante ; elles étaient toutes deux demi-nues,
L'une pour les affronts, l'autre pour les douleurs ;
La mère, gaie, avait au front d'horribles fleurs ;
Il arrivait parfois, vers le soir, à la brune,

Que la mère et l'enfant se rencontraient, et l'une
Regardait son passé, l'autre son avenir.

Voir l'une commencer et voir l'autre finir !
O misère !

L'enfant se taisait, grave, amère.
Cette femme, après tout, était-elle sa mère ?
Oui. Non. Ceux qui mêlaient autour d'elles leurs pas
En parlaient au hasard et ne le savaient pas.
L'infortune est de l'ombre, et peut-être cet ange
N'avait-il même pas une mère de fange,
Hélas ! et l'humble enfant, seul sous le firmament,
Marchait terrible avec un air d'étonnement.
Elle ne paraissait ni vivante ni morte.
— Mais qu'a donc cet enfant à songer de la sorte ?
Disait-on autour d'elle. — Est-ce qu'on la connaît ?
Non. Les gens lui donnaient du pain qu'elle prenait
Sans rien dire; elle allait devant elle indignée.
Pour moi, rêveur, sa main tenait une poignée
D'invisibles éclairs montant de bas en haut;
Ses yeux, comme on regarde un plafond de cachot,
Regardaient le grand ciel où l'aube ne sait naître
Que pour s'éteindre, et tout l'ensemble de cet être
Etait on ne sait quoi d'âpre, de bégayant,
Et d'obscur, d'où sortait un reproche effrayant;
La ville avec ses tours, ses temples et ses bouges,
Devant son front hagard et ses prunelles rouges
S'étalait, vision inutile, et jamais
Elle n'avait daigné remarquer ces sommets
Qu'on nomme Panthéon, Etoile, Notre-Dame;
On eût dit que sur terre elle n'avait plus d'âme,
Qu'elle ignorait nos voix, qu'elle était de la nuit
Ayant la forme humaine et marchant dans ce bruit;
Et rien n'était plus noir que ce petit fantôme.

La quantité d'enfer qui tient dans un atome
Etonne le penseur, et je considérais
Cette larve, pareille aux lueurs des forêts,
Blême, désespérée avant même de vivre,
Qui, sans pleurs et sans cris, d'ombre et de terreur ivre,
Rêvait, et s'en allait, les pieds dans le ruisseau,
Némésis de cinq ans, Méduse du berceau.

LVIII

VINGTIÈME SIÈCLE

I

PLEINE MER

*

L'abîme; on ne sait quoi de terrible qui gronde;
Le vent; l'obscurité vaste comme le monde;
Partout les flots; partout où l'œil peut s'enfoncer,
La rafale qu'on voit aller, venir, passer;
L'onde, linceul; le ciel, ouverture de tombe;
Les ténèbres sans l'arche et l'eau sans la colombe,
Les nuages ayant l'aspect d'une forêt.
Un esprit qui viendrait planer là, ne pourrait
Dire, entre l'eau sans fond et l'espace sans borne,
Lequel est le plus sombre, et si cette horreur morne,
Faite de cécité, de stupeur et de bruit,
Vient de l'immense mer ou de l'immense nuit.

L'œil distingue, au milieu du gouffre où l'air sanglote,
Quelque chose d'informe et de hideux qui flotte,
Un grand cachalot mort à carcasse de fer,
On ne sait quel cadavre à vau-l'eau dans la mer,
Œuf de titan dont l'homme aurait fait un navire.
Cela vogue, cela nage, cela chavire;
Cela fut un vaisseau; l'écume aux blancs amas
Cache et montre à grand bruit les tronçons de sept mâts.
Le colosse, échoué sur le ventre, fuit, plonge,
S'engloutit, reparaît, se meut comme le songe,
Chaos d'agrès rompus, de poutres, de haubans;
Le grand mât vaincu semble un spectre aux bras tombants.
L'onde passe à travers ce débris; l'eau s'engage
Et déferle en hurlant le long du bastingage,
Et tourmente des bouts de corde à des crampons
Dans le ruissellement formidable des ponts;
La houle éperdument furieuse saccage
Aux deux flancs du vaisseau les cintres d'une cage

Où jadis une roue effrayante a tourné.
Personne; le néant, froid, muet, étonné;
D'affreux canons rouillés tendant leurs cous funestes;
L'entre-pont a des trous où se dressent les restes
De cinq tubes pareils à des clairons géants,
Pleins jadis d'une foudre, et qui, tordus, béants,
Ployés, éteints, n'ont plus, sur l'eau qui les balance,
Qu'un noir vomissement de nuit et de silence;
Le flux et le reflux, comme avec un rabot,
Dénude à chaque coup l'étrave et l'étambot,
Et dans la lame on voit se débattre l'échine
D'une mystérieuse et difforme machine.
Cette masse sous l'eau rôde, fantôme obscur.
Des putréfactions fermentent, à coup sûr,
Dans ce vaisseau perdu sous les vagues sans nombre.
Dessus, des tourbillons d'oiseaux de mer; dans l'ombre,
Dessous, des millions de poissons carnassiers.
Tout à l'entour, les flots, ces liquides aciers,
Mêlent leurs tournoiements monstrueux et livides.
Des espaces déserts sous des espaces vides.
O triste mer! sépulcre où tout semble vivant!
Ces deux athlètes faits de furie et de vent,
Le tangage qui brave et le roulis qui fume,
Sans trêve, à chaque instant arrachent quelque éclat
De la quille ou du pont dans leur noir pugilat.
Par moments, au zénith un nuage se troue,
Un peu de jour lugubre en tombe, et, sur la proue,
Une lueur, qui tremble au souffle de l'autan,
Blême, éclaire à demi ce mot : LÉVIATHAN.
Puis l'apparition se perd dans l'eau profonde;
Tout fuit.

Léviathan; c'est là tout le vieux monde,
Apre et démesuré dans sa fauve laideur;
Léviathan, c'est là tout le passé : grandeur,
Horreur.

*

Le dernier siècle a vu sur la Tamise
Croître un monstre à qui l'eau sans bornes fut promise,
Et qui longtemps, Babel des mers, eut Londre entier
Levant les yeux dans l'ombre au pied de son chantier.
Effroyable, à sept mâts mêlant cinq cheminées
Qui hennissaient au choc des vagues effrénées,
Emportant, dans le bruit des aquilons sifflants,
Dix mille hommes, fourmis éparses dans ses flancs,
Ce titan se rua, joyeux, dans la tempête;
Du dôme de Saint-Paul son mât passait le faîte;
Le sombre esprit humain, debout sur son tillac,
Stupéfiait la mer qui n'était plus qu'un lac;
Le vieillard Océan, qu'effarouche la sonde,

Inquiet, à travers le verre de son onde,
Regardait le vaisseau de l'homme grossissant;
Ce vaisseau fut sur l'onde un terrible passant;
Les vagues frémissaient de l'avoir sur leurs croupes;
Ses sabords mugissaient; en guise de chaloupes,
Deux navires pendaient à ses portemanteaux;
Son armure était faite avec tous les métaux;
Un prodigieux câble ourlait sa grande voile;
Quand il marchait, fumant, grondant, couvert de toile,
Il jetait un tel râle à l'air épouvanté
Que toute l'eau tremblait, et que l'immensité
Comptait parmi ses bruits ce grand frisson sonore.
La nuit, il passait rouge ainsi qu'un météore;
Sa voilure, où l'oreille entendait le débat
Des souffles, subissant ce gréement comme un bât,
Ses hunes, ses grelins, ses palans, ses amures,
Etaient une prison de vents et de murmures;
Son ancre avait le poids d'une tour; ses parois
Voulaient les flots, trouvant tous les ports trop étroits;
Son ombre humiliait au loin toutes les proues;
Un télégraphe était son porte-voix; ses roues
Forgeaient la sombre mer comme deux grands marteaux;
Les flots se le passaient comme des piédestaux
Où, calme, ondulerait un triomphal colosse :
L'abîme s'abrégeait sous sa lourdeur véloce;
Pas de lointain pays qui pour lui ne fût près;
Madère apercevait ses mâts, trois jours après
L'Hékla l'entrevoyait dans la lueur polaire.
La bataille montait sur lui dans sa colère.
La guerre était sacrée et sainte en ce temps-là;
Rien n'égalait Nemrod si ce n'est Attila;
Et les hommes, depuis les premiers jours du monde,
Sentant peser sur eux la misère inféconde,
Les pestes, les fléaux lugubres et railleurs,
Cherchant quelque moyen d'amoindrir leurs douleurs,
Pour établir entre eux de justes équilibres,
Pour être plus heureux, meilleurs, plus grands, plus libres,
Plus dignes du ciel pur qui les daigne éclairer,
Avaient imaginé de s'entre-dévorer.
Ce sinistre vaisseau les aidait dans leur œuvre.
Lourd comme le dragon, prompt comme la couleuvre,
Il couvrait l'océan de ses ailes de feu;
La terre s'effrayait quand sur l'horizon bleu
Rampait l'allongement hideux de sa fumée,
Car c'était une ville et c'était une armée;
Ses pavois fourmillaient de mortiers et d'affûts,
Et d'un hérissement de bataillons confus;
Ses grappins menaçaient; et, pour les abordages,
On voyait sur ses ponts des rouleaux de cordages
Monstrueux, qui semblaient des boas endormis;
Invincible, en ces temps de frères ennemis,

Seul, de toute une flotte il affrontait l'emeute,
Ainsi qu'un éléphant au milieu d'une meute;
La bordée à ses pieds fumait comme un encens,
Ses flancs engloutissaient les boulets impuissants,
Il allait broyant tout dans l'obscure mêlée,
Et, quand, épouvantable, il lâchait sa volée,
On voyait flamboyer son colossal beaupré,
Par deux mille canons brusquement empourpré.
Il méprisait l'autan, le flux, l'éclair, la brume.
A son avant tournait, dans un chaos d'écume,
Une espèce de vrille à trouer l'infini.
Le Malström s'apaisait sous sa quille aplani.
Sa vie intérieure était un incendie,
Flamme au gré du pilote apaisée ou grandie;
Dans l'antre d'où sortait son vaste mouvement,
Au fond d'une fournaise on voyait vaguement
Des êtres ténébreux marcher dans des nuées
D'étincelles, parmi les braises remuées;
Et pour âme il avait dans sa cale un enfer.
Il voguait, roi du gouffre, et ses vergues de fer
Ressemblaient, sous le ciel redoutable et sublime,
A des spectres posés en travers de l'abîme;
Ainsi qu'on voit l'Etna l'on voyait le steamer;
Il était la montagne errante de la mer.
Mais les heures, les jours, les mois, les ans, ces ondes,
Ont passé; l'océan, vaste entre les deux mondes,
A rugi, de brouillard et d'orage obscurci;
La mer a ses écueils cachés, le temps aussi;
Et maintenant, parmi les profondeurs farouches,
Sous les vautours, qui sont de l'abîme les mouches,
Sous le nuage, au gré des souffles, dans l'oubli
De l'infini, dont l'ombre affreuse est le repli,
Sans que jamais le vent autour d'elle s'endorme,
Au milieu des flots noirs roule l'épave énorme !

*

L'ancien monde, l'ensemble étrange et surprenant
De faits sociaux, morts et pourris maintenant,
D'où sortit ce navire aujourd'hui sous l'écume,
L'ancien monde aussi, lui, plongé dans l'amertume,
Avait tous les fléaux pour vents et pour typhons.
Construction d'airain aux étages profonds,
Sur qui le mal, flot vil, crachait sa bave infâme,
Plein de fumée, et mû par une hydre de flamme,
La Haine, il ressemblait à ce sombre vaisseau.

Le mal l'avait marqué de son funèbre sceau.

Ce monde, enveloppé d'une brume éternelle,
Etait fatal : l'Espoir avait plié son aile;
Pas d'unité, divorce et joug; diversité

De langue, de raison, de code, de cité;
Nul lien; nul faisceau; le progrès solitaire,
Comme un serpent coupé, se tordait sur la terre,
Sans pouvoir réunir les tronçons de l'effort;
L'esclavage, parquant les peuples pour la mort,
Les enfermait au fond d'un cirque de frontières
Où les gardaient la Guerre et la Nuit, bestiaires;
L'Adam slave luttait contre l'Adam germain;
Un genre humain en France; un autre genre humain
En Amérique, un autre à Londre, un autre à Rome;
L'homme au delà d'un pont ne connaissait plus l'homme;
Les vivants, d'ignorance et de vices chargés,
Se traînaient; en travers de tout, les préjugés,
Les superstitions étaient d'âpres enceintes
Terribles d'autant plus qu'elles étaient plus saintes;
Quel créneau soupçonneux et noir qu'un alcoran!
Un texte avait le glaive au poing comme un tyran;
La loi d'un peuple était chez l'autre peuple un crime;
Lire était un fossé, croire était un abîme;
Les rois étaient des tours; les dieux étaient des murs;
Nul moyen de franchir tant d'obstacles obscurs;
Sitôt qu'on voulait croître, on rencontrait la barre
D'une mode sauvage ou d'un dogme barbare;
Et, quant à l'avenir, défense d'aller là.

*

Le vent de l'infini sur ce monde souffla.
Il a sombré. Du fond des cieux inaccessibles,
Les vivants de l'éther, les êtres invisibles
Confusément épars sous l'obscur firmament
A cette heure, pensifs, regardent fixement
Sa disparition dans la nuit redoutable.
Qu'est-ce que le simoun a fait du grain de sable?
Cela fut. C'est passé. Cela n'est plus ici.

*

Ce monde est mort. Mais quoi! l'homme est-il mort aussi?
Cette forme de lui disparaissant, l'a-t-elle
Lui-même remporté dans l'énigme éternelle?
L'océan est désert. Pas une voile au loin.
Ce n'est plus que du flot que le flot est témoin.
Pas un esquif vivant sur l'onde où la mouette
Voit du Léviathan rôder la silhouette.
Est-ce que l'homme, ainsi qu'un feuillage jauni,
S'en est allé dans l'ombre? Est-ce que c'est fini?
Seul, le flux et reflux va, vient, passe et repasse.
Et l'œil, pour retrouver l'homme absent de l'espace
Regarde en vain là-bas. Rien.

Regardez là-haut.

II

PLEIN CIEL

Loin dans les profondeurs, hors des nuits, hors du flot,
Dans un écartement de nuages, qui laisse
Voir au-dessus des mers la céleste allégresse,
Un point vague et confus apparaît; dans le vent,
Dans l'espace, ce point se meut; il est vivant;
Il va, descend, remonte; il fait ce qu'il veut faire;
Il approche, il prend forme, il vient; c'est une sphère,
C'est un inexprimable et surprenant vaisseau,
Globe comme le monde, et comme l'aigle oiseau;
C'est un navire en marche. Où ? Dans l'éther sublime !

Rêve ! on croit voir planer un morceau d'une cime;
Le haut d'une montagne a, sous l'orbe étoilé,
Pris des ailes et s'est tout à coup envolé ?
Quelque heure immense étant dans les destins sonnée,
La nuit errante s'est en vaisseau façonnée ?
La Fable apparaît-elle à nos yeux décevants ?
L'antique Éole a-t-il jeté son outre aux vents;
De sorte qu'en ce gouffre où les orages naissent,
Les vents, subitement domptés, la reconnaissent ?
Est-ce l'aimant qui s'est fait aider par l'éclair
Pour bâtir un esquif céleste avec de l'air ?
Du haut des clairs azurs vient-il une visite ?
Est-ce un transfiguré qui part et ressuscite,
Qui monte, délivré de la terre, emporté
Sur un char volant fait d'extase et de clarté,
Et se rapproche un peu par instants pour qu'on voie,
Du fond du monde noir, la fuite de sa joie ?

Ce n'est pas un morceau d'une cime; ce n'est
Ni l'outre où tout le vent de la Fable tenait,
Ni le jeu de l'éclair; ce n'est pas un fantôme
Venu des profondeurs aurorales du dôme;

Ni le rayonnement d'un ange qui s'en va,
Hors de quelque tombeau béant, vers Jéhovah;
Ni rien de ce qu'en songe ou dans la fièvre on nomme.
Qu'est-ce que ce navire impossible ? C'est l'homme.

C'est la grande révolte obéissante à Dieu !
La sainte fausse clef du fatal gouffre bleu !
C'est Isis qui déchire éperdument son voile !
C'est du métal, du bois, du chanvre et de la toile,
C'est de la pesanteur délivrée, et volant;
C'est la force alliée à l'homme étincelant,
Fière, arrachant l'argile à sa chaîne éternelle;
C'est la matière, heureuse, altière, ayant en elle
De l'ouragan humain, et planant à travers
L'immense étonnement des cieux enfin ouverts !

Audace humaine ! effort du captif ! sainte rage !
Effraction enfin plus forte que la cage !
Que faut-il à cet être, atome au large front,
Pour vaincre ce qui n'a ni fin, ni bord, ni fond,
Pour dompter le vent, trombe, et l'écume, avalanche ?
Dans le ciel une toile et sur mer une planche.

*

Jadis des quatre vents la fureur triomphait;
De ces quatre chevaux échappés l'homme a fait
L'attelage de son quadrige;
Génie, il les tient tous dans sa main, fier cocher
Du char aérien que l'éther voit marcher;
Miracle, il gouverne un prodige.

Char merveilleux ! son nom est Délivrance. Il court.
Près de lui le ramier est lent, le flocon lourd;
Le daim, l'épervier, la panthère
Sont encor là, qu'au loin son ombre a déjà fui;
Et la locomotive est reptile, et, sous lui,
L'hydre de flamme est ver de terre.

Une musique, un chant, sort de son tourbillon.
Ses cordages vibrants et remplis d'aquilon
Semblent, dans le vide où tout sombre,
Une lyre à travers laquelle par moment
Passe quelque âme en fuite au fond du firmament
Et mêlée aux souffles de l'ombre.

Car l'air, c'est l'hymne épars; l'air, parmi les récifs
Des nuages roulant en groupes convulsifs,
Jette mille voix étouffées;

Les fluides, l'azur, l'effluve, l'élément,
Sont toute une harmonie où flottent vaguement
On ne sait quels sombres Orphées.

Superbe, il plane avec un hymne en ses agrès;
Et l'on croit voir passer la strophe du progrès.
Il est la nef, il est le phare !
L'homme enfin prend son sceptre et jette son bâton.
Et l'on voit s'envoler le calcul de Newton
Monté sur l'ode de Pindare.

Le char haletant plonge et s'enfonce dans l'air,
Dans l'éblouissement impénétrable et clair,
Dans l'éther sans tache et sans ride;
Il se perd sous le bleu des cieux démesurés;
Les esprits de l'azur contemplent effarés
Cet engloutissement splendide.

Il passe, il n'est plus là; qu'est-il donc devenu ?
Il est dans l'invisible, il est dans l'inconnu;
Il baigne l'homme dans le songe,
Dans le fait, dans le vrai profond, dans la clarté,
Dans l'océan d'en haut plein d'une vérité
Dont le prêtre a fait un mensonge.

Le jour se lève, il va; le jour s'évanouit,
Il va; fait pour le jour, il accepte la nuit.
Voici l'heure des feux sans nombre;
L'heure où, vu du nadir, ce globe semble, ayant
Son large cône obscur sous lui se déployant,
Une énorme comète d'ombre.

La brume redoutable emplit au loin les airs.
Ainsi qu'au crépuscule on voit, le long des mers,
Le pêcheur, vague comme un rêve,
Traînant, dernier effort d'un long jour de sueurs,
Sa nasse où les poissons font de pâles lueurs,
Aller et venir sur la grève,

La Nuit tire du fond des gouffres inconnus
Son filet où luit Mars, où rayonne Vénus,
Et, pendant que les heures sonnent,
Ce filet grandit, monte, emplit le ciel des soirs,
Et dans ses mailles d'ombre et dans ses réseaux noirs
Les constellations frissonnent.

L'aéroscaphe suit son chemin; il n'a peur
Ni des pièges du soir, ni de l'âcre vapeur,
Ni du ciel morne où rien ne bouge,
Où les éclairs, luttant au fond de l'ombre entre eux,
Ouvrent subitement dans le nuage affreux
Des cavernes de cuivre rouge.

Il invente une route obscure dans les nuits;
Le silence hideux de ces lieux inouïs
N'arrête point ce globe en marche;
Il passe, portant l'homme et l'univers en lui;
Paix ! gloire ! et, comme l'eau jadis, l'air aujourd'hui
Au-dessus de ses flots voit l'arche.

Le saint navire court par le vent emporté
Avec la certitude et la rapidité
Du javelot cherchant la cible;
Rien n'en tombe, et pourtant il chemine en semant;
Sa rondeur, qu'on distingue en haut confusément,
Semble un ventre d'oiseau terrible.

Il vogue; les brouillards sous lui flottent dissous;
Ses pilotes penchés regardent, au-dessous
Des nuages où l'ancre traîne,
Si, dans l'ombre, où la terre avec l'air se confond,
Le sommet du mont Blanc ou quelque autre bas-fond
Ne vient pas heurter sa carène.

*

La vie est sur le pont du navire éclatant.
Le rayon l'envoya, la lumière l'attend.
L'homme y fourmille, l'homme invincible y flamboie;
Point d'armes; un fier bruit de puissance et de joie;
Le cri vertigineux de l'exploration !
Il court, ombre, clarté, chimère, vision !
Regardez-le pendant qu'il passe, il va si vite !
Comme autour d'un soleil un système gravite,
Une sphère de cuivre énorme fait marcher
Quatre globes où pend un immense plancher;
Elle respire et fuit dans les vents qui la bercent;
Un large et blanc hunier horizontal, que percent
Des trappes, se fermant, s'ouvrant au gré du frein,
Fait un grand diaphragme à ce poumon d'airain;
Il s'impose à la nue ainsi qu'à l'onde un liège;
La toile d'araignée humaine, un vaste piège
De cordes et de nœuds, un enchevêtrement
De soupapes que meut un câble où court l'aimant,
Une embûche de treuils, de cabestans, de moufles,
Prend au passage et fait travailler tous les souffles;
L'esquif plane, encombré d'hommes et de ballots,
Parmi les arcs-en-ciel, les azurs, les halos,
Et sa course, écheveau qui sans fin se dévide,
A pour point d'appui l'air et pour moteur le vide;
Sous le plancher s'étage un chaos régulier
De ponts flottants que lie un tremblant escalier;
Ce navire est un Louvre errant avec son faste;
Un fil le porte; il fuit, léger, fier, et si vaste,

Si colossal, au vent du grand abîme clair,
Que le Léviathan, rampant dans l'âpre mer,
A l'air de sa chaloupe aux ténèbres tombée,
Et semble, sous le vol d'un aigle, un scarabée
Se tordant dans le flot qui l'emporte, tandis
Que l'immense oiseau plane au fond d'un paradis.

Si l'on pouvait rouvrir les yeux que le ver ronge,
Oh ! ce vaisseau, construit par le chiffre et le songe,
Eblouirait Shakspeare et ravirait Euler !
Il voyage, Délos gigantesque de l'air,
Et rien ne le repousse et rien ne le refuse;
Et l'on entend parler sa grande voix confuse.

Par moments la tempête accourt, le ciel pâlit,
L'autan, bouleversant les flots de l'air, emplit
L'espace d'une écume affreuse de nuages;
Mais qu'importe à l'esquif de la mer sans rivages ?
Seulement, sur son aile il se dresse en marchant;
Il devient formidable à l'abîme méchant,
Et dompte en frémissant la trombe qui se creuse.
On le dirait conduit dans l'horreur ténébreuse
Par l'âme des Leibniz, des Fultons, des Képlers;
Et l'on croit voir, parmi le chaos plein d'éclairs,
De détonations, d'ombre et de jets de soufre,
Le sombre emportement d'un monde dans un gouffre.

★

Qu'importe le moment ? qu'importe la saison ?
La brume peut cacher dans le blême horizon
Les Saturnes et les Mercures;
La bise, conduisant la pluie aux crins épars,
Dans les nuages lourds grondant de toutes parts
Peut tordre des hydres obscures;

Qu'importe ? il va. Tout souffle est bon; simoun, mistral !
La terre a disparu dans le puits sidéral,
Il entre au mystère nocturne,
Au-dessus de la grêle et de l'ouragan fou,
Laissant le globe en bas dans l'ombre, on ne sait où,
Sous le renversement de l'urne.

Intrépide, il bondit sur les ondes du vent;
Il se rue, aile ouverte et la proue en avant,
Il monte, il monte, il monte encore,
Au-delà de la zone où tout s'évanouit,
Comme s'il s'en allait dans la profonde nuit
A la poursuite de l'aurore !

Calme, il monte où jamais nuage n'est monté;
Il plane à la hauteur de la sérénité,

Devant la vision des sphères;
Elles sont là, faisant le mystère éclatant,
Chacune feu d'un gouffre, et toutes constatant
Les énigmes par les lumières.

Andromède étincelle, Orion resplendit;
L'essaim prodigieux des Pléiades grandit;
Sirius ouvre son cratère;
Arcturus, oiseau d'or, scintille dans son nid;
Le Scorpion hideux fait cabrer au zénith
Le poitrail bleu du Sagittaire.

L'aéroscaphe voit, comme en face de lui,
Là-haut, Aldebaran par Céphée ébloui,
Persée, escarboucle des cimes,
Le chariot polaire aux flamboyants essieux,
Et, plus loin, la lueur lactée, ô sombres cieux,
La fourmilière des abîmes !

Vers l'apparition terrible des soleils,
Il monte; dans l'horreur des espaces vermeils,
Il s'oriente, ouvrant ses voiles;
On croirait, dans l'éther où de loin on entend,
Que ce vaisseau puissant et superbe, en chantant,
Part pour une de ces étoiles;

Tant cette nef, rompant tous les terrestres nœuds,
Volante, et franchissant le ciel vertigineux,
Rêve des blêmes Zoroastres,
Comme effrénée au souffle insensé de la nuit,
Se jette, plonge, enfonce et tombe et roule et fuit
Dans le précipice des astres !

*

Où donc s'arrêtera l'homme séditieux ?
L'espace voit, d'un œil par moment soucieux,
L'empreinte du talon de l'homme dans les nues;
Il tient l'extrémité des choses inconnues;
Il épouse l'abîme à son argile uni;
Le voilà maintenant marcheur de l'infini.
Où s'arrêtera-t-il, le puissant réfractaire ?
Jusqu'à quelle distance ira-t-il de la terre ?
Jusqu'à quelle distance ira-t-il du destin ?
L'âpre Fatalité se perd dans le lointain;
Toute l'antique histoire affreuse et déformée
Sur l'horizon nouveau fuit comme une fumée.
Les temps sont venus. L'homme a pris possession
De l'air, comme du flot la grèbe et l'alcyon.
Devant nos rêves fiers, devant nos utopies
Ayant des yeux croyants et des ailes impies,

Devant tous nos efforts pensifs et haletants,
L'obscurité sans fond fermait ses deux battants;
Le vrai champ enfin s'offre aux puissantes algèbres;
L'homme vainqueur, tirant le verrou des ténèbres,
Dédaigne l'océan, le vieil infini mort.
La porte noire cède et s'entre-bâille. Il sort!

O profondeurs! faut-il encor l'appeler l'homme?

L'homme est d'abord monté sur la bête de somme;
Puis sur le chariot que portent des essieux;
Puis sur la frêle barque au mât ambitieux;
Puis quand il a fallu vaincre l'écueil, la lame,
L'onde et l'ouragan, l'homme est monté sur la flamme;
A présent l'immortel aspire à l'éternel;
Il montait sur la mer, il monte sur le ciel.

L'homme force le sphinx à lui tenir la lampe.
Jeune, il jette le sac du vieil Adam qui rampe,
Et part, et risque aux cieux, qu'éclaire son flambeau,
Un pas semblable à ceux qu'on fait dans le tombeau;
Et peut-être voici qu'enfin la traversée
Effrayante, d'un astre à l'autre, est commencée!

*

Stupeur! se pourrait-il que l'homme s'élançât?
O nuit! se pourrait-il que l'homme, ancien forçat,
Que l'esprit humain, vieux reptile,
Devînt ange, et, brisant le carcan qui le mord,
Fût soudain de plain-pied avec les cieux? La mort
Va donc devenir inutile!

Oh! franchir l'éther! songe épouvantable et beau!
Doubler le promontoire énorme du tombeau!
Qui sait? — toute aile est magnanime,
L'homme est ailé, — peut-être, ô merveilleux retour!
Un Christophe Colomb de l'ombre, quelque jour,
Un Gama du cap de l'abîme,

Un Jason de l'azur, depuis longtemps parti,
De la terre oublié, par le ciel englouti,
Tout à coup sur l'humaine rive
Reparaîtra, monté sur cet alérion,
Et, montrant Sirius, Allioth, Orion,
Tout pâle, dira : J'en arrive!

Ciel! ainsi, comme on voit aux voûtes des celliers
Les noirceurs qu'en rôdant tracent les chandeliers,
On pourrait, sous les bleus pilastres,
Deviner qu'un enfant de la terre a passé,

A ce que le flambeau de l'homme aurait laissé
De fumée au plafond des astres !

*

Pas si loin ! pas si haut ! redescendons. Restons
L'homme, restons Adam; mais non l'homme à tâtons,
Mais non l'Adam tombé ! Tout autre rêve altère
L'espèce d'idéal qui convient à la terre.
Contentons-nous du mot : meilleur ! écrit partout.

Oui, l'aube s'est levée.

Oh ! ce fut tout à coup
Comme une éruption de folie et de joie,
Quand, après six mille ans dans la fatale voie,
Défaite brusquement par l'invisible main,
La pesanteur, liée au pied du genre humain,
Se brisa; cette chaîne était toutes les chaînes !
Tout s'envola dans l'homme, et les fureurs, les haines,
Les chimères, la force évanouie enfin,
L'ignorance et l'erreur, la misère et la faim,
Le droit divin des rois, les faux dieux juifs ou guèbres,
Le mensonge, le dol, les brumes, les ténèbres,
Tombèrent dans la poudre avec l'antique sort,
Comme le vêtement du bagne dont on sort.

Et c'est ainsi que l'ère annoncée est venue,
Cette ère qu'à travers les temps, épaisse nue,
Thalès apercevait au loin devant ses yeux;
Et Platon, lorsque, ému, des sphères dans les cieux
Il écoutait les chants et contemplait les danses.

Les êtres inconnus et bons, les providences
Présentes dans l'azur où l'œil ne les voit pas,
Les anges qui de l'homme observent tous les pas,
Leur tâche sainte étant de diriger les âmes
Et d'attiser, avec toutes les belles flammes,
La conscience au fond des cerveaux ténébreux,
Ces amis des vivants, toujours penchés sur eux,
Ont cessé de frémir et d'être, en la tourmente
Et dans les sombres nuits, la voix qui se lamente.
Voici qu'on voit bleuir l'idéale Sion.
Ils n'ont plus l'œil fixé sur l'apparition
Du vainqueur, du soldat, du fauve chasseur d'hommes.
Les vagues flamboiements épars sur les Sodomes,
Précurseurs du grand feu dévorant, les lueurs
Que jette le sourcil tragique des tueurs,
Les guerres, s'arrachant avec leur griffe immonde
Les frontières, haillon difforme du vieux monde,
Les battements de cœur des mères aux abois,

L'embuscade ou le vol guettant au fond des bois,
Le cri de la chouette et de la sentinelle,
Les fléaux, ne sont plus leur alarme éternelle.
Le deuil n'est plus mêlé dans tout ce qu'on entend;
Leur oreille n'est plus tendue à chaque instant
Vers le gémissement indigné de la tombe;
La moisson rit aux champs où râlait l'hécatombe;
L'azur ne les voit plus pleurer les nouveau-nés,
Dans tous les innocents pressentir des damnés,
Et la pitié n'est plus leur unique attitude;
Ils ne regardent plus la morne servitude
Tresser sa maille obscure à l'osier des berceaux.
L'homme aux fers, pénétré du frisson des roseaux,
Est remplacé par l'homme attendri, fort et calme;
La fonction du sceptre est faite par la palme;
Voici qu'enfin, ô gloire ! exaucés dans leur vœu,
Ces êtres, dieux pour nous, créatures pour Dieu,
Sont heureux, l'homme est bon, et sont fiers, l'homme est juste.
Les esprits purs, essaim de l'empyrée auguste,
Devant ce globe obscur qui devient lumineux,
Ne sentent plus saigner l'amour qu'ils ont en eux;
Une clarté paraît dans leur beau regard sombre;
Et l'archange commence à sourire dans l'ombre.

*

Où va-t-il, ce navire ? Il va, de jour vêtu,
A l'avenir divin et pur, à la vertu,
　　A la science qu'on voit luire,
A la mort des fléaux, à l'oubli généreux,
A l'abondance, au calme, au rire, à l'homme heureux;
　　Il va, ce glorieux navire,

Au droit, à la raison, à la fraternité,
A la religieuse et sainte vérité
　　Sans impostures et sans voiles,
A l'amour, sur les cœurs serrant son doux lien,
Au juste, au grand, au bon, au beau... — Vous voyez bien
　　Qu'en effet il monte aux étoiles !

Il porte l'homme à l'homme, et l'esprit à l'esprit.
Il civilise, ô gloire ! Il ruine, il flétrit
　　Tout l'affreux passé qui s'effare;
Il abolit la loi de fer, la loi de sang,
Les glaives, les carcans, l'esclavage, en passant
　　Dans les cieux comme une fanfare.

Il ramène au vrai ceux que le faux repoussa;
Il fait briller la foi dans l'œil de Spinosa
　　Et l'espoir sur le front de Hobbe;
Il plane, rassurant, réchauffant, épanchant

Sur ce qui fut lugubre et ce qui fut méchant
Toute la clémence de l'aube.

Les vieux champs de bataille étaient là dans la nuit;
Il passe, et maintenant voilà le jour qui luit
Sur ces grands charniers de l'histoire
Où les siècles, penchant leur œil triste et profond,
Venaient regarder l'ombre effroyable que font
Les deux ailes de la victoire.

Derrière lui, César redevient homme; Eden
S'élargit sur l'Erèbe, épanoui soudain;
Les ronces de lys sont couvertes;
Tout revient, tout renaît; ce que la mort courbait
Refleurit dans la vie, et le bois du gibet
Jette, effrayé, des branches vertes.

Le nuage, l'aurore aux candides fraîcheurs,
L'aile de la colombe, et toutes les blancheurs,
Composent là-haut sa magie;
Derrière lui, pendant qu'il fuit vers la clarté,
Dans l'antique noirceur de la fatalité
Des lueurs de l'enfer rougie,

Dans ce brumeux chaos qui fut le monde ancien,
Où l'allah turc s'accoude au sphinx égyptien,
Dans la séculaire géhenne,
Dans la Gomorrhe infâme où flambe un lac fumant,
Dans la forêt du mal qu'éclairent vaguement
Les deux yeux fixes de la Haine,

Tombent, sèchent, ainsi que des feuillages morts,
Et s'en vont la douleur, le péché, le remords,
La perversité lamentable,
Tout l'ancien joug, de rêve et de crime forgé,
Nemrod, Aron, la guerre avec le préjugé,
La boucherie avec l'étable !

Tous les spoliateurs et tous les corrupteurs
S'en vont; et les faux jours sur les fausses hauteurs;
Et le taureau d'airain qui beugle,
La hache, le billot, le bûcher dévorant,
Et le docteur versant l'erreur à l'ignorant,
Vil bâton qui trompait l'aveugle !

Et tous ceux qui faisaient, au lieu de repentirs,
Un rire au prince avec les larmes des martyrs,
Et tous ces flatteurs des épées
Qui louaient le sultan, le maître universel,
Et, pour assaisonner l'hymne, prenaient du sel
Dans le sac aux têtes coupées !

Les pestes, les forfaits, les cimiers fulgurants,
S'effacent, et la route où marchaient les tyrans,
Bélial roi, Dagon ministre,
Et l'épine, et la haie horrible du chemin
Où l'homme du vieux monde et du vieux vice humain
Entend bêler le bouc sinistre.

On voit luire partout les esprits sidéraux;
On voit la fin du monstre et la fin du héros,
Et de l'athée et de l'augure,
La fin du conquérant, la fin du paria;
Et l'on voit lentement sortir Beccaria.
De Dracon qui se transfigure.

On voit l'agneau sortir du dragon fabuleux,
La vierge de l'opprobre, et Marie aux yeux bleus
De la Vénus prostituée;
Le blasphème devient le psaume ardent et pur,
L'hymne prend, pour s'en faire autant d'ailes d'azur,
Tous les haillons de la huée.

Tout est sauvé ! La fleur, le printemps aromal,
L'éclosion du bien, l'écroulement du mal,
Fêtent dans sa course enchantée
Ce beau globe éclaireur, ce grand char curieux,
Qu'Empédocle, du fond des gouffres, suit des yeux,
Et, du haut des monts, Prométhée !

Le jour s'est fait dans l'antre où l'horreur s'accroupit.
En expirant, l'antique univers décrépit,
Larve à la prunelle ternie,
Gisant, et regardant le ciel noir s'étoiler,
A laissé cette sphère heureuse s'envoler
Des lèvres de son agonie.

*

Oh ! ce navire fait le voyage sacré !
C'est l'ascension bleue à son premier degré,
Hors de l'antique et vil décombre,
Hors de la pesanteur, c'est l'avenir fondé;
C'est le destin de l'homme à la fin évadé,
Qui lève l'ancre et sort de l'ombre !

Ce navire là-haut conclut le grand hymen,
Il mêle presque à Dieu l'âme du genre humain.
Il voit l'insondable, il y touche;
Il est le vaste élan du progrès vers le ciel;
Il est l'entrée altière et sainte du réel
Dans l'antique idéal farouche.

Oh ! chacun de ses pas conquiert l'illimité !
Il est la joie; il est la paix; l'humanité

A trouvé son organe immense;
Il vogue, usurpateur sacré, vainqueur béni,
Reculant chaque jour plus loin dans l'infini
Le point sombre où l'homme commence.

Il laboure l'abîme; il ouvre ces sillons
Où croissaient l'ouragan, l'hiver, les tourbillons,
Les sifflements et les huées;
Grâce à lui, la concorde est la gerbe des cieux;
Il va, fécondateur du ciel mystérieux,
Charrue auguste des nuées.

Il fait germer la vie humaine dans ces champs
Où Dieu n'avait encor semé que des couchants
Et moissonné que des aurores;
Il entend, sous son vol qui fend les airs sereins,
Croître et frémir partout les peuples souverains,
Ces immenses épis sonores !

Nef magique et suprême ! elle a, rien qu'en marchant,
Changé le cri terrestre en pur et joyeux chant,
Rajeuni les races flétries,
Etabli l'ordre vrai, montré le chemin sûr,
Dieu juste ! et fait entrer dans l'homme tant d'azur
Qu'elle a supprimé les patries !

Faisant à l'homme avec le ciel une cité,
Une pensée avec toute l'immensité,
Elle abolit les vieilles règles;
Elle abaisse les monts, elle annule les tours;
Splendide, elle introduit les peuples, marcheurs lourds,
Dans la communion des aigles.

Elle a cette divine et chaste fonction
De composer là-haut l'unique nation,
A la fois dernière et première,
De promener l'essor dans le rayonnement,
Et de faire planer, ivre de firmament,
La liberté dans la lumière.

LIX

O Dieu, dont l'œuvre va plus loin que notre rêve,
Créateur qui n'as pas de relâche et de trêve !
Œil sans paupière et sans sommeils !
Eternel jet de vie ! âme jamais fermée !
Gouffre mystérieux d'où sort une fumée
D'hommes, d'êtres et de soleils !

Humanités dans tous les espaces semées,
Liguez-vous ; dressez-vous innombrables armées,
Et déclarez la guerre à Dieu ;
Soit. Luttez, attaquez cet être inabordable,
Cet infini si doux qu'il en est formidable,
Et si profond qu'il en est bleu.

Mesurez-vous, vous l'ombre, à lui la plénitude.
Vous aurez, ô passants, légions, multitude,
Assiégeants de l'immense tour,
Essaim tourbillonnant autour du grand pilastre,
Vivants, avant qu'il ait usé son premier astre,
Dépensé votre dernier jour !

LX

HORS DES TEMPS

LA TROMPETTE DU JUGEMENT

Je vis dans la nuée un clairon monstrueux.

Et ce clairon semblait, au seuil profond des cieux,
Calme, attendre le souffle immense de l'archange.

Ce qui jamais ne meurt, ce qui jamais ne change,
L'entourait. A travers un frisson, on sentait
Que ce buccin fatal, qui rêve et qui se tait,
Quelque part, dans l'endroit où l'on crée, où l'on sème,
Avait été forgé par quelqu'un de suprême
Avec de l'équité condensée en airain.
Il était là, lugubre, effroyable, serein.
Il gisait sur la brume insondable qui tremble,
Hors du monde, au-delà de tout ce qui ressemble
A la forme de quoi que ce soit.

Il vivait.

Il semblait un réveil songeant près d'un chevet.
Oh ! quelle nuit ! là, rien n'a de contour ni d'âge;
Et le nuage est spectre, et le spectre est nuage.

*

Et c'était le clairon de l'abîme.

Une voix
Un jour en sortira qu'on entendra sept fois.
En attendant, glacé, mais écoutant, il pense;
Couvant le châtiment, couvant la récompense;
Et toute l'épouvante éparse au ciel est sœur
De cet impénétrable et morne avertisseur.

Je le considérais dans les vapeurs funèbres

Comme on verrait se taire un coq dans les ténèbres.
Pas un murmure autour du clairon souverain.
Et la terre sentait le froid de son airain,
Quoique, là, d'aucun monde on ne vît les frontières.

Et l'immobilité de tous les cimetières,
Et le sommeil de tous les tombeaux, et la paix
De tous les morts couchés dans la fosse, étaient faits
Du silence inouï qu'il avait dans la bouche;
Ce lourd silence était pour l'affreux mort farouche
L'impossibilité de faire faire un pli
Au suaire cousu sur son front par l'oubli.
Ce silence tenait en suspens l'anathème.
On comprenait que tant que ce clairon suprême
Se tairait, le sépulcre, obscur, roidi, béant,
Garderait l'attitude horrible du néant,
Que la momie aurait toujours sa bandelette,
Que l'homme irait tombant du cadavre au squelette,
Et que ce fier banquet radieux, ce festin
Que les vivants gloutons appellent le destin,
Toute la joie errante en tourbillons de fêtes,
Toutes les passions de la chair satisfaites,
Gloire, orgueil, les héros ivres, les tyrans soûls,
Continueraient d'avoir pour but, et pour dessous,
La pourriture, orgie offerte aux vers convives;
Mais qu'à l'heure où soudain, dans l'espace sans rives,
Cette trompette vaste et sombre sonnerait,
On verrait, comme un tas d'oiseaux d'une forêt,
Toutes les âmes, cygne, aigle, éperviers, colombes,
Frémissantes, sortir du tremblement des tombes,
Et tous les spectres faire un bruit de grandes eaux,
Et se dresser, et prendre à la hâte leurs os,
Tandis qu'au fond, au fond du gouffre, au fond du rêve
Blanchissant l'absolu, comme un jour qui se lève,
Le front mystérieux du juge apparaîtrait.

*

Ce clairon avait l'air de savoir le secret.

On sentait que le râle énorme de ce cuivre
Serait tel qu'il ferait bondir, vibrer, revivre
L'ombre, le plomb, le marbre, et qu'à ce fatal glas
Toutes les surdités voleraient en éclats;
Que l'oubli sombre avec sa perte de mémoire,
Se lèverait au son de la trompette noire;
Que dans cette clameur étrange, en même temps
Qu'on entendrait frémir tous les cieux palpitants,
On entendrait crier toutes les consciences;
Que le sceptique au fond de ses insouciances,
Que le voluptueux, l'athée et le douteur,

Et le maître tombé de toute sa hauteur,
Sentiraient ce fracas traverser leurs vertèbres;
Que ce déchirement céleste des ténèbres
Ferait dresser quiconque est soumis à l'arrêt;
Que qui n'entendit pas le remords, l'entendrait;
Et qu'il réveillerait, comme un choc à la porte,
L'oreille la plus dure et l'âme la plus morte,
Même ceux qui, livrés au rire, aux vains combats,
Aux vils plaisirs, n'ont point tenu compte ici-bas
Des avertissements de l'ombre et du mystère,
Même ceux que n'a point réveillés sur la terre
Le tonnerre, ce coup de cloche de la nuit!

Oh! dans l'esprit de l'homme où tout vacille et fuit,
Où le verbe n'a pas un mot qui ne bégaie,
Où l'aurore apparaît, hélas! comme une plaie,
Dans cet esprit, tremblant dès qu'il ose augurer,
Oh! comment concevoir, comment se figurer
Cette vibration communiquée aux tombes,
Cette sommation aux blêmes catacombes
Du ciel ouvrant sa porte et du gouffre ayant faim,
Le prodigieux bruit de Dieu disant : Enfin!

Oui, c'est vrai, — c'est du moins jusque-là que l'œil [plonge, —
C'est l'avenir, — du moins tel qu'on le voit en songe; —
Quand le monde atteindra son but, quand les instants,
Les jours, les mois, les ans, auront rempli le temps,
Quand tombera du ciel l'heure immense et nocturne,
Cette goutte qui doit faire déborder l'urne,
Alors, dans le silence horrible, un rayon blanc,
Long, pâle, glissera, formidable et tremblant,
Sur ces haltes de nuit qu'on nomme cimetières;
Les tentes frémiront, quoiqu'elles soient des pierres,
Dans tous ces sombres camps endormis; et, sortant
Tout à coup de la brume où l'univers l'attend,
Ce clairon, au-dessus des êtres et des choses,
Au-dessus des forfaits et des apothéoses,
Des ombres et des os, des esprits et des corps,
Sonnera la diane effrayante des morts.

O lever en sursaut des larves pêle-mêle!
Oh! la Nuit réveillant la mort sa sœur jumelle!

Pensif, je regardais l'incorruptible airain.

*

Les volontés sans loi, les passions sans frein,
Toutes les actions de tous les êtres, haines,
Amours, vertus, fureurs, hymnes, cris, plaisirs, peines,

Avaient laissé, dans l'ombre où rien ne remuait,
Leur pâle empreinte autour de ce bronze muet;
Une obscure Babel y tordait sa spirale.

Sa dimension vague, ineffable, spectrale,
Sortant de l'éternel, entrait dans l'absolu.
Pour pouvoir mesurer ce tube, il eût fallu
Prendre la toise au fond du rêve, et la coudée
Dans la profondeur trouble et sombre de l'idée;
Un de ses bouts touchait le bien, l'autre le mal;
Et sa longueur allait de l'homme à l'animal,
Quoiqu'on ne vît point là d'animal et point d'homme;
Couché sur terre, il eût joint Eden à Sodome.

Son embouchure, gouffre où plongeait mon regard,
Cercle de l'inconnu ténébreux et hagard,
Pleine de cette horreur que le mystère exhale,
M'apparaissait ainsi qu'une offre colossale
D'entrer dans l'ombre où Dieu même est évanoui.
Cette gueule, avec l'air d'un redoutable ennui,
Morne, s'élargissait sur l'homme et la nature,
Et cette épouvantable et muette ouverture
Semblait le bâillement noir de l'éternité.

*

Au fond de l'immanent et de l'illimité,
Parfois, dans les lointains sans nom de l'Invisible,
Quelque chose tremblait de vaguement terrible,
Et brillait et passait, inexprimable éclair.
Toutes les profondeurs des mondes avait l'air
De méditer, dans l'ombre où l'ombre se répète,
L'heure où l'on entendrait de cette âpre trompette
Un appel aussi long que l'infini jaillir.
L'immuable semblait d'avance en tressaillir.

Des porches de l'abîme, antres hideux, cavernes
Que nous nommons enfers, puits, gehannams, avernes,
Bouches d'obscurité qui ne prononcent rien,
Du vide où ne flottait nul souffle aérien;
Du silence où l'haleine osait à peine éclore,
Ceci se dégageait pour l'âme : Pas encore.

Par instants, dans ce lieu triste comme le soir,
Comme on entend le bruit de quelqu'un qui vient voir,
On entendait le pas boiteux de la justice;
Puis cela s'effaçait. Des vermines, le vice,
Le crime, s'approchaient, et, fourmillement noir,
Fuyaient. Le clairon sombre ouvrait son entonnoir.
Un groupe d'ouragans dormait dans ce cratère,
Comme cet organum des gouffres doit se taire

Jusqu'au jour monstrueux où nous écarterons
Les clous de notre bière au-dessus de nos fronts,
Nul bras ne le touchait dans l'invisible sphère;
Chaque race avait fait sa couche de poussière
Dans l'orbe sépulcral de son évasement;
Sur cette poudre l'œil lisait confusément
Ce mot : RIEZ, écrit par le doigt d'Epicure;
Et l'on voyait, au fond de la rondeur obscure,
La toile d'araignée horrible de Satan.

Des astres qui passaient murmuraient : « Souviens-t'en !
Prie ! » et la nuit portait cette parole à l'ombre.

Et je ne sentais plus ni le temps ni le nombre.

*

Une sinistre main sortait de l'infini.

Vers la trompette, effroi de tout crime impuni,
Qui doit faire à la mort un jour lever la tête,
Elle pendait énorme, ouverte, et comme prête
A saisir ce clairon qui se tait dans la nuit,
Et qu'emplit le sommeil formidable du bruit.
La main, dans la nuée et hors de l'Invisible,
S'allongeait. A quel être était-elle ? Impossible
De le dire, en ce morne et brumeux firmament.
L'œil dans l'obscurité ne voyait clairement
Que les cinq doigts béants de cette main terrible;
Tant l'être, quel qu'il fût, debout dans l'ombre horrible,
— Sans doute, quelque archange ou quelque séraphin
Immobile, attendant le signe de la fin, —
Plongeait profondément, sous les ténébreux voiles,
Du pied dans les enfers, du front dans les étoiles !

LXI

ABIME

ABIME

L'HOMME

Je suis l'esprit, vivant au sein des choses mortes.
Je sais forger les clefs quand on ferme les portes;
Je fais vers le désert reculer le lion;
Je m'appelle Bacchus, Noé, Deucalion;
Je m'appelle Shakspeare, Annibal, César, Dante;
Je suis le conquérant; je tiens l'épée ardente,
Et j'entre, épouvantant l'ombre que je poursuis,
Dans toutes les terreurs et dans toutes les nuits.
Je suis Platon, je vois; je suis Newton, je trouve.
Du hibou je fais naître Athène, et de la louve
Rome; et l'aigle m'a dit : Toi, marche le premier !
J'ai Christ dans mon sépulcre et Job sur mon fumier.
Je vis ! dans mes deux mains je porte en équilibre
L'âme et la chair; je suis l'homme enfin, maître et libre.
Je suis l'antique Adam ! j'aime, je sais, je sens;
J'ai pris l'arbre de vie entre mes poings puissants;
Joyeux, je le secoue au-dessus de ma tête,
Et, comme si j'étais le vent de la tempête,
J'agite ses rameaux d'oranges d'or chargés,
Et je crie : — Accourez, peuples ! prenez, mangez !
Et je fais sur leurs fronts tomber toutes les pommes;
Car, science, pour moi, pour mes fils, pour les hommes
Ta sève à flots descend des cieux pleins de bonté,
Car la Vie est ton fruit, racine Eternité !
Et tout germe, et tout croît, et, fournaise agrandie,
Comme en une forêt court le rouge incendie,
Le beau Progrès vermeil, l'œil sur l'azur fixé,
Marche, et tout en marchant dévore le passé.
Je veux, tout obéit, la matière inflexible
Cède; je suis égal presque au grand Invisible;
Coteaux, je fais le vin comme lui fait le miel;
Je lâche comme lui des globes dans le ciel;
Je me fais un palais de ce qui fut ma geôle;
J'attache un fil vivant d'un pôle à l'autre pôle;
Je fais voler l'esprit sur l'aile de l'éclair;

Je tends l'arc de Nemrod, le divin arc de fer,
Et la flèche qui siffle et la flèche qui vole
Et que j'envoie au bout du monde, est ma parole.
Je fais causer le Rhin, le Gange et l'Orégon
Comme trois voyageurs dans le même wagon.
La distance n'est plus. Du vieux géant Espace
J'ai fait un nain. Je vais, et, devant mon audace,
Les noirs titans jaloux lèvent leur front flétri;
Prométhée, au Caucase enchaîné, pousse un cri,
Tout étonné de voir Franklin voler la foudre;
Fulton, qu'un Jupiter eût mis jadis en poudre,
Monte Léviathan et traverse la mer;
Galvani, calme, étreint la mort au rire amer;
Volta prend dans ses mains le glaive de l'archange
Et le dissout; le monde à ma voix tremble et change;
Caïn meurt, l'avenir ressemble au jeune Abel;
Je reconquiers Eden et j'achève Babel.
Rien sans moi. La nature ébauche; je termine.
Terre, je suis ton roi.

LA TERRE

Tu n'es que ma vermine.
Le sommeil, lourd besoin, la fièvre, feu subtil,
Le ventre abject, la faim, la soif, l'estomac vil,
T'accablent, noir passant, d'infirmités sans nombre,
Et, vieux, tu n'es qu'un spectre, et mort, tu n'es qu'une [ombre,
Tu t'en vas dans la cendre ! Et moi je reste au jour;
J'ai toujours le printemps, l'aube, les fleurs, l'amour;
Je suis plus jeune après des millions d'années.
J'emplis d'instincts rêveurs les bêtes étonnées.
Du gland je tire un chêne et le fruit du pépin.
Je me verse, urne sombre, au brin d'herbe, au sapin,
Au cep d'où sort la grappe, aux blés qui font les gerbes.
Se tenant par la main, comme des sœurs superbes,
Sur ma face où s'épand l'ombre, où le rayon luit,
Les douze heures du jour, les douze heures de nuit
Dansent incessamment une ronde sacrée.
Je suis source et chaos; j'ensevelis, je crée.
Quand le matin naquit dans l'azur, j'étais là.
Vésuve est mon usine, et ma forge est l'Hékla;
Je rougis de l'Etna les hautes cheminées.
En remuant Cuzco, j'émeus les Pyrénées.
J'ai pour esclave un astre; alors que vient le soir
Sur un de mes côtés jetant un voile noir,
J'ai ma lampe, la lune au front humain m'éclaire;
Et si quelque assassin, dans un bois séculaire,
Vers l'ombre la plus sûre et le plus âpre lieu
S'enfuit, je le poursuis de ce masque de feu.
Je peuple l'air, la flamme et l'onde; et mon haleine
Fait comme l'oiseau-mouche éclore la baleine;

Comme je fais le ver, j'enfante les typhons.
Globe vivant, je suis vêtu des flots profonds,
Des forêts et des monts ainsi que d'une armure.

SATURNE

Qu'est-ce que cette voix chétive qui murmure ?
Terre, à quoi bon tourner dans ton champ si borné,
Grain de sable, d'un grain de cendre accompagné ?
Moi dans l'immense azur je trace un cercle énorme;
L'espace avec terreur voit ma beauté difforme;
Mon anneau, qui des nuits empourpre la pâleur,
Comme les boules d'or que croise le jongleur
Lance, mêle et retient sept lunes colossales.

LE SOLEIL

Silence au fond des cieux, planètes, mes vassales !
Paix ! Je suis le pasteur, vous êtes le bétail.
Comme deux chars de front passent sous un portail,
Dans mon moindre volcan Saturne avec la Terre
Entreraient sans toucher aux parois du cratère.
Chaos ! je suis la loi. Fange ! je suis le feu.
Contemplez-moi ! Je suis la vie et le milieu,
Le Soleil, l'éternel orage de lumière.

SIRIUS

J'entends parler l'atome. Allons, Soleil, poussière,
Tais-toi ! Tais-toi, fantôme, espèce de clarté !
Pâtres dont le troupeau fuit dans l'immensité,
Globes obscurs, je suis moins hautain que vous n'êtes.
Te voilà-t-il pas fier, ô gardeur de planètes,
Pour sept ou huit moutons que tu pais dans l'azur !
Moi, j'emporte en mon orbe auguste, vaste et pur,
Mille sphères de feu dont la moindre a cent lunes.
Le sais-tu seulement, larve qui m'importunes ?
Que me sert de briller auprès de ce géant ?
L'astre nain ne voit pas même l'astre géant.

ALDEBARAN

Sirius dort; je vis ! C'est à peine s'il bouge.
J'ai trois soleils, l'un blanc, l'autre vert, l'autre rouge;
Centre d'un tourbillon de mondes effrénés,
Ils tournent, d'une chaîne invisible enchaînés,
Si vite, qu'on croit voir passer une flamme ivre,
Et que la foudre a dit : Je renonce à les suivre !

ARCTURUS

Moi, j'ai quatre soleils tournants, quadruple enfer,
Et leurs quatre rayons ne font qu'un seul éclair.

LA COMÈTE

Place à l'oiseau comète, effroi des nuits profondes !
Je passe. Frissonnez ! Chacun de vous, ô mondes,
O soleils ! n'est pour moi qu'un grain de sénevé !

SEPTENTRION

Un bras mystérieux me tient toujours levé;
Je suis le chandelier à sept branches du pôle.
Comme des fantassins le glaive sur l'épaule,
Mes feux veillent au bord du vide où tout finit;
Les univers semés du nadir au zénith,
Sous tous les équateurs et sous tous les tropiques,
Disent entre eux : — On voit la pointe de leurs piques;
Ce sont les noirs gardiens du pôle monstrueux. —
L'éther ténébreux, plein de globes tortueux,
Ne sait pas qui je suis, et dans la nuit vermeille
Il me guette, pendant que moi, clarté, je veille.
Il me voit m'avancer, moi l'immense éclaireur,
Se dresse, et, frémissant, écoute avec horreur
S'il n'entend pas marcher mes chevaux invisibles.
Il me jette des noms sauvages et terribles,
Et voit en moi la bête errante dans les cieux.
Or nous sommes le nord, les lumières, les yeux,
Sept yeux vivants, ayant des soleils pour prunelles,
Les éternels flambeaux des ombres éternelles.
Je suis Septentrion qui sur vous apparaît.
Sirius avec tous ses globes ne serait
Pas même une étincelle en ma moindre fournaise.
Entre deux de mes feux cent mondes sont à l'aise.
J'habite sur la nuit les radieux sommets.
Les comètes de braise elles-mêmes jamais
N'oseraient effleurer des flammes de leurs queues
Le chariot roulant dans les profondeurs bleues.
Cet astre qui parlait je ne l'aperçois pas.
Les étoiles des cieux vont et viennent là-bas,
Traînant leurs sphères d'or et leurs lunes fidèles,
Et, si je me mettais en marche au milieu d'elles
Dans les champs de l'éther à ma splendeur soumis,
Ma roue écraserait tous ces soleils fourmis !

LE ZODIAQUE

Qu'est-ce donc que ta roue à côté de la mienne ?
De quelque point du ciel que ta lumière vienne,
Elle se heurte à moi qui suis le cabestan
De l'abîme, et qui dis aux soleils : Toi, va-t'en !
Toi, reviens. C'est ton tour. Toi, sors. Je te renvoie !
Car je n'existe pas seulement pour qu'on voie
A jamais, dans l'azur farouche et flamboyant,
Le Taureau, le Bélier, et le Lion fuyant
Devant ce monstrueux chasseur, le Sagittaire,

Je plonge un seau profond dans le puits du mystère,
Et je suis le rouage énorme d'où descend
L'ordre invisible au fond du gouffre éblouissant.
Ciel sacré, si des yeux pouvaient avoir entrée
Dans ton prodige, et dans l'horreur démesurée,
Peut-être, en l'engrenage où je suis, verrait-on,
Comme l'Ixion noir d'un divin Phlégéthon,
Quelque effrayant damné, quelque immense âme en peine,
Recommençant sans cesse une ascension vaine,
Et pour l'astre qui vient quittant l'astre qui fuit,
Monter les échelons sinistres de la nuit !

LA VOIE LACTÉE

Millions, millions, et millions d'étoiles !
Je suis, dans l'ombre affreuse et sous les sacrés voiles,
La splendide forêt des constellations.
C'est moi qui suis l'amas des yeux et des rayons,
L'épaisseur inouïe et morne des lumières.
Encor tout débordant des effluves premières,
Mon éclatant abîme est votre source à tous.
O les astres d'en bas, je suis si loin de vous
Que mon vaste archipel de splendeurs immobiles,
Que mon tas de soleils n'est, pour vos yeux débiles,
Au fond du ciel, désert lugubre où meurt le bruit,
Qu'un peu de cendre rouge éparse dans la nuit !
Mais, ô globes rampants et lourds, quelle épouvante
Pour qui pénétrerait dans ma lueur vivante,
Pour qui verrait de près mon nuage vermeil !
Chaque point est un astre et chaque astre un soleil.
Autant d'astres, autant d'immensités étranges,
Diverses, s'approchant des démons ou des anges,
Dont les planètes font autant de nations ;
Un groupe d'univers, en proie aux passions,
Tourne autour de chacun de mes soleils de flammes ;
Dans chaque humanité sont des cœurs et des âmes,
Miroirs profonds ouverts à l'œil universel,
Dans chaque cœur l'amour, dans chaque âme le ciel !
Tout cela naît, meurt, croît, décroît, se multiplie.
La lumière en regorge et l'ombre en est remplie.
Dans le gouffre sous moi, de mon aube éblouis,
Globes, grains de lumière au loin épanouis,
Toi, zodiaque, vous, comètes éperdues,
Tremblants, vous traversez les blêmes étendues,
Et vos bruits sont pareils à de vagues clairons,
Et j'ai plus de soleils que vous de moucherons.
Mon immensité vit, radieuse et féconde.
J'ignore par moments si le reste du monde,
Errant dans quelque coin du morne firmament,
Ne s'évanouit pas dans mon rayonnement.

LES NÉBULEUSES

A qui parles-tu donc, flocon lointain qui passes ?
A peine entendons-nous ta voix dans les espaces.
Nous ne te distinguons que comme un nimbe obscur
Au coin le plus perdu du plus nocturne azur.
Laisse-nous luire en paix, nous, blancheurs des ténèbres,
Mondes spectres éclos dans les chaos funèbres,
N'ayant ni pôle austral ni pôle boréal;
Nous, les réalités vivant dans l'idéal,
Les univers, d'où sort l'immense essaim des rêves,
Dispersés dans l'éther, cet océan sans grèves
Dont le flot à son bord n'est jamais revenu;
Nous les créations, îles de l'inconnu !

L'INFINI

L'être multiple vit dans mon unité sombre.

DIEU

Je n'aurais qu'à souffler, et tout serait de l'ombre.

NOTES

DE

LA LÉGENDE DES SIÈCLES

NOTES

La Légende des Siècles, publiée d'abord en deux séries successives, à dix-huit ans d'intervalle, avec le complément d'un dernier volume, avait pris, dans chaque série, l'humanité à ses commencements. L'œuvre une fois achevée, l'auteur a dû rassembler et refondre en un seul tout les deux séries et les cinq volumes, en unifiant dans cet ensemble l'ordre chronologique, dérangé seulement et varié, comme il convient, par l'ordre philosophique.

Il a paru néanmoins intéressant et utile de rappeler quelles ont été la composition et l'ordonnance des trois parties publiées isolément. La reproduction, qui va suivre, des Tables de ces trois parties donnera, pour chaque pièce, la place qu'elle occupe dans le nouvel ensemble, et formera ainsi la Table de concordance.

PREMIÈRE SÉRIE

1859

La Première Série, publiée en deux volumes (chez Michel Lévy. -- Hetzel), avait ce sous-titre :

HISTOIRE. — LES PETITES ÉPOPÉES

TOME PREMIER

III

L'ISLAM

IV

LE CYCLE HÉROIQUE CHRÉTIEN

V

LES CHEVALIERS ERRANTS

VI

LES TRONES D'ORIENT

TOME II

VII

L'ITALIE — RATBERT

VIII

SEIZIÈME SIÈCLE — RENAISSANCE PAGANISME

IX

LA ROSE DE L'INFANTE

X

L'INQUISITION

XI

LA CHANSON DES AVENTURIERS DE LA MER

XII

DIX-SEPTIÈME SIÈCLE
LES MERCENAIRES

XIII

MAINTENANT

XIV

VINGTIÈME SIÈCLE

XV

HORS DES TEMPS

NOUVELLE SÉRIE

1877

La nouvelle Série (deux volumes, chez Calmann-Lévy) avait pour toute préface ces trois lignes :

Le complément de *la Légende des Siècles* sera prochainement publié, à moins que la fin de l'auteur n'arrive avant la fin du livre.

V. H.

Paris, 25 février 1877

TOME PREMIER

III

ENTRE GÉANTS ET DIEUX

IV

LA VILLE DISPARUE

V

APRÈS LES DIEUX, LES ROIS

I

DE MESA A ATTILA

V

APRÈS LES DIEUX, LES ROIS

II

DE RAMIRE A COSME DE MÉDICIS

VI

ENTRE LIONS ET ROIS

VII

LE CID EXILÉ

VIII

WELF, CASTELLAN D'OSBOR

IX

AVERTISSEMENTS ET CHATIMENTS

X

LES SEPT MERVEILLES DU MONDE

TOME II

XI

L'ÉPOPÉE DU VER

XII

LE POÈTE AU VER DE TERRE

XIII

CLARTÉ D'AMES

XIV

LES CHUTES

XV

LE CYCLE PYRÉNÉEN

XVI

LA COMÈTE

XVII

CHANGEMENT D'HORIZON

XVIII

LE GROUPE DES IDYLLES

XIX

TOUT LE PASSÉ ET TOUT L'AVENIR

XX

XXI

LE TEMPS PRÉSENT

XXII

L'ÉLÉGIE DES FLÉAUX

XXIII

LES PETITS

XXIV

LA-HAUT

XXV

LES MONTAGNES

XXVI

LE TEMPLE

XXVII

A L'HOMME

XXVIII

ABIME

TOME CINQUIÈME ET DERNIER

1883

Le volume complémentaire a été publié chez Calmann-Lévy.

I

LES GRANDES LOIS

II

III

IV

V

VI

INFERI

VII

LES QUATRE JOURS D'ELCIIS

VIII

LES PAYSANS AU BORD DE LA MER

IX

X

XI

XII

TÉNÈBRES

XIII

L'AMOUR

XIV

XV

XVI

XVII

LE CERCLE DES TYRANS

XVIII

XIX

XX

LA VISION DE DANTE

XXI

XXII

L'OCÉAN

XXIII

LE RETOUR DE L'EMPEREUR

Le Retour de l'empereur (Delloye, éditeur) a été publié, en 1840, dans une plaquette séparée.

TABLE

XXII

SEIZIÈME SIÈCLE — RENAISSANCE — PAGANISME

XXIII

XXIV

CLARTÉ D'AMES

XXV

LES CHUTES

XXVI

LA ROSE DE L'INFANTE

XXVII

L'INQUISITION

XXVIII

LA CHANSON DES AVENTURIERS DE LA MER

XXIX

MANSUÉTUDE DES ANCIENS JUGES

XXX

L'ÉCHAFAUD

XXXI

DIX-SEPTIÈME SIÈCLE — LES MERCENAIRES

XXXII

INFERI

XXXIII

LE CERCLE DES TYRANS

XXXIV

TÉNÈBRES

XXXV

LA-HAUT

XXXVI

LE GROUPE DES IDYLLES

XXXVII

LES PAYSANS AU BORD DE LA MER

XXXVIII

XXXIX

L'AMOUR

XL

LES MONTAGNES

XLI

L'OCÉAN

XLII

A L'HOMME

XLIII

LE TEMPLE

XLIV

TOUT LE PASSÉ ET TOUT L'AVENIR

XLV

CHANGEMENT D'HORIZON

XLVI

LA COMÈTE

XLVII

UN POÈTE EST UN MONDE

XLVIII

LE RETOUR DE L'EMPEREUR

XLIX

LE TEMPS PRÉSENT

L

L'ÉLÉGIE DES FLÉAUX

LI

LES HOMMES DE PAIX AUX HOMMES DE GUERRE

LII

LES PAUVRES GENS

LIII

LE CRAPAUD

LIV

LA VISION DE DANTE

LV

LES GRANDES LOIS

LVI

RUPTURE AVEC CE QUI AMOINDRIT

LVII

LES PETITS

LVIII

VINGTIÈME SIÈCLE

LIX

LX

HORS DES TEMPS

LXI

ABIME

DERNIÈRES PARUTIONS

ARISTOTE
Petits Traités d'histoire naturelle (979)
Physique (887)

AVERROÈS
L'Intelligence et la pensée (974)
L'Islam et la raison (1132)

BERKELEY
Trois Dialogues entre Hylas et Philonous (990)

BOÈCE
Traités théologiques (876)

DÉMOSTHÈNE
Les Philippiques, suivi de **ESCHINE**, Contre Ctésiphon (1061)

DESCARTES
Discours de la méthode (1091)

ESCHYLE
L'Orestie (1125)

EURIPIDE
Théâtre complet I. Andromaque, Hécube, Les Troyennes, Le Cyclope (856)

GALIEN
Traités philosophiques et logiques (876)

GOLDONI
Le Café. Les Amoureux (1109)

HEGEL
Principes de la philosophie du droit (664)

HERDER
Histoire et cultures (1056)

HIPPOCRATE
L'Art de la médecine (838)

HUME
Essais esthétiques (1096)

IDRÎSÎ
La Première Géographie de l'Occident (1069)

JAMES
Daisy Miller (bilingue) (1146)
L'Espèce particulière et autres nouvelles (996)
Le Tollé (1150)

KANT
Critique de la faculté de juger (1088)
Critique de la raison pure (1142)

LEIBNIZ
Discours de métaphysique (1028)

LEOPOLD
Almanach d'un comté des sables (1060)

LONG & SEDLEY
Les Philosophes hellénistiques (641-643, 3 vol. sous coffret 1147)

LORRIS
Le Roman de la Rose (bilingue) (1003)

MARX & ENGELS
Manifeste du parti communiste (1002)

MONTAIGNE
Apologie de Raymond Sebond (1054)

MUSSET
Poésies nouvelles (1067)

NIETZSCHE
Par-delà bien et mal (1057)

PLATON
Alcibiade (988)
Apologie de Socrate. Criton (848)
Le Banquet (987)

PLINE LE JEUNE
Lettres (1129)

PONGE
Comment une figue de paroles et pourquoi (901)

POUCHKINE
Boris Godounov. Théâtre complet (1055)

PROUST
Écrits sur l'art (1053)

RODENBACH
Bruges-la-Morte (1011)

ROUSSEAU
Dialogues. Le Lévite d'Éphraïm (1021)
Du contrat social (1058)

SAND
Histoire de ma vie (1139-1140)

MME DE STAËL
Delphine (1099-1100)

TITE-LIVE
Histoire romaine. Les Progrès de l'hégémoni romaine (1005-1035)

TRAKL
Poèmes I et II (bilingue) (1104-1105)

THOMAS D'AQUIN
Somme contre les Gentils (1045-1048, 4 vo sous coffret 1049)

MIGUEL TORGA
La Création du monde (1042)

WILDE
Le Portrait de Mr. W.H. (1007)

GF-DOSSIER

BALZAC
Eugénie Grandet (1110)

BEAUMARCHAIS
Le Mariage de Figaro (977)

CHATEAUBRIAND
Mémoires d'outre-tombe, livres I à V (906)

COLLODI
Les Aventures de Pinocchio (bilingue) (1087)

CORNEILLE
Le Cid (1079)
Horace (1117)
L'Illusion comique (951)
La Place Royale (1116)
Trois Discours sur le poème dramatique (1025)

DIDEROT
Jacques le Fataliste (904)
Lettre sur les aveugles. Lettre sur les sourds et muets (1081)
Paradoxe sur le comédien (1131)

ESCHYLE
Les Perses (1127)

FLAUBERT
Bouvard et Pécuchet (1063)
L'Éducation sentimentale (1103)
Salammbô (1112)

FONTENELLE
Entretiens sur la pluralité des mondes (1024)

FURETIÈRE
Le Roman bourgeois (1073)

GOGOL
Nouvelles de Pétersbourg (1018)

HOMÈRE
L'Iliade (1124)

HUGO
Les Châtiments (1017)
Hernani (968)
Ruy Blas (908)

JAMES
Le Tour d'écrou (bilingue) (1034)

LAFORGUE
Moralités légendaires (1108)

LESAGE
Turcaret (982)

LORRAIN
Monsieur de Phocas (1111)

MARIVAUX
La Double Inconstance (952)
Les Fausses Confidences (978)
L'Île des esclaves (1064)
Le Jeu de l'amour et du hasard (976)

MAUPASSANT
Bel-Ami (1071)

MOLIÈRE
Dom Juan (903)
Le Misanthrope (981)
Tartuffe (995)

MONTAIGNE
Sans commencement et sans fin. Extraits des *Essais* (980)

MUSSET
Les Caprices de Marianne (971)
Lorenzaccio (1026)
On ne badine pas avec l'amour (907)

LE MYTHE DE TRISTAN ET ISEUT (1133)

PLAUTE
Amphitryon (bilingue) (1015)

RACINE
Bérénice (902)
Iphigénie (1022)
Phèdre (1027)
Les Plaideurs (999)

ROTROU
Le Véritable Saint Genest (1052)

ROUSSEAU
Les Rêveries du promeneur solitaire (905)

SÉNÈQUE
Médée (992)

SHAKESPEARE
Henry V (bilingue) (1120)

SOPHOCLE
Antigone (1023)

STENDHAL
La Chartreuse de Parme (1119)

WILDE
L'Importance d'être constant (bilingue) (1074)

ZOLA
L'Assommoir (1085)
Au Bonheur des Dames (1086)
Germinal (1072)
Nana (1106)

GF Flammarion

01/12/90995-XII-2001 – Impr. MAURY Eurolivres, 45300 Manchecourt.
N° d'édition FG015818. – 4e trimestre 1967. – Printed in France.